KB165713

조선 사람의
조선여행

규장각 교양총서 7

조선 사람의
조선여행

규장각한국학연구원 엮음
전용훈 책임기획

글항아리

규장각 교양총서를 발간하며

　　규장각은 조선왕조 22대 국왕 정조가 1776년에 창립한 왕실도
서관이자 학술연구기관이며 국정자문기관의 역할을 해왔습니다.
정조는 18세기 조선의 정치·사회 변화에 능동적으로 대처하기 위
해 규장각의 기능을 크게 확대했습니다. 그런 가운데 옛 자취를
본받으면서도 새롭게 변통할 수 있는 '법고창신法古創新'의 정신을
가장 잘 구현할 기관으로 규장각을 키워냈습니다. 조선시대 규장
각 자료를 이어받아 보존·연구하고 있는 서울대학교 규장각한국
학연구원의 역할과 기능도 정조가 규장각을 세운 뜻에서 멀지 않
을 것입니다.

　　규장각을 품고 있는 서울대의 한국학은 처음에는 미약했으나
이제 세계 한국학의 중심을 표방할 단계에 다가가고 있습니다. 이
러한 성과를 이끌어내는 데 중심이 되었던 두 기관이 있었습니다.
하나는 옛 서울대 문리대로부터 이사해와서 중앙도서관 1층에 자
리잡았던 한국학 고문헌의 보고 '규장각'이었고, 다른 하나는
1969년 창립된 '한국문화연구소'였습니다. 한국문화연구소는 규
장각 자료들이 간직한 생명력을 불러내어 꽃피우고 열매 맺는 데

중심 역할을 해온 한국학 연구기관이었습니다. 규장각이 세워진 뒤 230년이 된 2006년 2월 초, 이 두 기관을 합친 '규장각한국학연구원'이 관악캠퍼스 앞자락 감나무골에서 새롭게 발을 내딛었습니다. 돌이켜보면 200여 년 전 정조와 각신閣臣들이 규장각 자료를 구축한 덕에 오늘의 한국학 연구가 궤도에 오를 수 있었던 것이기에 감회가 남다릅니다. 이를 되새겨 규장각한국학연구원은 앞으로 200년 뒤의 후손에게 물려줄 새로운 문화유산을 쌓는 데 온 힘을 다하려 합니다.

규장각한국학연구원은 한국을 넘어 세계 한국학 연구의 중심 기관으로 거듭나겠다는 포부와 기대를 모아, 지난 6년 동안 자료의 보존과 정리, 한국학 연구에 대한 체계적 지원, 국내외 한국학 연구자들의 교류 등 여러 측면에서 성과를 거두었습니다. 그리고 전문 연구자만의 한국학에 머무르지 않고 대중과 함께하며 소통하기 위한 프로그램들을 추진하고 있습니다. 매년 수만 명의 시민과 학생이 찾는 상설전시실의 해설을 활성화하고, 특정 주제에 따라 자료를 선별하고 역사적 의미를 찾는 특별전시회를 열고 있습니다. 2008년 9월부터는 한국학에 관한 여러 주제를 그 분야의 최고 전문가들이 직접 기획하고 대중의 눈높이에 맞춰 강연하는 '규장각 금요시민강좌'를 열고 있습니다. 이 강좌는 지적 욕구에 목마른 시민들의 뜨거운 호응에 힘입어 2012년 1학기까지 8학기에 걸쳐 이어졌고, 강의 주제도 조선시대 각 계층의 생활상, 조선과 세상 사람의 여행 및 교류, 일기를 비롯한 온갖 자료를 통해 본 조선사회의 이모저모 등 매번 새로운 내용으로 채워졌습니다.

지역사회와 더욱 긴밀히 대화하고 호흡하기 위한 노력의 하나로 금요시민강좌는 2009년부터 관악구청의 지원을 받아 '서울대-관악구 학관협력사업'으로 꾸려지고 있습니다. 또 규장각 연구 인력의 최신 성과를 강좌에 적극 반영하기 위해 원내의 인문한국 Humanities Korea 사업단이 강좌의 주제와 내용을 기획하고 있습니다. 이 사업단은 '조선의 기록문화와 법고창신의 한국학'이라는 주제로 규장각의 방대한 기록을 연구해 전통의 삶과 문화를 되살려내고, 그것이 오늘날 우리에게 주는 가치와 의미를 성찰하고 있습니다. 금요시민강좌의 기획을 맡으면서는 과거의 유산과 현재의 삶 사이를 이어줄 뿐만 아니라, 연구자와 시민 사이의 간격을 좁혀주는 가교 역할도 하려 합니다.

강의가 거듭되면서 강사와 수강생이 마주보며 교감하는 현장성이라는 장점도 있는 한편, 여건상 적은 인원만 강좌를 들을 수밖에 없는 것이 늘 아쉬웠습니다. 이에 한 번의 현장 강좌로 매듭짓는 한계를 극복하고자 강의 내용을 옛 도판들과 함께 편집해 '규장각 교양총서' 시리즈로 발간하게 되었습니다. 이미 조선의 국왕·양반·여성·전문가의 일생을 조명한 책들과, 조선 사람의 세계여행, 세상 사람의 조선 여행을 다룬 책을 펴내 널리 독자의 호평을 얻고 있습니다. 앞으로도 매학기의 강의 내용을 흥미로우면서도 유익한 책으로 엮어내려 합니다.

교양총서에 담긴 내용은 일차적으로 규장각 소장 기록문화와 학자들의 연구 성과에서 나온 것이지만, 수강생들과 독자 여러분의 관심과 기대를 최대한 반영하려 합니다. 정조의 규장각이 옛 문헌을 되살려 수많은 새로운 책을 펴냈듯이 우리 연구원은 앞으로 다양한 출판 기획을 통해 대중에게 다가갈 것입니다. 이 시리

즈가 우리 시대 규장각이 남긴 대표적 문화사업의 하나로 후세에
기억될 수 있도록, 여러분의 많은 관심과 성원 바랍니다.

서울대학교 규장각한국학연구원장

김인걸

즐거움과 지혜를 얻는, 조선으로의 시간여행

   이 책은 규장각한국학연구원에서 펴내는 총서의 일곱 번째 권이다. 지난 3년여 간 바깥 풍경을 보여주는 창문처럼 몇 가지 개념이나 범주를 통해 조선의 역사를 드러내려 했던 기획이 벌써 일곱 번째 매듭을 짓게 되었다. 그중 두 번째 시리즈는 '여행'이라는 창을 통해 조선시대를 들여다보려 했는데, '조선 사람의 세계여행'과 '세상 사람의 조선여행'에 이어 이번 책에서는 조선인들이 주체가 되어 우리 땅을 돌아본 기록들을 들여다본다.

   『조선 사람의 조선여행』은 우리보다 앞선 시대를 산 이들이 자신의 강토를 다니면서 경험한 이야기다. 비록 '여행'을 앞세웠지만, 여기서 다뤄지는 이야기에는 즐거운 마음으로 다른 고장을 돌아보는 일상적 여행 범주에 들지 않는 것도 여럿 있다. 방 안에 앉아서 그림과 글로 다른 곳을 여행하는 와유臥遊와 나라로부터 죄를 얻어 가족과 직업에서 벗어나 먼 곳에 처해졌던 유배, 그리고 지방 행정을 정찰하러 가는 암행어사의 길도 여행길로 보았다. 지금껏 익숙한 때나 장소와는 다른 시공간을 경험하는 것으로 여행을 넓게 정의하고, 이를 통해 과거 사람들의 삶을 이해하고 그 여행이 벌어진 시대의 역사를 돌아보며, 나아가서는 오늘날 우리 삶에 도움이 될 만한 지혜를 얻는 것을 목표로 했기 때문이다. 그러므로 먼저 독자들은 이 책에서, 익숙한 시간과 공간을 경험하던 사람들이 새로운 시공간으로 진입해 들어가는 일들을 목격하게 될 것이다. 그리고 그로부터 조선시대 사람들의 삶과 생각을 하나하나씩 알게 되는 새로운 여행 경험을 할 것이다. 나아가 책을 덮는 순간 조선 사람들의 여행 이야기를 통해 새로운 눈으로 세상을 대할 수 있는 조그마한 지혜를 얻었으면 하는 바람이다.

이 책에서 다루는 주제는 열세 가지다. 첫 이야기들은 시대적인 색채가 그리 강하게 배어 있지 않은 주제들이다. 발로 직접 뛰거나 걷진 않았지만 그림과 글로써 간접 여행하는 와유를 다룬 '누워서 노니는 여행', 온천여행이라지만 치료를 위한 고통과 더불어 사실은 아버지 영조의 정치적 시험 무대였던 '사도세자의 온천여행', 옛사람들의 별자리와 별에 대한 기원은 어떤 의미를 지녔는가를 파헤쳐본 '조선 사람들의 별자리 여행', 당시 사회적 관습과 법을 넘어서면서까지 떠났던 '조선 여성들의 산수유람', 예인들의 수련과 득음의 과정을 조명한 '조선 사람들의 음악여행' 등이 그것이다.

이 책의 중반을 향해 달려가면 양반 남성들, 특히 관직생활이 펼쳐졌던 길을 따라가는 여행기가 펼쳐진다. 과거 합격을 위해 무던히도 노력했던 무관武官 노상추의 과거길은 책상머리에 앉아 책을 파고드는 것이 아니라 길 위의 고단한 삶으로 그려진다. '암행어사 길' 역시 어사 출도처럼 낭만적 측면만 부각되어온 길이 실은 고난의 길이자 출세의 길이기도 했다는 뜻밖의 사실을 드러내고 있다. 반면 을사사화에 연루되어 경상북도 성주로 유배간 이문건을 통해서는 유배길이 우리가 그렸던 죽음을 겨우 비껴간 험난한 인생길만이 아닌, 지방 관리들의 배려 속에서 즐거운 유람을 떠났던 길이었음을 알게 된다.

이야기의 후반부로 접어들면서 이 책은 19세기 말 이후로 옮겨간다. '장돌림과 장삿길'에서는 오늘날의 폭력조직과도 닮았던 보부상단의 뒷이야기와 더불어 고단한 장돌뱅이 장사꾼의 장사여행길을 함께 걸을 수 있다. 일제에 나라를 빼앗긴 망국의 울분을 단군의 실재를 증명하는 백두산 여행으로 극복하려 했던 최남선의 이야기도 근대 역사의 중요한 한 장을 들여다보게 한다. 일제강점기의 수학여행은 그 말만 들어도 가슴 설레는 '수학여행'의 추억을 일깨워주는 동시에, 이런 여행이 일제의 교육정책의 하나로 등장한 여행 문화에서 비롯되었다는 사실을 알려준다. 마지막으로 일제강점기 서울에서 소설가 박태원이 경험하고 기록한 도시화의 모습과 도시생활의 단면을 '소설가 구보씨의 경성 나들이'에서 볼 수 있다.

이 책에는 될 수 있는 한 풍성한 읽을거리와 볼거리를 담으려 했다. 그리하여 저마다 관련된 주제에 대해서 깊이 있는 연구를 축적해온 전문 연구자들이 각각의 주제를 맡아 집필했다. 고맙게도 모든 저자가 '여행'이란 창을 통해 연구 내용을 풀어달라는 것에 흔쾌히 응해주었다. 집필해주신 모든 분께 감사의 마음을 전한다.

이 책은 조선 사람들의 조선 여행을 다루고 있지만, 이를 읽는 사람들에게는 시대와 공간을 뛰어넘는 조선으로의 시간여행이 될 것이다. 그리고 여행에서 얻는 즐거움과 지혜의 양은 언제나 여행자 자신에게 달려 있듯이, 책을 읽는 독자들의 조선 여행이 풍성한 즐거움과 귀중한 삶의 지혜를 얻는 기회가 되기를 바란다.

2012년 7월
이 책의 책임기획을 맡은
전용훈 씀

차례

규장각 교양총서를 발간하며 _004
머리글 | 즐거움의 지혜를 얻는, 조선으로의 시간여행 _008

1장 누워서 떠나는 여행의 즐거움 _018
__옛사람들이 남긴 와유의 기록들 이종묵 · 서울대 국문과 교수

2장 정치적 시험의 장이 된 왕세자의 온천여행 _056
__조선 왕가의 치병기 김호 · 경인교대 사회교육과 교수

3장 별자리를 좇아서 거닌 옛사람들의 시, 노래, 과학 _090
__조선 사람들의 밤하늘 여행 전용훈 · 규장각한국학연구원 HK교수

4장 깊은 규방에서 나와 신천지를 마주하다 _120
__조선 여성들의 산수유람 이숙인 · 규장각한국학연구원 책임연구원

5장 "목에서 피가 나고 배가 붓던" 여행길 _154
__명인 명창은 어떻게 만들어졌는가 송지원 · 규장각한국학연구원 책임연구원

6장 붓 한 자루 쥐고 거대한 자연과 마주하다 _182
__금강산 여행, 화폭에 담기다 박은순 · 덕성여대 미술사학과 교수

7장 서른네 살, 12년의 고행 끝에 본 가문의 영광 _210
__영남 양반 노상추가 떠난 과거길 정호훈 · 규장각한국학연구원 HK교수

8장 착잡한 고통과 짜릿한 쾌락이 엇갈린 길 _246
__1822년 평안남도 암행어사 박내겸의 암행길 오수창 · 서울대 국사학과 교수

9장 감시 속에서 즐긴 유배인의 여행길 _292
__이문건의 유배길과 해인사 유람 김경숙 · 조선대 사학과 교수

10장 돌고 돌았던 순회상인의 길 위에 펼쳐진 삶 _320
__장돌림과 장삿길에 대한 오해와 진실 조영준 · 규장각한국학연구원 HK연구교수

11장 머리에 천지를 이고 몸에 천하를 두르다 _360
__최남선의 『백두산근참기』를 따라가다 윤대원 · 규장각한국학연구원 HK연구교수

12장 흥분과 기대가 의분과 비통함이 된 까닭 _386
__일제강점기에 떠난 수학여행 윤소영 · 독립기념관 한국독립운동사연구소 연구원

13장 소설가 구보씨의 행복 찾기 _426
__『소설가 구보씨의 일일』에 나타난 1930년대 서울 서재길 · 국민대 국문과 교수

참고문헌 및 더 읽어볼 책들 _449
지은이 _454

1장

누워서 떠나는
여행의 즐거움

◉

옛사람들이 남긴 와유의 기록들

이종묵

집 안으로 자연을 끌어들이는 법

예나 지금이나 산수 자연을 즐기는 방법에는 세 가지가 있다. 하나는 대자연 속으로 직접 걸어 들어가 산에 오르고 물에 임하는 것이다. 오늘날의 사람들보다야 옛사람이 이름난 산과 물을 찾을 기회가 잦았겠지만, 그들 역시 대부분 벼슬에 매인 신세라 늘 산속에 들어가 있거나 물가에 살 수 있었던 것은 아니다. 그저 마음뿐, 시간의 여유를 낼 수 없는 것이 가장 큰 이유였다.

전원주택을 구해 뜰에 꽃나무를 심고 텃밭에 채소를 키우는 생활을 늘 꿈꾸면서도, 생활의 편리함을 포기할 수 없어 아파트에 살면서 베란다에서 화초를 키우는 것으로 만족하곤 한다. 이렇게 대자연의 일부를 자기 집 안으로 끌어들여 즐기는 것이 산수 자연을 즐기는 두 번째 방식이다. 옛사람들도 다를 바 없었다. 도성 안집에 정원을 가꾸고 화분을 두며 더러는 작은 인공 산을 만들어 산중의 즐거움을 대신 누리고자 했다.

물론 이 역시 결코 쉬운 일이 아니었다. 그래서 옛 선비들은 와

「미인도」, 작자 미상, 종이에 수묵, 22.0×28.0cm, 18세기, 김○.

유臥遊라는 말을 즐겨 썼다. 와유, 곧 누워서 노니는 것이 세 번째 방식이다. 옛사람들은 산수화를 걸어두고 보거나 산수를 유람한 기록을 읽으며 누워서 산수에서 노닐고자 했다. 이것을 와유라 한다. 와유라는 말은 송宋나라의 종병宗炳이라는 사람이 늙고 병들면 명산을 두루 보지 못하게 될 것이라 생각하고, 노년에 누워서 보기 위하여 유람했던 곳을 모두 그림으로 그려 방에 걸어두었다는 『송사宋史』 「종병전宗炳傳」의 일화에 연원을 두고 있다.

그런데 산수를 그린 그림이 어떻게 와유를 가능하게 하는가? 이익李瀷은 「와유첩발臥遊帖跋」에서 이렇게 적고 있다.

'와유'란 몸은 누워 있으나 정신은 노니는 것이다. 정신은 마음의 영靈이요 영은 이르지 못하는 곳이 없다. 불빛처럼 순식간에 만 리를 갈 수 있기에 사물에 기대지 않아도 될 듯하다. 하지만 맹인은 꿈을 꾸지 않는다. 사물의 모습과 빛깔은 시각기관에서 관장한다. 볼 수 있는 것이 없다면 생각도 말미암아 일어날 수 없다. 이 때문에 실체와 방불한 것은 모두 눈으로 얻는 법이다. 천하의 빼어난 볼거리가 어찌 끝이 있겠는가마는 옛 문인과 시인들이 거의 다 시와 문으로 묘사하였다. 사람들은 이를 읽고서 그 기이하고 빼어나며 넓고 밝으며 지극히 괴이하고 놀라우며 바람과 구름이 나오고 귀신이 들어오는 것 등을 입 안으로 거두어들일 수 있다. 그러나 직접 보지 못한 것이기 때문에 반드시 상상에 근거해야 하므로 오히려 실체를 드러내지 않은 것을 한하게 된다. 이제 이 첩은 먼저 그 모습을 그림으로 그리고 다음에 글을 썼으니, 사실과 사물이 서로 방증이 되어 마음과 눈에 도장이 찍히듯 유감이 없게 된다. 이에 앉은 자리에서 감상하더라도 마음이 가지 못하는 바가 없다.

선천적인 맹인은 본 기억이 없으므로 꿈을 꿀 수 없다. 상상력을 촉발시키기 위해서는 매개물로서 그림이 있어야 하는 것이다. 도연명陶淵明의 은거를 꿈꾸는 사람은 「귀거래도歸去來圖」를 걸어놓았고, 왕유王維와 같은 별서別墅를 꾸미고 살고자 하면 「망천도輞川圖」를 걸어놓았으며, 왕희지王羲之처럼 곡수曲水에 술잔을 띄워 시를 짓고 싶으면 난정蘭亭을 그린 그림을 구해 완상하였다. 이익은 그림이 상상력을 촉발하는 매개물이라 하였다.

물론 와유의 매개물로 그림만 있는 것은 아니다. 조선 선비들은 와유의 개념을 더욱 확장하여 그림 외에도 산수를 유람한 기행문을 읽으면서 와유를 했고 놀이판에 전국의 명승지를 그려놓고 와유를 했으며, 돌로 만든 인공 산, 곧 석가산石假山을 만들어두고 와유를 했다. 이것도 어려우면 집 이름을 통해 먼 바다와 강을 끌어들이는 와유의 방식도 택하였다.

상상력으로 만들어낸 석가산
"가짜를 가지고 진짜를 좋아하게 되다"

인공의 산 가산假山은 이른 시기부터 만들어졌다. 신라 경덕왕이 침단목沈檀木을 조각하여 명주明珠와 미옥美玉과 함께 높이 한 길 남짓한 가산을 만들어 오색 담요 위에 놓았는데 가무기악歌舞伎樂과 열국산천列國山川의 형상이 있어 조금만 바람이 들어가면 별과 나비가 날고 제비와 참새가 춤추니 얼른 보면 진眞인지 가假인지 분간하지 못할 정도였다는 내용이 역사서에 보인다. 또 고려시

佳儼歛迎稚
子候門三逕
就蒼松菊松
存
梡疥

「어거래도」, 강득신, 종이에 수묵, 49×29cm, 서울대박물관.

「망천도」, 이방운, 종이에 담채, 105.2×56cm, 18세기 말, 서울대박물관. 왕유가 장안 남쪽 남전현 망천에 별장을 짓고 은거하며 이곳 승경을 예찬한 것을 이방운 특유의 느슨한 구성과 끊어진 필선으로 그려냈다.

대의 내시 윤언문尹彦文이 괴석을 모아 수창궁壽昌宮 북원北園에 가
산을 쌓고, 그 곁에 조그마한 정자를 세우고는 만수정萬壽亭이라
이름하고 황색 비단으로 벽을 덮어, 극도의 사치가 사람의 눈을
황홀하게 했다고 한다. 조선시대 들어 가산은 더욱 성행했다. 조
선 초기 석가산으로는 채수蔡壽의 집에 있던 것이 가장 교묘했던
듯하다. 채수는 「석가산폭포기石假山瀑布記」를 지어 자랑하였다.

종남산 천기 별서에는 샘물이 남쪽 담장 바깥 돌 틈에서 흘러나온다.
그 맛이 달고 시원하다. 이에 마루 앞에 못을 파고 물을 모아 연꽃을
심었다. 기이한 돌들을 모아 그 안에 가산을 만들었다. 소나무와 삼나
무, 늙었지만 조그마한 누런 버드나무를 심고, 샘물이 나오는 바위틈
을 계산하여 지면에서 3척 정도 높은 곳에서 물을 끌어와 땅속으로 못
동쪽으로 흘려보내고, 대나무를 잘라 구힌 다음 땅속에 묻어 대통으
로 물이 들어가게 하여, 가산 위쪽에서 위로 치고 나오도록 하였다.
물이 흘러나와 폭포가 되는데 2단을 이루며 못으로 떨어진다. 샘물이
담장 밖에 있는지도, 물이 땅 아래 대통에서 나온 것도 알지 못하게
되어 있다. 갑자기 맑은 물이 가산 꼭대기에서 샘솟아 흘러나오니 놀
랍고 기이함을 헤아릴 수 없다. 사람들은 그 물이 가산에서 바로 나온
줄 안다. 예로부터 산을 좋아하여 석가산이 많고, 또 폭포를 만들기
도 하였지만, 대개 가산 뒤의 땅을 높게 하여서 물길을 끌어들이고 가
산 앞에서 나오게 하여 폭포를 만드는 것이 전례다. 그러나 이렇게 해
놓으면 사면이 모두 못물로 둘러져 있는데 폭포의 맑은 물이 혼탁한
못물과 구분이 되며 가산 꼭대기에서 나와 폭포가 되니, 유달리 기이
한 것이라 고금에 이러한 것은 없을 듯하다.

채수의 석가산은 높이가 5척이고 둘레가 7척이며 폭포는 2척 남짓이고 나무는 4~5촌이었다. 사람 키만 한 높이의 석가산에 손바닥만 한 조그만 나무를 심었다. 특히 대통을 이용해 물길을 땅속으로 끌어와서 갑자기 연못 한가운데 있는 석가산 꼭대기에서 폭포가 되어 떨어지게 하였다.

이렇게 사람들이 석가산을 만든 이유를 대면서 채수는 사람이 늙으면 직접 산을 오를 근력이 없기 때문이라고 했다. 또 깊은 산중에서 짐승들로부터 다칠 위험이 없다는 점도 내세웠다. 더욱 중요한 점은, 석가산은 그림과 달리 작지만 산을 직접 체험할 수 없는 상황에서 그림이 줄 수 없는 생동한 느낌을 준다는 것이다. 비록 가산이 작지만 상상력으로써 큰 산으로 만들어갈 수 있다. 채수는 가산 앞에서 시를 짓고 즐기노라면 자신의 마음이 그곳과 어우러져 태산이 크고 가산이 작다는 것도, 못이 작고 바다가 크다는 것도 알지 못한다고 하였다. 소동파가 동해東海의 돌을 가지고 돌아가면 자신의 소매에 동해가 있다고 한 것과 유사한 논리다.

석가산의 장점은 여기서 그치지 않는다. 와유의 논리를 잘 설명한 바 있는 이익은 「석가산기石假山記」에서 "산은 하나인데 사람의 눈은 만 가지다. 가팔라서 험준한 것은 화려함에 부족함이 있고, 깊숙하여 골짜기가 된 것은 빼어남에 부족함이 있으며, 너무 급하게 솟았으면 길게 뻗었으면 좋겠다 싶고, 너무 펑퍼짐하게 크면 좀 조밀하게 붙어 있었으면 좋겠다 싶다. 두루 돌아다니면서 다 보더라도 끝내 마음에 흡족한 것이 없다. 이에 언덕에 올라서 그 높은 것을 취해오고, 골짜기에 들어가서 그 그윽한 것을 취해와서 이를 합하여 작은 산을 만든다. 봉우리 하나 벼랑 하나가 모두 마음으로 재고 헤아려서, 한 자를 더하여 너무 길게도 하고 한 치를 줄여서 너무 짧게도 만든다. 한마음으로 만든 것이니 어찌 뜻에 맞지 않을 수 있겠는가. 실로 좋아함이 깊어지면 마음이 이르지 않는 곳이 없으니 가짜를 가지고서 진짜를 좋아하게 된다"고 하였다.

이러한 이유로 조선시대 석가산은 선비의 사랑을 듬뿍 받았다. 15세기에는 채수 외에도 안평대군, 성임成任 등 부귀를 누렸던 사람들의 집에는 대부분 이러한 석가산이 있었다. 16세기 이후에도 문인들의 원림에는 다투어 석가산이 만들어졌다. 이 무렵 바위를 사서 산을 만드느라 만금萬金을 소비했는데, 이러한 일은 서울의 부호들 사이에서 경쟁거리가 되었다. 또 석가산은 향리로 물러난 사족들의 원림으로 확산되었다. 성산星山 서하당棲霞堂과 창평昌平의 소쇄원瀟灑園에 석가산을 만들고 꽃나무를 심었다는 기록을 찾을 수 있다.

조선 후기에도 이러한 움직임이 확산되어 양반뿐만 아니라 위항인들까지 석가산을 소유했다. 위항인 홍세태洪世泰의 벗 최이태崔爾泰는 자신의 호를 아예 석가산주인石假山主人이라고 했다. 『산림경제山林經濟』와 『임원십육지林園十六志』에는 못가에 석가산 만드는 방법이 나와 있어 조선 후기에는 석가산이 보편화되었을 것으로 추정된다. 이에 따르면 재질이 부드러운 돌을 가져다가 쪼아서 괴석을 만들어 쌓고, 단풍나무, 소나무, 오죽烏竹, 진달래, 철쭉, 석죽石竹, 흰나리꽃, 범부채꽃 등을 심으며 못가에는 여뀌를 심는다고 한다. 또 가산 뒤쪽에 큰 옹기를 두어 물을 저장하고 대나무 홈통을 이용하여 물을 끌어와 가산 꼭대기에서 못으로 떨어지는 폭포를 만든다고 한다.

석가산은 돌뿐 아니라 나무로도 만들었다. 목가산木假山은 송의 소순蘇洵이 지은 「목가산기木假山記」가 널리 읽히면서 그 풍류를 따른 듯하다. 우리나라에서는 김안로金安老의 것이 가장 빠르며, 김인후金麟厚도 매화 등걸로 목가산을 만든 바 있다. 목가산 재료가 시장으로 나오면 소년들이 다투어 천금을 내고 구하려 했다고 하니 그 성행한 정도를 짐작할 수 있다. 산에 안개가 서린 극적인 효과를 내기 위하여 김이 무럭무럭 나는 끓는 물을 부어 완상하기도 했다. 목가산은 옥반에 올려놓거나 꽃핀 난간에 두었다. 석가산이 원림의 일부를 이루며 비교적 규모가 큰 데 비하여 목가산은 규모가 작은 완상용이었던 것으로 추정된다.

옥玉으로 산 모양을 만드는 사치스러운 가산도 등장했다. 그러나 옥가산은 그 가격이 워낙 비싸서 상당히 귀했고 중국의 옥가산을 생각해보면 그 크기도 작았을 것이다. 18세기의 문인 유도원柳道源의 옥가산은 사실 연적硯滴이었다. 산봉우리를 다섯 개 새겨 산의 모습을 갖추게 한 다음, 석굴을 파고 그 안에 사찰의 모습을 정교하게 새겨넣었으며 물이 졸졸 흘러나오게 하여 폭포처럼 만들었다. 한 아름밖에 되지 않을 인공의 옥산을 이처럼 기이하게 꾸민 것이다. 그리고 그곳에서 천하의 명산을 상상으로 보았다. 이것이 누워서 자연을 즐기는 법이다.

눈 안에 두지 못해 그림으로 남기다

앞서 이익은 그림이 상상력을 촉발하는 매개물이라 하였다. 그림 속의 풍경을 찾아가는 것이 아니라 그림을 통해 마음의 유람을 즐긴다고 하였다. 이러한 매개물로서의 그림은 이른 시기부터 와유의 자료로 이용되었다.

그런데 조선 전기의 문인들은 구체적인 장소를 알 수 없는 「청산백운도靑山白雲圖」나 「사시도四時圖」, 혹은 중국 남방의 풍광을 그린 「소상팔경도瀟湘八景圖」나 「서호도西湖圖」를 벽에 걸어두고 산수의 흥을 대신했다. 전원을 노래한 중국 한시의 의취를 상상하여 그림으로 그리기도 했다. 도연명의 은거를 따르고자 하여 「귀거래도」를 걸어놓거나 자신의 집을 왕유의 그것에 비견해 「망천도」를 걸어놓곤 했다. 성리학적 정신세계를 동경하는 학자들은 「무이정사도武夷精舍圖」나 「무이구곡도武夷九曲圖」 등을 바라보면서 선현이 노닌 산수를 늘 마주하고자 했다.

그러나 조선 초기의 그림들은 대부분 관념화되어 있어 실제의 산수를 마주 대하는 듯한 핍진한 흥취를 얻기란 어렵다. 따라서 자신이 가보았거나 가보고 싶은 조선의 아름다운 풍광을 그린 그림에 대한 수요가 생겨났다. 이러한 이유로 17세기 무렵부터 와유의 수단으로서 실재의 산수를 그린 그림이 유행하게 된 것으로 보이며, 문인의 실재 전장을 대상으로 한 그림이 먼저 유행했다. 이러한 그림으로 가장 대표적인 것이 김수항金壽恒이 조세걸曺世傑을 시켜 그린 「곡운구곡도谷雲九曲圖」다. 「곡운구곡」은 1682년 김수항이 곡운을 떠나 한양에 있을 때 보기 위해 그린 와유도다. 김

「전수도 어촌락조」, 이재관, 종이에 채색, 120.7×47.1cm, 조선 후기. 국립중앙박물관. 「소상팔경도」가운데 한 장면을 그린 그림으로, 포구에 배가 수 척 정박해 있고 어부들이 그물을 정리하고 있다.

「무이구곡도」, 이방운, 종이에 담채,
31×41.5cm, 건국대박물관.

수항은 "내가 이 그림을 그리게 한 것은 내 두 다리가 종종 산을 벗어나는 일을 면치 못하기 때문이다. 이 구곡은 늘 눈 안에 있지 않으므로 때때로 이것을 가지고서 보고자 한 것이다"라 하여 제작 의도를 분명히 밝혔다. 김창협金昌協이 이 그림에 붙인 발문에서 "마치 거울을 보고 그 모습을 취하듯 하였으므로 층층의 산봉우리와 겹겹의 협곡, 기이한 바위와 급한 여울, 초가의 위치와 농장에서 농사짓고 우물을 파는 일, 닭 울음 개 짖는 소리, 노새가 가고 소가 자는 것 등 모두 다 갖추어져 작은 것도 빠뜨리지 않았다"고 하였으니 그림으로 자신이 사랑하는 땅을 늘 눈앞에 있게 만든 것이다.

문인들이 산수 유람을 하면서 직접 본 광경을 그림으로 그려와 훗날 와유의 자료로 삼는 것도 조선 후기 들어 일반화된 것으로 보인다. 와유의 자료로 실경산수가 그려졌다는 분명한 기록은 17세기 무렵부터 나타난다. 한 예로 신익상申翼相이 본 「최락당팔경병풍도最樂堂八景屛風圖」는 개성의 박연폭포朴淵瀑布, 단양의 구담龜潭, 제천의 한벽당寒碧堂, 봉화의 청량산淸凉山, 해주의 월파루, 금강산, 평양의 연광정練光亭, 안변의 국도國島 등 조선 팔도의 경관을 두루 묘사한 것이라 하니, 팔폭 병풍 안에 평생 가고 싶고 또 잊히지 않는 곳을 그린 와유도라 할 만하다.

이러한 와유도의 제작은 18세기 들어 김창협과 김창흡金昌翕 그리고 그 문하에 노닐었던 이병연李秉淵, 정선鄭敾 등에 의하여 더욱 활성화되었다. 신정하申靖夏는 「이병연이 소장한 정선의 금강도첩의 발문李一源所藏鄭生敾金剛圖帖跋」에서 다음과 같이 말하였다.

'그저 요즘 들어 상상력이 지나쳐 문득 진면목을 보면 소문보다 못할까 근심하노라' 하였는데 이는 금강산으로 들어가는 사람들을 보낼 때 내가 지어준 시다. 이때 나는 금강산을 보지 못하고 농암農巖(김창협)의 유기遊記와 삼연三淵(김창흡)의 여러 시를 읽고 있었으므로 이렇게 말한 것이다. 이제 이 시를 지은 지 6년이 되었는데도 한 번도 보지 못하였다. 이제 원백元伯(정선)의 이 화첩을 보고 어루만지며 상상하니, 깊고 높은 물과 산에서 정신이 노니는 듯하고, 또 삼연의 시와 농암의 기문으로 나아가게 되었다. 훗날 금강산으로 들어가 진면목을 보게 된다면 그림을 보았을 때에 비해 아마도 손색이 없으리라.

속화로 이름을 얻은 김홍도 역시 실경을 바탕으로 한 와유도를 제작했다. 김홍도가 그린 9책의 「오헌와유첩寤軒臥遊帖」은 70폭의 그림에 폭마다 기문을 하나씩 붙이고 시문 161수를 수록한 것이다. 철원의 북관정北寬亭에서 시작하여 여주 청심루淸心樓로 배를 돌리기까지 50일 동안 2400리를 유람한 광경을 그리고 시문을 덧붙여 와유의 자료로 삼은 것이다. 이와 같은 종류의 와유도는 18세기 무렵 왕성하게 제작되었으니, 『관서명구첩關西名區帖』『함흥내외십경도咸興內外十景圖』『관동십경첩關東十景帖』『교남명승첩嶠南名勝帖』『영남명승삼십오경첩嶺南名勝三十五景帖』 등이 이러한 풍상을 반영한 것이다.

조선의 뛰어난 학자들의 유적지를 그린 그림도 일종의 와유도로 볼 수 있다. 이황李滉의 도산陶山은 명종 때부터 그림으로 그려져 대궐에 들어갔거니와 영조 역시 도산의 그림을 그려오게 한 바 있다. 정선, 강세황 등이 그린 「도산도陶山圖」는 바로 선현의 유적

「해산정도」, 김상성 편, 31.5×22.5cm, 『관동십경첩』에 수록, 1748, 규장각한국학연구원.

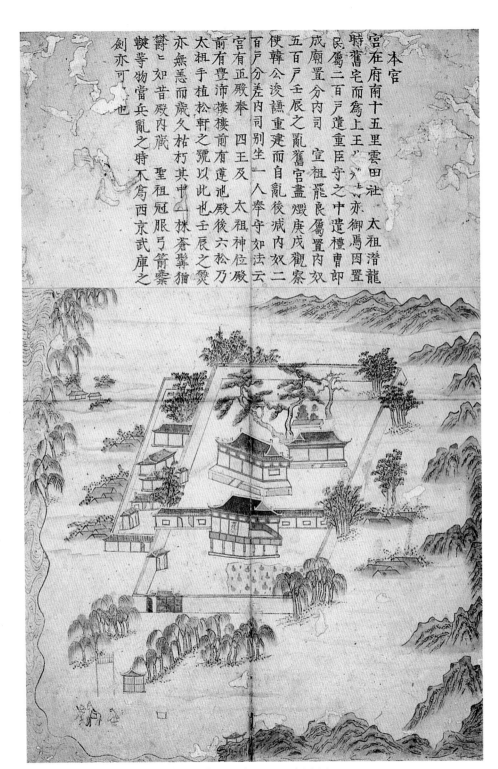

本宮

宮在府南十五里雲田社 太祖潛龍
時舊宅而爲上王⬚⬚御焉因置
民屬二百戶遣重臣守之中遣禮曹卽
成廟置分內司 宣祖罷良屬置內奴
五百戶壬辰之亂舊宮盡燬庚戌觀察
使韓公浚議重建而自亂後減內奴二
百戶分差內司別坐一人奉守知法云
宮有正殿奉 四王及 太祖神位殿
前有豐沛樓前有蓮池殿後六松乃
太祖手植松軒之號以此也壬辰之燹
亦無恙而歲久枯朽其甲一株蒼翠獨
簪簪知昔殿內藏 聖祖冠服弓箭橐
鞬等物當兵亂之時不爲西京武庫之
劍亦可也

「지락정」, 종이에 채색, 51.7×34cm, 『함흥내외십경도』에 수록, 18세기, 국립중앙박물관.

「도산서원」, 정선, 종이에 담채, 56.3×21.2cm, 1734, 간송미술관.

三曲叢頭繫舫艇丟深精舍日水年寒流尚帯號弓
派畫和鳴鳴㪚雨步喺

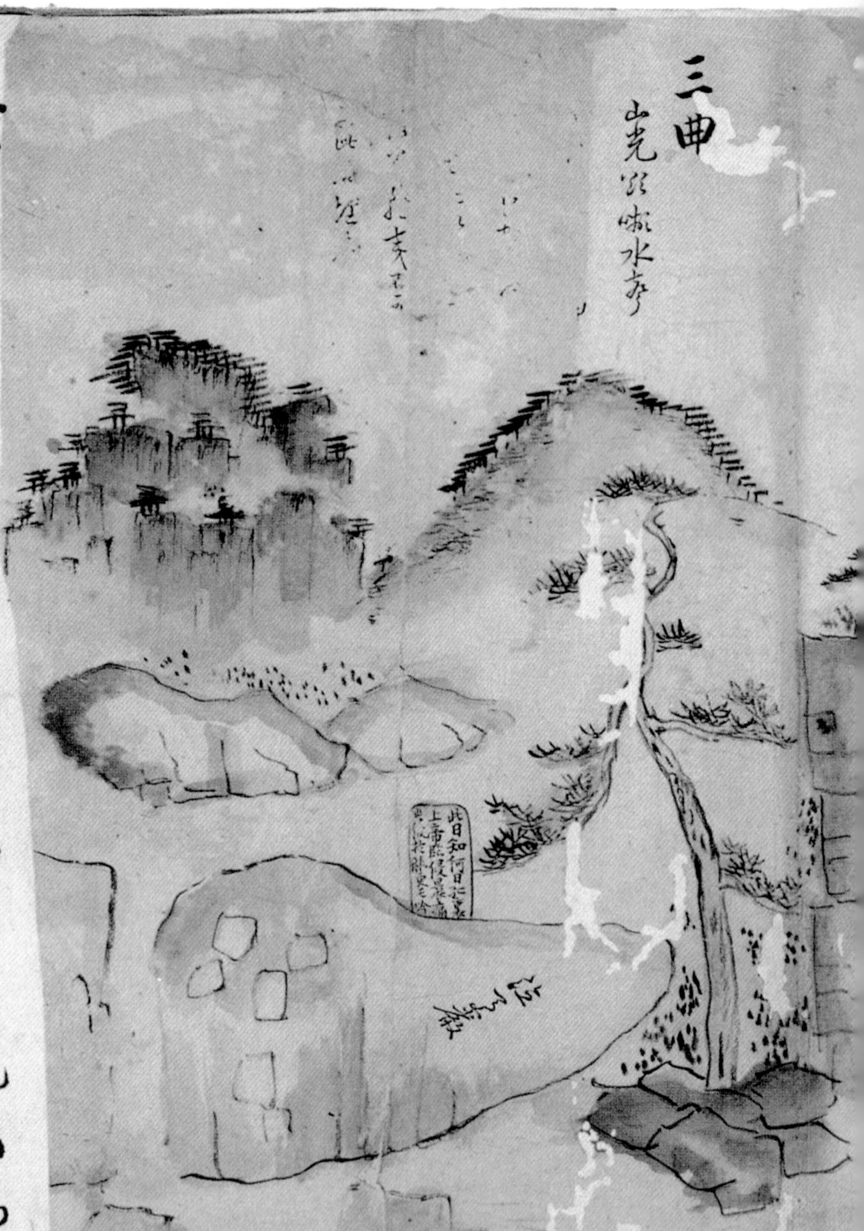

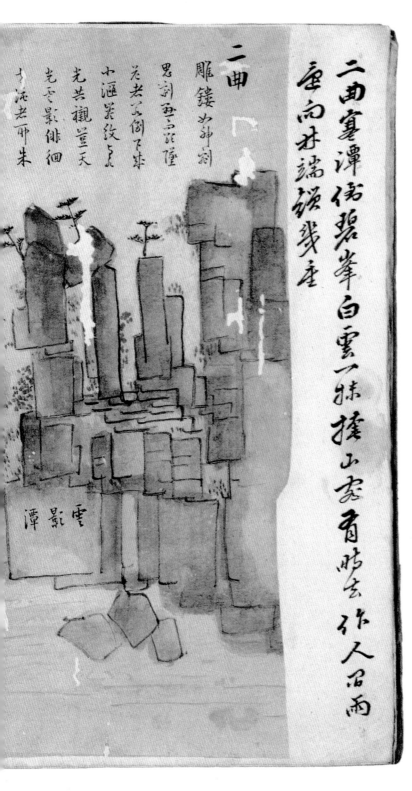

「운영담」, 이형부, 종이에 채색,
38.0×25.5cm, 『화양구곡도』
에 수록, 1809, 송준호.

四面尋真上巘
叢林松繞庭
翠色穆金沙
玉石開仙境千
載明月一潭

金沙潭

大明潭水
花雄石

「금사담」, 이형부, 종이에 채색, 38.0×25.5cm, 『화양구곡도』에 수록, 1809, 송준호.

지를 그림을 통하여 참배하기 위한 명품이라 할 만하다. 이언적의 옥산서원玉山書院과 조식의 덕천서원德川書院, 이이의 석담서원石潭書院, 송시열이 살던 화양동華楊洞 등이 시대를 달리하면서 그림으로 그려졌다.

뛰어난 선비들의 와유록
"글이 그림보다 낫다"

신정하는 정선의 그림과 함께 김창협의 산문과 김창흡의 시를 읽으면 금강산을 유람한 것과 다름이 없다고 했다. 그림뿐만 아니라 글도 와유의 자료로 중요하다는 말이다. 글로 와유를 대신하는 것은 이규보가 「남행일월기南行日月記」에서 젊어서 사방을 유람하는 것은 노년을 위함이라 하고, 평소 유람한 곳은 바로 시로 적어내고 그렇지 못할 때는 방언과 속어를 섞어 간단히 기록해둔다고 한 이래 지속적으로 글을 통한 와유의 필요성이 제기되었다. 특히 17세기 이래 산수유기山水遊記가 폭발적으로 생산되는 이유가 바로 와유에 있었다. 박세당朴世堂은 남학명南鶴鳴의 『와유록』에 붙인 「와유록서臥遊錄序」에서 와유도 대신 와유록이 필요한 이유를 이렇게 설명하였다.

천하의 산수 중에 기이하고 빼어나고 아름다워 사람의 마음과 눈을 놀라게 하는 것이 헤아릴 수 없이 많다. 사람의 다리로 두루 다닐 수도 없고 눈으로 다 볼 수도 없다. (…) 다리 힘이 감당할 수 없는 것을 걱정하여, 명산을 그림으로 그려 자리에 펼쳐놓고 눈으로 보며 흥취를 돋우는데 이를 와유라 한다. 그 또한 스스로 편의를 도모한 것이다. 그러나 산 하나 물 하나도 그 깊고 얕음과 높고 낮음을 논하자면 변태가 무궁하니, 고개지와 육탐미가 평생 문을 닫아걸고 교묘한 재주를 다하여도 끝내 그 모습을 다 전할 수가 없을 것이다. 게다가 고개지와 육탐미는 다시 살려낼 수 없고, 세상에 그림에 능한 자 또한 적다. 그러니 어찌 외형이 비슷한 것을 만에 하나라도 바랄 수 있겠는가? (…)

남학명은 기이한 것을 좋아하는 벽이 심하고 특히 산수를 좋아하여 그 발과 눈으로 미친 바가 온 나라의 거의 반이나 된다. 참으로 속세를 벗어난 사람이니 고금의 누추함을 씻을 만하다. 또 옛사람의 산수기를 많이 수집하여 와유록이라 하고, 아침저녁 펼쳐보면서 높은 곳에 오르는 수고를 대신하며 힘으로 다할 수 없는 바를 모두 얻게 되었다. 이것은 그림을 글로 바꾼 것인데 와유라는 명칭을 그대로 썼으니, 과연 글이 그림보다 나은 것인가? 어떤 이는 산수의 정신을 전하는 데 글이 그림보다 못하다고 하지만, 나는 그렇지 않다고 생각한다. 그림이라도 산수의 아름다움을 다하기에 부족하다는 것은 사람들이 다 아는 사실이다. 그림에 능한 자 또한 반드시 이 산을 직접 볼 수 있는 것은 아니다. 이 산을 본 자라 하더라도 그림 솜씨가 다 뛰어나지 못하니, 그 형상을 그려내는 기술을 다하기에는 부족하다. 더욱이 뛰어나지도 못한 무리들이 보지도 못한 산을 그려서 정신을 전하려 하니 우원하다. 글은 이와 다르다. 무릇 산수기는 반드시 그 땅을 밟고 그 모습을 보아서 마음으로 그 실체를 터득한 다음에야 붓을 잡고 갖추어 쓸 수 있다. 높은 것은 높게, 낮은 것은 낮게, 깊은 것은 깊게, 얕은 것은 얕게, 조금이라도 놓치지 않고 그 변화를 다한다. 또 그 사람이 모두 속세의 먼지에서 벗어나 있는 사람들이요 문장을 하는 선비들인지라 현명하고 재주 있음이 이와 같으니, 그가 직접 밟고 본 것과 마음으로 느낀 바를 적게 된다면, 세상에서 용과 매와 표범의 외모를 묘사하고 천리마를 그리더라도 고기를 그리고 가죽을 그리는 데 그치는 자들이나 고개지·육탐미가 직접 가보지 못한 바를 그려낼 수 없는 것과 그 장단과 득실을 어찌 함께 논할 수 있겠는가?

대부분의 산수화가 산수를 직접 보지 못하고 그린 것이라는 점, 실경을 그린다 하더라도 기술에 제한이 있다는 점, 그리고 산수 유람에 대한 흥감을 그림이 충분히 반영하지 못한다는 점을 지적한 것이다. 비록 조선 후기 정선의 산수화를 위시한 진경산수가 널리 유행했지만, 문인들의 상상력은 그림보다 글에 의하여 더욱 활성화되었다.

17세기 산수유기가 와유의 자료로 관심을 끌게 된 것은 일차적으로는 중국 문학의 영향이기도 하다. 명대 문학을 수입하는 데 앞장섰던 허균許筠은 주지번朱之蕃으로부터 여조겸呂祖謙이 지은 것으로 알려진 『와유록臥遊錄』을 받아왔다. 또 중국의 『명산승개기名山勝槪記』가 조선으로 유입되어 널리 읽혔다. 중국 산수유기의 대유행으로, 조선에서도 자체적으로 중국 산수유기를 선발한 책자를 편찬하여 갈 수 없는 중국의 명승을 글로 여행하였다. 한 예로 김창협의 『징회록澄懷錄』『명산최승名山最勝』, 이윤영李胤永의 『명산기名山紀』 등이 그렇게 하여 나온 책이다.

명대 산수유기류에 대한 적극적인 관심과 함께 조선의 산수를 대상으로 한 산수유기 총집의 편찬도 17세기 무렵부터 활발히 이

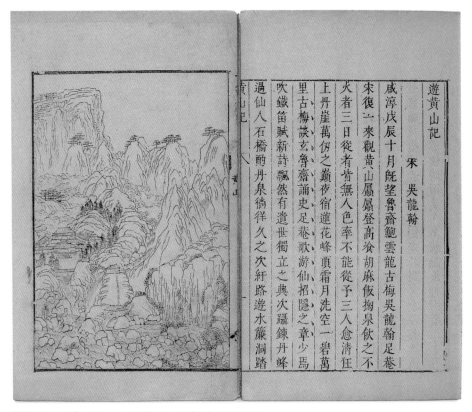

遊黃山記

宋 吳龍翰

咸淳戊辰十月旣望曾齋鮑雲龍古梅吳龍翰足巷
宋復一來觀黃山屬屬登高發胡麻飯掬泉飮之不
火者三日從者皆無人色率不能從予三人愈淸任
上丹崖萬仞之巓夜宿蓮花峰頂霜月洗空一碧萬
里古梅誒玄魯齋誦史足巷歌游仙招隱之章少焉
吹鐵笛賦新詩飄然有遺世獨立之典次躡鍊丹峰
過仙人石橋酌丹泉徜徉久之次紆路遊水簾洞踏

『명산승개기』, 26.4×17.3cm, 중국 청나라, 한국학중앙연구원 장서각.

루어졌다. 김수증이 처음 『와유록』을 펴낸 이래 여러 종의 『와유록』이 편찬되었고, 서로 내용을 달리하는 것이 규장각, 장서각, 버클리대학, 혹은 개인 소장으로 여러 곳에 전한다.

이처럼 와유록이 성행하면서 여러 사람의 산수유기를 묶은 것뿐만 아니라 자신이 직접 제작한 기문을 모은 책도 널리 유행했다. 이러한 유형의 와유록 중 가장 이른 시기의 것은 송남수宋枏壽의 『해동산천록海東山川錄』이며, 이후 홍백창洪百昌의 『동유기실東遊記

『명산승개기』에 실린 풍경.

實』, 이윤영의 『산사山史』, 강후진姜侯晉의 『와유록』, 성해응成海應의 『동국명산기東國名山記』 등이 있다. 이러한 책은 자신의 여행 체험을 기록한 것이면서 동시에 훗날 노년이 되어 과거를 추억하면서 상상의 여행을 즐기기 위한 것이었고, 다시 이렇게 하여 편찬된 책이 뒷사람의 여행 가이드북으로, 혹은 직접 가볼 수 없는 이들에게는 와유의 자료로 이용되었다.

학업의 지루함을 와유 게임으로 달래다

조선 후기에는 새로운 와유의 풍속이 생겨났다. 조선시대 선비들이 비교적 우아하게 즐길 수 있는 놀이로는 하륜河崙이 만든 것으로 알려진 종정도從政圖가 일찍부터 유행하였는데 벼슬을 명승지로 바꾸면 상영도觴詠圖가 되었다. 남승도覽勝圖라고도 부르는 상영도는 중국에서 유래한 것인데 어부漁父, 우사羽士, 검객劍俠, 미인美人, 치의緇衣, 사객詞客 등 여섯 부류로 나누고 중국의 명승지를 판 위에 그린 다음 각기 6인의 궁宮을 정하며, 주사위를 던져 자신의 궁에 이르면 시를 짓고 술을 마시는 놀이다. 이규경李圭景은 『오주연문장전산고』에서 상영도는 천하의 명승지를 지도로 만들고 주사위를 던져 술을 마시고 시를 읊조리는 놀이라 하고, 여러 잡기 중에 자못 고상하다고 한 바 있다.

종정도가 비교적 이른 시기에 나타난 놀이인 반면 상영도는 18세기 이후에야 유행한 것으로 추정된다. 서유구徐有榘는 『임원경제지』에서 이 놀이를 소개했으며, 아들 서우보徐宇輔 등이 종형제들과 학

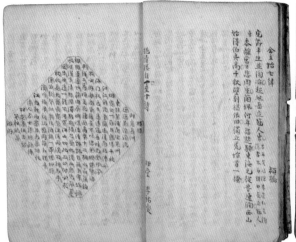

『팔선와유도』, 규장각한국학연구원.

업을 익히다가 너무 지루해할 때 유익하면서도 놀이로서의 기능을 가진 남승도 놀이를 하게 하였다. 또 중국의 명승지가 아닌 조선의 아름다운 산수를 대상으로 한 「동국남승도東國攬勝圖」를 편찬하여 와유의 자료로 삼을 수 있게 하라고 아들에게 부탁하기도 했다.

상영도를 이용하여 문인들이 실제로 놀이를 한 기록은 『팔선와유도八仙臥遊圖』에 자세히 소개되어 있다. 『팔선와유도』는 유득공柳得恭의 조카 유본정柳本正이 만든 놀이를 기록한 책이다. 유본정은 겸가추수정兼葭秋水亭이라 이름 붙인 집에서 벗들과 어울려 팔선와유도 놀이를 즐겼다. 먼저 「팔선와유도」를 만들어 우리나라 명승지 81곳을 선정하여 그 이름을 적고, 한가운데 겸가추수정을 제외한 80곳을 각기 10곳씩 시詩·문文·필筆·화畵·주酒·기棋·금琴·검劒 등에 능한 여덟 신선의 이름을 적었다. 이어 참가하는 8인이 제비를 뽑아 시·문·필·화·주·기·검·금 중 하나를 선택하여

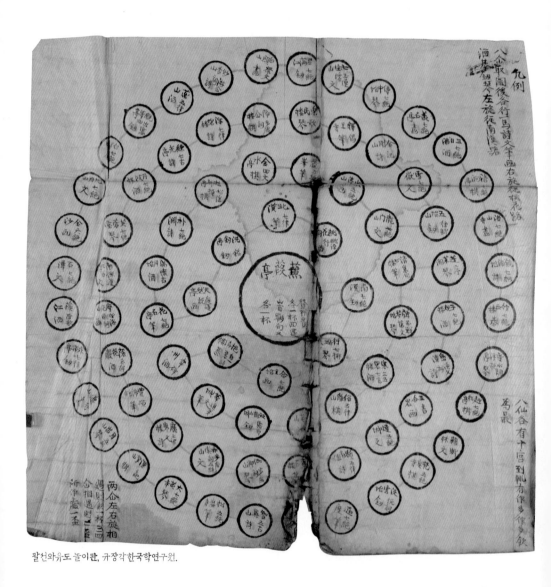

팔선와유도 놀이판, 규장각한국학연구원.

각자의 말로 정한 후, 보통의 종정도 놀이를 하는 것처럼 주사위를 던져 그 숫자에 따라 말을 옮긴다. 주사위를 던진 신선이 자신에게 해당하는 신선의 궁에 이르면 술을 한 잔 마시고, 판에 적힌 양식대로의 시문을 짓는다. 예를 들면 개성의 만월대滿月臺에 이르면 회고시懷古詩를 짓고 의주의 통군정統軍亭에서는 출새곡出塞曲을 지으며 행주산성에서는 비문碑文을 짓는 식이다. 이렇게 앉은 채로 팔도유람을 다니며 시문을 지었다.

바닷물로 적시는 집 '함해당'
상상의 와유

누워서 산수를 유람하는 몇 가지 양상을 살폈다. 그런데 여기에서 더 나아가 집 이름 자체를 와유라 부르기도 하였다. 와유당臥遊堂, 와유암臥遊菴, 와유정臥遊亭 등이 그러한 예다. 또 송 구양수歐陽脩의 화방재畫舫齋는 집 이름을 통한 와유의 전범이 된다. 구양수는 활주滑州에 폄적되어 있을 때 방 안으로 들어가면 마치 배 안에 있는 것처럼 서재를 꾸민 다음 그 이름을 화방재라 하였다. 신위申緯는 이를 배워 자신의 집 이름을 바닷물이 출렁거리는 집이라는 뜻으로 문의당文漪堂이라 하였다. 또 이종휘李種徽의 집 함해당涵海堂도 그러한 뜻이었다. 「함해당기涵海堂記」에서 그 뜻을 이렇게 밝혔다.

함해涵海라는 것은 내 서실의 이름이다. 내가 빌려 사는 남촌南村의 집은 기둥이 겨우 여덟아홉이고, 기둥 바깥에 있는 빈 터도 겨우 백 평 남짓 된다. 대개 달팽이집이요 게딱지집이라 부르는 곳일 뿐이다. 가운데 기둥 하나를 세우고 초가로 지붕을 이은 곳이 바로 함해당이라 부르는 집이다. 이곳은 모르긴 해도 바다와 몇백 리는 떨어져 있을 것인데 어찌해서 이런 이름을 붙였는가? 상상해서 이름을 붙인 것이다. (…)

예전 영남을 유람할 때 동래의 해운대海雲臺와 몰운대沒雲臺를 올라간 적이 있다. 몰운대는 땅이 바다 한가운데로 움푹 들어가서 대가 된 곳이다. 길이 넓은 바다를 끼고 있는데 겨우 몇 길 떨어져 있지 않다. 파도 소리가 해안을 쳐서 그 때문에 말이 피하여 뒷걸음질 친다. 몇백 걸음 가면 땅이 비로소 끝이 나고 하늘과 바다가 끝없이 펼쳐진다. 조금 있으니 바다로 들어가고 남은 햇살이 사방에서 부서진 금처럼 쏘아댄다. 만경창파 넓은 바다에 사나운 바람이 일어 이 때문에 요란한 소리를 낸다. 큰 파도가 허공에 뒤집어져서 마치 비가 내리는 것 같기도 하고 천둥이 치는 것 같기도 하다. 그러다가 갑자기 물결이 동탕쳤다. 내 마음이 상쾌해져서 근심이 싹 사라졌다. 돌아와 대포진大浦鎭의 객사에서 휴식을 취하였다. 조금 있으니 달이 떠올랐다. 바다의 빛은 거울처럼 맑았다. 나지막이 대마도가 바라다 보이는데 마치 잘 차려놓은 잔칫상 같았다. 다 장관이었다.

나는 마음속으로 생각을 하곤 한다. 눈은 내 방 안에 있지만 오래 사방의 벽을 보고 있노라면 벽에서 파도 문양이 생겨나 마치 바다를 그려놓은 휘장을 붙여놓은 듯하다. 절로 마음이 탁 트이고 정신이 상쾌해져서 내 자신이 좁은 방 안에 있다는 사실을 잊게 된다. 이 때문에 일어나 내 책을 마주하면 유창하고 쾌활하게 읽힌다. 마치 내 가슴을 바닷물로 적시는 듯하다. 그러니 예전 몰운대가 어찌 바로 내 집이 되지 않겠는가? 이제 내가 사는 달팽이 집이 바로 바다가 아닌 줄 어찌 알겠는가? 그러니 집을 바닷물로 적신다는 함해라 한 것은 가능하니 엉터리가 아니다.

이종휘는 서울의 남산 아래 집을 짓고 살면서 그 이름을 바닷물로 적시는 집이라는 뜻에서 함해당이라 하였다. 부산의 몰운대에 올라 바라본 바다의 모습을 남산 아래 끌어들이기 위하여 이러한 이름을 붙였다. 집 이름 하나로 부산 앞바다가 눈앞에 펼쳐진다.

*

산과 물이 더욱 멀어진 시대지만, 누워서 산과 물을 누릴 수 있는 방법 자체가 달라진 것은 아니다. 현대식 건물 안에서 물기가 마르지 않은 수석을 두거나 화분을 놓고 완상하기도 하고, 그럴듯한 산수화를 걸어두기도 한다. 그러나 상상을 통하여 산수 유람의 흥을 가장 잘 누릴 수 있는 글을 읽는 사람은 많지 않다. 옛사람의 글을 통하여 갈 수 없는 아름다운 땅뿐만 아니라 이미 사라져버린 산과 물까지 함께 즐길 수 있다는 점을 환기하고자 한다.

2장

정치적 시험의 장이 된
왕세자의 온천여행

조선 왕가의 치병기

김호

『동의보감』에는 물과 곡식이 없으면 사람이 살아갈 수 없으니 매우 중요하다고 언급하고 33가지 물에 대해 설명하였는바, 온천수(더운 샘물)의 효능은 다음과 같다.

온갖 풍風으로 근골筋骨이 오그라든 것, 피부 감각이 둔한 것, 손발이 말을 듣지 않는 것이나 대풍창과 개선疥癬에 주로 쓴다. 물에 들어가서 목욕하는데 목욕물이 마를 때쯤 피곤해지면 약과 음식으로 보양한다. 온천은 성질이 뜨겁고 독이 있으니 절대로 마시면 안 된다. 나병癩病, 개선이나 양매창楊梅瘡을 앓고 있는 사람은 열흘 정도 음식을 배불리 먹고 땀이 날 때까지 오랫동안 목욕한다. 그러면 온갖 창瘡이 다 낫는다. 마지막으로 물 아래에 유황이 있으면 물이 뜨거워진다. 유황은 모든 창에 주로 쓰고, 그 물 또한 그러하다. 물에서 유황 냄새가 나기 때문에 풍랭風冷을 낫게 하는 데 으뜸이다.

조선시대에 온천욕은 근골이 오그라들거나 각종 '창'을 치료하는 유용한 치료법으로 여겨졌다. 때문에 조선 초부터 왕실의 온천 행차는 여러 차례 이루어졌으며, 질 좋은 온천을 찾기 위한 노력

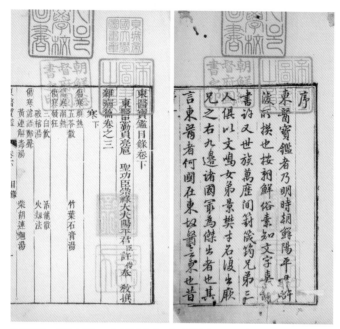

『동의보감』, 허준, 1610, 규장각한국학연구원. 온천의 효능에 대해 자세히 소개하고 있다.

또한 계속되었다. 조선의 왕들 가운데 태조, 정종, 태종, 세종, 세조, 현종, 숙종, 영조 등이 재위 시절에 온천을 찾았고 이 글에서 살펴볼 사도세자는 왕세자 시절 온천을 찾았다. 조선시대 왕실에서 이용한 온천은 황해도 평산, 경기도 이천, 충청도 온양 등지였다. 초기에는 평산 온천을 이용했고 세종 이후에는 주로 온양을 방문했다.

스물여덟 살로 세상을 뜨기 두 해 전인 1760년(영조 36) 사도세자는 다리에 생긴 습창濕瘡을 치료하기 위해 10여 일 동안 온양 온천에 행차했다. 당시 사도세자의 온천 행차와 습창 치료 상황은 『온천일기溫泉日記』와 『온궁사실溫宮事實』에 자세히 기록되어 있다.

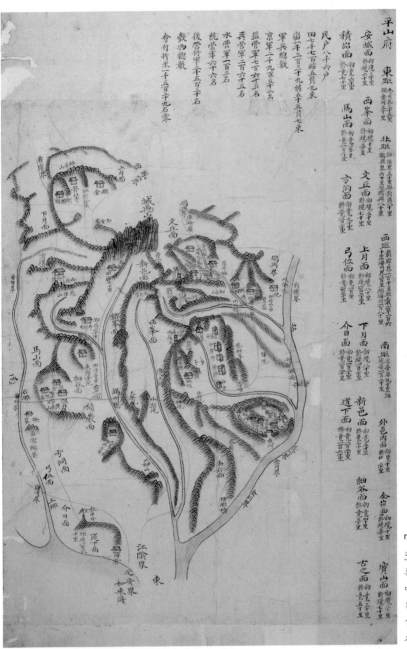

平山府 東距

安城面 初境二十里 終境六十里
西峯面 初境十里 終境二十里
積尚面 初境交里 終境七十里
馬山面 初境交里 終境七十里
方洞面 初境交里 終境交里

民戶八千七百六戶
田七千七百結五貫九束
畓二千三百三十九結辛五月七束
軍兵總數
京軍二千九百五十二名
監營軍二千六百六五名
兵營軍七百六十三名
水營軍一百二名
統營軍六十六名
後營將軍二千五百二十名
轂物總數
合付折米二千五百四十九石零

北距
文丘面 初境十里 終境七十里
上月面 初境交里 終境二百里
弓位面 終境二百里

西距
下月面 初境二百里 終境二百里
介日面 初境二百里 終境二百里
道下面 終境二百里

南距
新邑面 初境二百里 終境二百里
細谷面 初境二百里 終境二百里
古之面 初境交里 終境五十里

外邑內面 終境十里
金巖面 初境二百里 終境十里
寶山面 初境二十里 終境七里

『평산부』, 종이에 채색, 47×30.5cm, 『해동지도』에 수록, 보물 제1591호, 1750년대, 규장각한국학연구원. 황해도 평산은 조선시대 왕실에서 찾았던 유명한 온천지 중 하나였다.

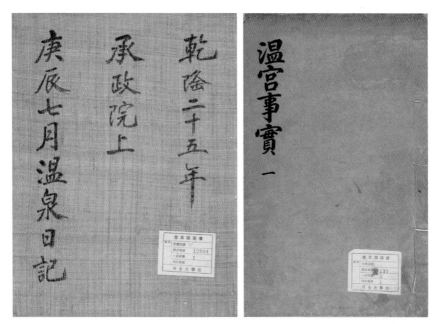

『온천일기溫泉日記』와 『온궁사실溫宮事實』, 규장각 한국학연구원. 사도세자의 온천 행차와 치료 상황을 자세히 기록해 두었다.

『온천일기』는 1760년(영조 36) 7월 18일부터 8월 4일까지 사도세자의 온천 행차를 기록한 1책의 일기이고, 『온궁사실』은 정조가 사도세자를 추숭하기 위해 편찬한 책으로 1760년 당시 온행과 이후 정조대의 추숭 관련 기사가 자세하다.

이상의 자료들을 통해 습창 치료를 위한 사도세자의 온행 과정을 구체적으로 서술하고, 그 역사적 의미를 살펴보기로 한다. 사도세자는 영조의 허락을 받아 1760년 7월 18일 출궁해 다음 달 8월 4일 환궁하였는데 실제 온천욕은 7월 24일에서 7월 28일까지 연이어 5일간 했고 다음 하루를 쉰 후 8월 1일 귀경길에 올라 4일 한양에 도착했다.

사도세자의 온행을 결정하다 (7월 10일)

1760년 7월 10일 영조는 흥정당興政堂에서 대신과 비변사 당상들을 인견하였다. 흥정당은 경희궁의 전각으로 주로 국왕이 신하를 접견하고 경연을 여는 편전으로 사용되었다. 영조는 입시한 약방 도제조 이후에게 왕세자(사도세자)의 증세를 물었다. 왕세자의 습창이 재발할까 염려했기 때문이었다. 당시 영조는 세자의 온천욕을 금하고 있었는데 백성들에게 피해를 끼칠까 하는 우려에서였다.

아들의 병세가 호전되지 못하고 점차 악화되자, 영조는 마침내 "온천물로 훈세薰洗하는 것이 이롭다면 어찌 못 하겠는가?"라며 호조판서 홍봉한에게 훈세 여부를 물었다. 홍봉한은 자세히 알지는 못하지만 훈세가 습질의 치료에 알맞을 것이라고 답했고, 도제조 이후는 의관들과 진찰한 후 의논하는 것이 좋을 듯하다고 아뢰었다.

당일 왕세자는 덕성합德成閤에 있었다. 덕성합은 창덕궁 내 전각으로 사도세자가 대리청정하는 동안 신료들을 접견하고 정무를 보던 건물이었다. 약방 삼제조三提調가 입대入對하였다. 먼저 이후가 왕세자의 다리 증세를 물었다. '달라진 게 없다'는 답이 돌아왔다. 뒤이어 수의首醫 김이형 등이 입진하여 온천물로 자주 씻어주기를 청했다. 사도세자는 습창 치료를 위해 유황수를 만들어 사용하거나 온천수를 길어다 환부를 씻고 있었다.

이후 등은 왕세자를 입진하고 돌아와 왕세자의 다리가 부어오르고 혹 습창이 터진 부위도 있다고 보고했다. 영조는 동궁(사도세자)이 제대로 앉을 수 있는지를 물었고, 이후는 똑바로 앉지 못하고 서안書案에 비스듬히 기대어 있었다고 답했다. 상황이 이 지경에 이른 것을 안 영조는 왕세자의 건강관리를 소홀히 한 약방 관리들에게 호통을 친 후 의관들의 의견을 구했다. 의관들 모두 온천욕을 권하자, 영조는 진노했다. "의관들은 녹이나 축내는 무리다. 온천에서 목욕하면 반드시 효험이 있는 줄을 어찌 안단 말인가?"

영조는 백성들에게 끼칠 온행의 폐해를 생각하여 이를 금하는 전교를 내린 바 있었다. 왕세자라고 해서 예외는 아니었는데 자신이 이를 어기고 온행의 명을 내릴 수밖에 없게 된 상황에 격분한 것이다.

의관들의 말이 아주 틀렸다. 군인과 백성을 생각지 않는단 말인가? 더욱이 목욕을 금한다는 전교를 어찌 겨우 버렸는데 내 자식이라고 목욕을 허락하면 백성이 나를 미덥다고 생각하겠는가, 어질다고 생각하겠는가?(『온궁사실』「전교傳敎」)

그럼에도 아들의 병환이 깊어지는 것을 방관할 수 없었던 영조는 사도세자의 온행을 허락했다.

당시 사도세자의 온행은 단순히 병을 치료하는 목적에 그치지 않았다. 영조는 왕세자 행차시에 얼마나 많은 백성이 몰려들어 구경했는지 궁금해하면서, 사도세자에 대한 민심의 향배를 알고 싶어했다.

7월 11일 예조는 계啓를 올려, 일관日官의 길일吉日 추택推擇 결과

서늘해지는 처서 이후인 7월 15일, 17일, 18일이 길하다고 보고했고 이내 온행은 18일로 결정되었다. 7월 13일 왕세자는 덕성합에 앉아서 온행 갈 채비에 대해 의논했다. 수의 김이형 등이 기후氣候를 입진入診했고, 약방 분도제조分都提調 조운규는 이미 온행이 결정되었는바 수라를 더 드셔서 위장을 기르고 원기를 보충하는 것이 좋겠다고 진언했다. 왕세자는 유념하겠다고 짧게 답했다.

강물이 불어난 가운데
온양으로 출발하다(7월 18일)

드디어 7월 18일 진시辰時(아침 7~9시)에 사도세자는 융복戎服을 갖추어 입고 수레에 올랐다. 선인문宣仁門을 나가자마자 수레에서 내린 사도세자는 말을 타고 숭례문 밖에 이르러 다시 교자를 갈아 타고 서빙고 주정소晝停所(행차 중에 잠시 머물러 낮수라를 드는 곳)에 도착했다. 도강 전에 막차幕次에 들어가자 정원政院과 약방藥房이 문안하였다.

임위와 이심원, 약방 분도제조 조운규 등이 "강물이 불어나 가득 찼는데 선창은 아직 완성되지 않았으며 담당 공조 관리들은 와서 대령하는 자가 하나도 없으니 이들을 추고하는 것이 좋겠다"고 아뢰었고 사도세자는 이를 허락했다.

신하들이 차례로 물러나자 사도세자는 작은 수레를 타고 배에 올랐다. 그러나 한강 물이 불어나 건너기 어렵다는 보고가 들어왔다. 한참을 우왕좌왕하다가 경기감사 윤급이 묘안을 내놓았다.

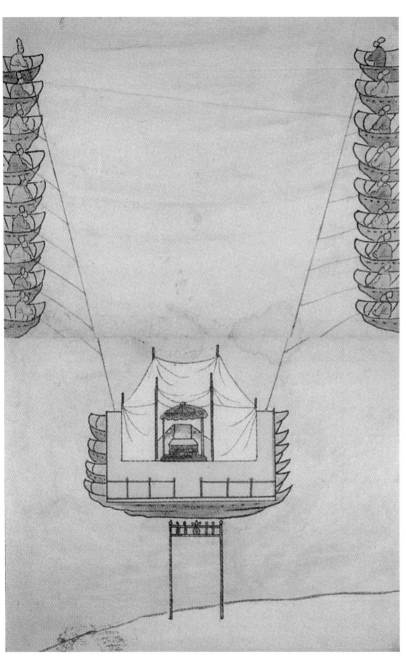

큰 배 수십 척으로 돛을 달아 이끌도록 하고 굵은 동아줄 수십 개로 용주龍舟(왕세자가 탄 배)를 매어 건너도록 한 것이다.

왕세자가 탄 배가 한강 중류쯤 이르렀을 때, 갑자기 강기슭의 군중 속에서 어떤 사람이 큰 소리로 외쳤다. "저군儲君이 강을 건너는데 배가 이처럼 소루하니 조정에서 녹을 먹는 신하들이 모두 불충하구나!" 목소리가 매우 웅장하고 말씨가 극히 강개하여 시위하는 신하들이 서로 보며 떠들썩했지만 누군지 아는 이가 없었다. 알아보니 장사將士 이천구로 나이가 팔순이 넘은 자였다. 무신란戊申亂(1728년[영조 4]에 소론 강경파들이 남인과 함께 영조와 노론을 제거하고 밀풍군 탄을 왕으로 추대하려고 일으킨 난) 진압에 참전하여 공을 세운 사람으로 밝혀졌다.

한 차례 소동 끝에 한강을 건넌 왕세자 일행은 과천으로 향했다. 사도세자는 "농사철에 부득이 수레를 움직이게 되었으니 벼를 상하게 할까 염려된다. 선상군先廂軍과 후상군後廂軍은 대열을 짓지 말고 길 하나로 행군하도록 하라. 그리고 관광 나온 백성들도 길 좌우에 가지런히 서서 밭둑 사이를 짓밟지 않도록 알리는 게 좋겠다"고 명령하였다. 이에 많은 백성이 사도세자의 성덕을 감축하며 우레와 같은 환호성을 질렀다. 과천 동헌東軒 숙소에 다다르자 다시금 정원과 약방이 문안하였다.

백성들의 생활상을 살피고
뒤처진 군병을 위로하다

7월 19일 아침에 사도세자가 일어나자, 약방 분도제조 조운규는 "밤새 다리 부위 증세는 어떻습니까?"라고 안부를 물었고, 사도세자는 "이동한 뒤 심해진 듯하다"고 답했다. 진시가 되자 융복을 갖춰 입은 사도세자는 말에 올라 사근천(수원 광교산 근처) 주정소를 향했다. 사근천 주정소에 다다르자 조운규가 재차 문안하였다. "오늘 날씨가 매우 덥습니다. 힘들여 움직인 뒤 예후가 어떻습니까?" 이에 사도세자는 "한결같다"고 답했다.

행차하는 도중 군병이 뒤처지자, 사도세자는 사람을 보내 이유를 물었고 그가 더위를 먹었다고 대답하니 청심환을 하사하기도 했다. 간혹 말이 넘어지기도 했는데 이때마다 다친 사람은 없냐고 물었다. 오후 늦게 수원에 도착하여 동헌 숙소에 들어가자 정원과 약방이 문안하였다. 그런데 사도세자가 수원에 이르렀을 때, 한 마부가 민간의 말먹이를 빼앗아 먹이고 있었다. 이에 사도세자는 이를 조사한 후 엄하게 다스리라고 하령하기도 했다.

다음 날 20일 아침이 밝아오자 의례히 정원과 약방이 문안하였고, 진시에 사도세자는 융복을 갖추어 입고 말에 올라 진위를 향해 나아갔다. 진위 동헌에 든 뒤 다시 약방 분도제조 조운규 이하 보덕輔德 이기덕 등 여러 신료와 의관이 차례로 문안했다.

문안이 끝나자 조운규는 시급히 아뢸 것이 있다고 했고, 사도세자가 이유를 묻자, "경기 감영의 보고를 들어보니 소사교素沙橋와 아교교阿膠橋 두 다리의 냇물이 불어나 건너기가 매우 어렵습니다.

「화성도」, 조선시대, 수원박물관. 화성행궁과 수원 화성의 성벽 길, 시설 등이
자세히 묘사되어 있다. 사도세자는 온행길에 이곳에 머물렀다.

새로 만든 다리라서 견고하지 못하므로 경솔히 건널 수 없습니다. 이미 이런 사실을 알게 된 이상 신들은 결코 모시고 건너기 어렵습니다. 이에 감히 이렇게 아룁니다"라고 했다.

사도세자는 정해진 날짜에 맞추어 온궁에 도착해야 한다며 "계획된 절목을 어길 수 없다"고 고집했다. 그러나 신하들은 "절목을 어기는 일이 매우 곤란하지만 위험을 무릅쓰고 건너는 것 또한 신들이 결코 감히 받들 수 없습니다"라고 답했다.

사도세자는 도강을 만류하는 신하들에게 영조의 명을 거스르게 되어 마음이 불안하다며 자신의 심정을 토로했다. 영조와 왕세자(사도세자) 사이의 갈등의 골을 느낄 수 있는 대목이다.

사도세자는 행차하는 곳마다 주변 마을 혹은 길가의 백성들에게 생활상의 어려움을 묻곤 했다. 진위 숙소에서 사도세자는 진위 호장戶長 김중정을 대령토록 하여 "현縣에 장시場市가 있느냐?"고 물었고 김중정은 읍내에 장이 있는데 22일에 열린다고 답하였다. 사도세자는 "민간의 일을 보고 싶으니 내일 출궁하기 전에 장을 설치하라"고 주문하고 시장 사람들을 만났다. 뿐만 아니라 마을 부로父老 염치주, 조진근, 한익화, 박세항 등을 진위 동헌으로 불러들여 민정을 물어본 뒤 간장, 약과藥果, 쇠고기 등을 하사하기도 했다. 사도세자의 온행 목적은 습창 치료에 그치지 않았고, 여러 마을에 들러 민간의 사정을 탐문하는 것이기도 했다.

다음 날 7월 21일 아침이 되자 정원과 약방이 사도세자를 문안했다. 진시에 사도세자는 융복을 입고 말을 탄 후 소사素沙 주정소를 향했다. 당시 행차를 관광 나온 인근 경기도 사람들이 산에 차고 들을 덮은 모습을 본 사도세자는 관리에게 명하여 일일이 찾아

「경기감영」, 작가 미상, 136×444cm, 조선시대, 삼성미술관 리움. 조선시대 경기도 지방 풍경. 지도제작는 온천 행차 중 경기도 지방을 지나며 지역 사정을 볼 수 있었다.

薑餉宴

「시흥환어행렬도」, 김득신, 비단에 채색, 151.5×66.4cm, 『화성능행도병』에 수록, 1795, 국립중앙박물관. 조선시대에 왕가의 인물
이 행차할 때 주변 풍광이 어떠했던가를 보여주는 한 예다.

가 백성들의 민막民瘼을 묻게 했다. 그런데 관리가 단지 길가에 있는 몇 사람에게만 왕래한 후 복명復命하였다. 이에 화가 난 사도세자는 산 위와 들판의 백성들에게 두루 물어보지 않은 관리를 엄하게 처벌하였다. 소사 주정소에서 잠시 머문 사도세자 일행은 직산稷山을 향해 출발했다. 동헌 숙소에 들어간 뒤 정원과 약방이 의례히 문안했다.

이날 사도세자 일행은 경기도와 충청도의 경계를 지났는데, 이때 두 지역의 관찰사가 모두 나와 한편은 배웅하고 다른 한편은 맞이하는 의식을 거행했다. 경기감사 윤급尹汲과 충청감사 구윤명具允明이 함께 나와 윤급은 뒤로 물러서고, 구윤명이 길가에서 자신의 관할 구역에 들어온 왕세자 일행을 영접한 것이다.

미역국과 밥, 생맥산으로 기를 보하며 목욕을 준비하다 (7월 22~23일)

22일 아침, 사도세자는 융복을 갖추어 입고 말을 탄 후 직산을 출발하여 천안天安 주정소로 향했다. 이날 천안과 온양 두 고을의 중간에 탄현炭峴이 있었는데 탄현에서 온천까지 좌우에 관광 나온 사람이 산에 차고 들을 덮어 마치 삼단이 서 있는 듯하였다. 각 읍의 금란장교禁亂將校들이 채찍질하며 이들을 쫓아내자 사도세자는 그리하지 못하도록 하령했다.

오후에 온양 행궁에 도착한 사도세자는 온행 중에 백성들을 탐학하는 일이 없을까 걱정하여 이곳저곳을 둘러보았다. 그러던 중

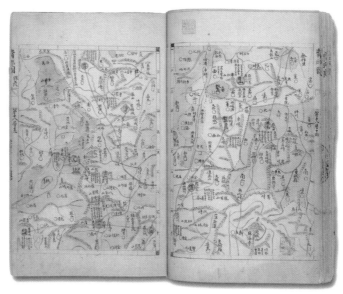

「온양·당진」, 종이에 채색, 31.5×21.6cm, 보물 1594-2호, 19세기, 영남대도서관. 온양은 온천으로 유有명한 지역이었다.

온궁의 수라간 앞에 쌓여 있는 엄청난 양의 땔나무를 발견했다. 사도세자는 "저 땔감은 어디에 쓰는 것이며 담당하는 이는 누구인가?"라고 주위에 물었다. 관리들이 수라간 설리薛里(조선시대 내시부의 종4품에서 정7품까지의 관직으로 각 궁宮, 전殿에 소속되어 시중 드는 일을 담당)가 감독하여 진배進排한다고 주달하였고, 사도세자는 온양 백성들로부터 땔감을 지나치게 많이 거두어들인 담당 내관을 온궁 신정神井 앞에 잡아들인 후 엄하게 처벌했다.

"수라에 들이는 땔나무가 무어 그리 대단하다고 이렇게 과다한가? 봉입할 때 얼마나 민폐를 끼쳤는지 말하지 않아도 알 만하다. 즉시 엄히 처결하여 온양 백성들에게 사과하고 십분 안도케 할 것이다." 사도세자는 곧바로 해당 내관을 한양으로 돌아가도록 명

하였다. "너는 지금 속히 올라가되 말이 있어도 타지 말고 걸어가
도록 하라."

이뿐만이 아니었다. 당일 늙은 탕지기湯直 이세중 등 몇 사람이
양산陽傘을 실은 말을 끌고 다니다가 수박밭을 망치고 말았다. 사
도세자는 말 주인을 잡아들여 엄벌하였다. "여름철에 땀 흘려 일
군 수박밭에 말을 풀어 과일나무를 망쳤으니 통탄할 일이다. 병조
에 내려 곤장 10도를 치고, 수라미水剌米 3석을 밭주인에게 하사
하라."

온양에 도착한 다음 날인 23일 사도세
자는 온천 행궁에 앉아 있었다. 약방 분도
제조가 입대할 때에 조운규 외 여러 명의
관료와 의관 방태여, 김덕륜 등이 차례로
나와 엎드렸다. 문안 인사를 마치자 조운
규는 "며칠 힘들여 움직인 뒤인데 예후가
어떻습니까?"라고 물었다. 사도세자는
"변함없다"고 답하였다. 조운규는 다시
"각부脚部 증세는 어떻습니까?"라며 증세
를 확인했고 "한결같다"고 사도세자는 답
했다.

의관들을 입대하여 진찰하자는 조운규
의 건의에 따라 수의首醫 두 사람과 침의鍼
醫 한 사람이 들어와 사도세자의 진맥과 건
강 상태를 살폈다. 의관 방태여가 진맥 후
"맥이 자주 뛰고 각부의 창후瘡候는 이전과

휴대용 약갑, 높이 29.5cm, 조선 후기, 서울
역사박물관.

같습니다"라고 답했고 다른 의관 역시 동일한 의견이었다. 조운규
는 사도세자에게 "내일은 목욕하는 날입니다. 수라를 전보다 더 드
시면 좋겠습니다"라는 당부를 잊지 않았다.

조선시대에는 온천욕이 울체된 기운을 풀어주는 효과가 있지
만 진기眞氣를 발산시킨다고 생각하여 목욕 전에 충분한 음식을 먹
도록 권장했다. 뿐만 아니라 목욕하는 중간에 미역국과 밥을 먹
고, 목욕을 마치면 생맥산 등의 약물을 복용하여 기를 보하는 것
이 일반적이었다.

의관들의 입대와 함께 치러진
다섯 차례의 온천욕(7월 24~28일)

24일 아침에 비가 내렸다. 사도세자는 정원과 약방의 문안 인사
를 받은 후 당일 사시巳時(아침 9~11시)에 온천에서 목욕했다. 목
욕을 끝내자 다시 정원과 약방이 문안하였다.

온천욕은 다음 날인 25일에도 계속되었다. 온천욕 직전에 의관
들과 약방 분도제조 조운규 등 여러 신하가 입대하였다. 조운규는
"날씨가 화창하기도 하고 비가 오기도 하니 알맞지 않습니다. 예
후가 어떻습니까?"라고 안부를 물었고, 사도세자는 한결같다고
답했다. 이어 조운규는 "어제 복부 아래를 목욕한 뒤 다리 습창
증세가 조금이라도 효험이 있었습니까?"라고 물었고, 사도세자
는 "전과 다름없다. 도리어 저녁에 작은 부스럼이 생긴 후 가려움
증이 더해졌다"고 답했다. 조운규는 의관들을 대령하도록 했다.

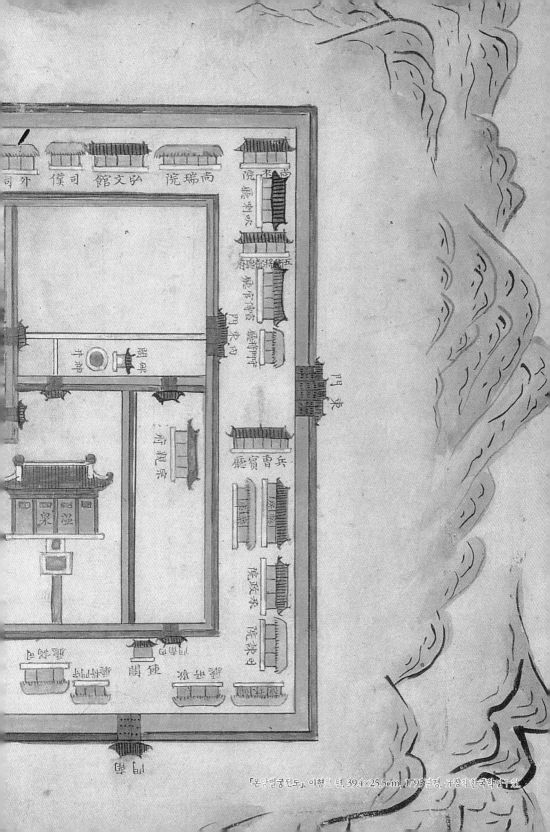

「온양별궁전도」 이형원 편, 39.4×25.5cm, 1795년경, 규장각한국학연구원.

먼저 수의 방태여는 "맥후脈候가 가라앉고 빨라지는 것이 대체로 전과 한가지입니다. 다리 부위의 작은 부스럼은 반드시 발산이 좋아진다는 의미입니다"라며 치료 효과를 진달進達했고, 이어 진맥한 김덕륜도 마찬가지 견해를 내놓았다.

정운규는 목욕하기 전에 백반과 미역국을 충분히 드실 것을 사도세자에게 권했다. 또한 목욕할 때 반드시 수의와 침의를 대령하도록 하여 만일의 사태에 대비토록 했다. 이처럼 조선시대에는 왕이나 왕세자 등이 온욕할 때 의관들이 입대하여 건강 상태를 주시하는 것이 관례였다.

26일, 27일 사도세자는 사시 정각에 온천욕을 한 후 미역국과 백반을 들었다.

28일에도 의례히 약방이 입대하였다. 분도제조 조운규는 연일 목욕한 뒤 사도세자의 건강 상태를 물었고 한결같다는 왕세자의 답변을 들었다. 조운규가 각부를 훈세한 뒤 조금 줄어드는 모양이 있는지 묻자, 왕세자는 미세하지만 밤사이 다리의 부은 증세가 줄어들었고 부스럼瘡도 약간 줄었다고 답변했다. 수의 방태여와 김덕륜 그리고 침의 박태균은 입진 후에 맥후가 이전과 같으며 다리 부위의 부스럼이 줄었다고 진단했다. 조운규는 자주 목욕하면 반드시 병이 나을 것이므로 목욕을 위해 여러 번 수라를

침통, 조선후기, 가천박물관.

드시라고 권하였다.

당시 왕실의 온천 목욕법은 어떠했을까? 사도세자는 다리의 종기를 치료하고자 온욕을 행한 만큼 피부에 좋은 약물들을 준비해 온천수에 가감하였다. 왕세자의 온욕을 위해 내의원에서 준비한 물목은 다음과 같았다.

부용향芙蓉香 1제, 소목蘇木 1근, 을금鬱金 8냥, 당작설唐雀舌 8냥, 백저포白苧布와 백면주白綿紬로 만든 수건 각 6건, 육유둔六油苞 2건, 그릇을 담을 우피대牛皮帒 2개, 약물을 담을 궤자櫃子 2부(이상은 내국內局에서 대령한다)(『온궁사실』「배설排設」조)

부용향과 함께 소목, 울금 그리고 작설차 등은 온천수에 넣어 향탕香湯으로 쓰였던 물종物種들이다. 특히 부용향은 조선 왕실의 대표적인 향으로 왕실에서는 이를 물에 우려 목욕했다. 울금 또한 왕실에서 자주 사용한 입욕재로, 소목과 더불어 기氣의 소통을 원활히 하는 데 유용했다. 또한 피부병이나 창질 치료에도 쓰였다.

한편 백저포白苧布와 백면주白綿紬로 만든 수건의 쓰임새다. 온천욕을 할 때 몸을 씻어낸 후 물기를 닦아낼 수건이 필요했는데 바로 세모시로 만든 포와 흰색의 비단으로 만든 수건이 위의 용도로 쓰였다. 쓰임새를 추측할 수 있는 용어가 마정건磨淨巾과 식정건拭淨巾으로, 마정건이 글자 그대로 초벌로 몸을 씻을 때 사용되었다면, 식정건은 몸을 씻은 후 물기를 닦을 때 사용되었다. 그리고 백저포로 마정건을, 백면주로 식정건을 제작했던 것으로 보인다. 이외에 온욕에 사용된 바가지나 대야는 다음과 같다.

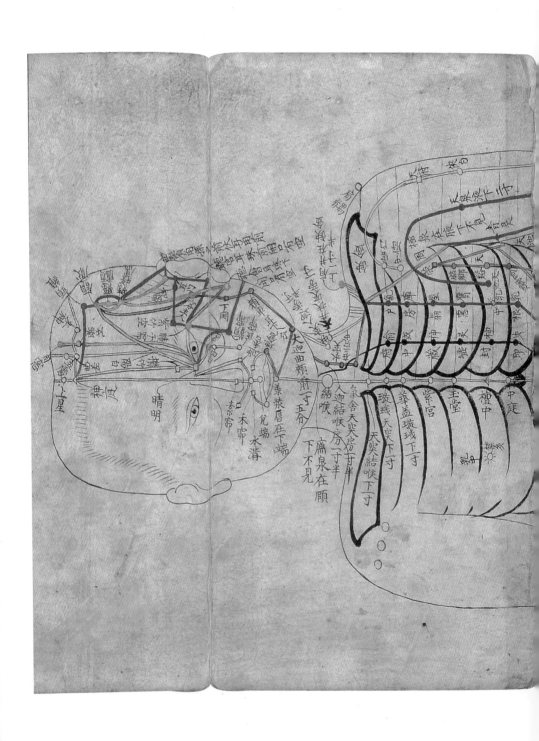

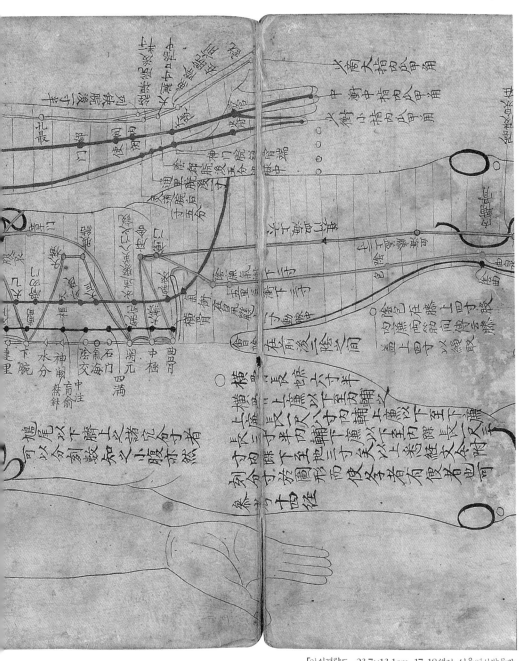

「인신경락도」, 23.7×13.1cm, 17~18세기, 서울역사박물관.

조선시대에 온천에서
목욕할 때 썼던 함지박,
온양민속박물관.

오동표자梧桐瓢子 2부, 흑진칠반黑眞漆盤 2立, 대함지박大咸之朴 1부,

연박軟朴 5개, 유대야鍮大也 1좌, 좌자座子·의자倚子 각 1건(각각 걸감은

자적토주紫的吐紬, 안감은 반홍정주磻紅鼎紬로 한다, 속은 면화, 안감은 백

정포白正布로 제작한다)(『온궁사실』「배설」조)

현재 실물이 남아 있지 않아 정확하게 복원할 수 없지만 놋대야

및 오동나무로 만든 바가지梧桐瓢子, 큰 함지박, 의자 등이 사용된 것

으로 보인다.

의자는 목욕할 때 긴요한 도구였다. 겉감은 자적색의 비단을, 안

감은 반홍정주를 사용하여 제작된 의자에 왕이나 왕세자가 앉아

머리를 뒤로 젖히고 긴 머리카락을 늘어뜨리면 시자侍者가 오동나

무 바가지 등으로 물을 부어 머리를 감겨주었다. 『승정원일기』에

따르면, 100회 기준으로 수천 번까지 물을 부었던 것으로 보인다.

온천욕에 손상될까 목욕을 그치다(7월 29일)

29일 아침이 밝았다. 사도세자는 온궁에 앉아 정원과 약방의

문안 인사를 받았다. 내의원 분제조 조운규, 분승지 임위 등이 차

례로 나와 엎드렸다. 조운규는 "다섯 번 목욕한 뒤 각부 증세에 현격히 효험이 있습니까?"라고 안부를 물었고, 사도세자는 한결같다고 짧게 답했다.

연이어 의관들이 기후를 진찰했다. 수의 방태여는 "맥후는 자주 뛰지만 대체로 어제와 같다"고 하였고 김덕륜도 동일한 진찰 결과를 보고했다. 마지막에 침의 박태균은 "각부의 부스럼이 점점 더 좋아진다"고 아뢰었다.

문제는 계속해서 목욕할지를 결정하는 일이었다. 조운규는 "이미 다섯 차례 연이어 목욕했으니 차후 계속할지의 여부를 의관에게 아뢰도록 함이 어떻습니까?"라는 의견을 내놓았다. 곧이어 수의 방태여가 "목욕한 뒤 행여 조금 나아지는 효험이 있지만 해가 뜨겁고 수라를 드시기 싫어하니 계속 목욕하면 몸이 손상될까 염려됩니다. 잠시 목욕을 정지하는 것이 좋겠습니다"라고 건의했다.

조운규는 의관들의 말을 좇아 "의관 모두가 잠시 목욕을 정지하자고 합니다. 각부의 증세가 다섯 차례 목욕한 뒤 제법 효험이 있습니다만 온천욕에 손상될 염려가 있으니 잠시 정지하는 것이 좋겠습니다"라고 아뢰었다. 사도세자 역시 이에 동의했다.

목욕을 정지하기로 결정하자 조운규는 온궁에서 머물기보다 궁궐로 돌아가는 것이 건강에 좋을 것이라고 건의했다. "이미 목욕을 정지한 뒤 풍토가 좋지 않은 곳에 오래 머무른다면 옳지 않습니다. 가마를 타고 떠난 지도 여러 날이 되었습니다. 신들의 생각은 가까운 날 환궁함이 좋겠다는 것입니다." 다른 신료들 또한 사도세자의 귀경을 요청했다.

귀경길에 오르다(8월 1~4일)

1일 아침 비가 왔으나 곧 갰다. 진시에 사도세자는 융복을 갖추어 입고 교자를 타고 귀경길에 올랐다. 첫 도착지는 천안이었다. 천안 주정소 막차에 들어서자 정원과 약방이 문안하였다. 잠시 쉰 사도세자 일행은 곧바로 직산을 향해 나아갔다.

8월 2일 진시가 되자 사도세자는 어김없이 융복을 입고 소사 주정소를 향해 출발했다. 그다음 진위로 이동하여 귀경을 재촉했다. 진위 주정소에서 얼마를 지체한 후 다시 수원으로 나아갔다. 수원에 미처 도착하지 못했을 때 가을비가 급하게 내려 협곡의 물이 크게 불어난 까닭에 오목천梧木川의 교량이 물에 잠길 정도가 되었다. 일행은 더 이상 앞으로 나갈 수 없었다.

그러나 사도세자는 교량을 건널 것을 명했다. "밖에서 밤을 지새운다면 결코 이치가 아니다. 또한 물러나 여관旅店에 짐을 풀고 잠을 청하는 것도 옳지 않다. 비록 물이 불어났지만 유수군游水軍을 많이 보내 건너는 것 외에는 다른 방도가 없을 것 같다."

사도세자의 가마를 수행하던 신하들이 어쩔 줄 몰라 했다. 조금 후 여러 의견이 진달되었고 조운규는 "여기서 독성산성禿城山城(경기도 오산의 산성)이 멀지 않은데 비록 좁고 누추하나 그래도 관청 건물公廨이니 잠시 행차하는 것이 옳을 듯합니다"라고 아뢰었다.

사도세자의 동의가 있자, 호조좌랑 서명서를 비롯하여 많은 신하들은 부랴부랴 독성산성에 가서 청소하고 정리하여 세자의 숙박을 준비했다. 이미 한밤중이었지만 수라에 필요한 여러 그릇과

陽和

金浦守 一　金陵 左

陽川令 半　九岩

富平府 半　長堤 左

衿陽　岳

始興監 半　左

果川監 半　左

富林 左

安山守 一　蓮城 左

来蘇

仁川府 邵城 左

車踰道

理修

龍仁令 一　駒城 左

教光

南陽府 一　沔州 左　魚防 左

水原留 一　隋城 左

淸 畿水營 明

振威令 一　釜

鶴

舞陽城令 一

「수원부」지도, 수원박물관. 환궁 도중 산도에서는 수원에서 하룻밤을 머물렀다

의절儀節을 수원부에서 겨우 옮겨 설치해 음식을 만들어 먹을 수 있었다. 우여곡절 끝에 산성에서 하룻밤을 지낸 사도세자는 이튿 날 아침 물이 빠지자 쉽게 교량을 건넜다. 간밤의 비는 사라지고 활짝 개어 해가 돋고 나뭇가지 끝에 이슬이 반짝이고 상서로운 기 운이 펼쳐지자, 어린아이들도 가마 일행을 따라오며 기뻐했다.

8월 3일 진시 사도세자는 융복을 입고 교자에 올라 수원 주정 소를 향해 나아갔다. 이후 과천으로 행차했다. 다음 날 4일 진시 에 과천을 출발하면서 사도세자는 하령했다. 한양에 도착하면 마 땅히 "먼저 경희궁慶熙宮에 가서 친히 아버님께 문안할 것이다. 이 를 거행하도록 하라."

왕실에서 이동할 때 탔던 사인교. 온천에 효험 을 본 뒤 사도세자는 곧 환궁을 결정했다.

과천을 출발한 사도세자 일행은 상초현霜草峴에 마련한 주정소에 잠시 머문 후 서빙고를 향했다. 이미 나룻목에는 상선上船이 도착해 있었다. 강을 건너 숭례문 밖 이문동里門洞 앞길에 도착하자 도승지 이경우가 사도세자 일행을 맞이하고 영조의 하교를 전했다.

내용인즉 사도세자가 곧바로 궁에 나와 문안하는 것이 도리에 합당하지만 수차례 목욕하고 또 귀경길이 험난하여 피곤할 터인데 궁궐에 나와 하루 종일 보낸다면 조식의 방도가 아니므로 휴식하라는 것이었다. 또한 군병들도 여러 날 수고했으니 일찍 파하고 돌아가 쉬라는 것이었다.

이경우는 영조의 전교를 전한 후 온천욕으로 기가 손상되지는 않았는지, 창종瘡腫은 나았는지 문안했다. 이에 사도세자는 "습창은 조금 나았고 음식을 잘 먹지 못했다"고 답한 후 영조의 어명에 따라 휴식하였다. 이렇게 10여일 간의 사도세자 온행은 마무리되었다.

영조, 온행길을 정치적 무대로 삼다

영조는 사도세자 온행의 일거수일투족을 모두 보고받고 있었다. 사도세자가 온천에 목욕하러 가서 돌아오기까지의 크고 작은 모든 일을 도신道臣(관찰사)으로 하여금 장계로 알리도록 하명한 것이다.

영조는 특히 민간을 침학하지 않았는지 그리고 온행시 사도세자를 맞이하러 온 관광 백성의 숫자가 많았는지 자주 물었다. 당시 사도세자의 행차는 왕조에 대한 백성들의 신뢰와 바람을 확인하는 장이기도 했기 때문이다. 영조의 질문에 사도세자의 선행을 알리는 관료들의 보고가 이어졌다.

군병들이 조심하지 않아 말이 전토를 함부로 밟아서 농부와 아이들이 농사를 망쳐 막막해하자 사도세자가 콩 한 섬을 지급하라고 했다는 보고, 한 늙은이가 떡을 팔려다가 진중의 병마에게 차여 떡을 모두 망치게 되자 사도세자가 팥 한 섬을 주었다는 내용, 한 노파가 병들어 누워 여러 날 밥을 먹지 못했다는 말을 전해 들은 사도세자가 쌀 몇 말과 돈 몇 꿰미를 주자 사도세자의 밝은 덕을 군병과 백성들이 다투어 칭송하였다는 보고, 산과 들에 가득한 아낙네와 아이들이 사도세자를 둘러싸고 가까이 다가와 사랑하고 떠받드는 것이 마치 아기가 엄마를 보는 것보다 더했으며, 심지어 무엄한 줄 모르고 손으로 옷자락을 잡는 이도 있었다는 보고, 모두 영조가 듣고 싶어했던 내용들이었다.

확실히 사도세자의 온천 행차는 습창을 치료하기 위한 것만이 아니었다. 사도세자의 정치적 가능성을 확인하려던 영조의 속내로 온행 내내 사도세자는 시험대에 오른 듯한 기분을 떨쳐버릴 수 없었다.

전전긍긍했을 사도세자의 마음을 헤아린 것일까? 정조의 『온궁사실』에는 사도세자의 덕행과 이를 칭송하는 백성들의 이야기가 가득하다. 온행을 정치 무대로 활용한 영조, 이를 너무도 잘 알고 있었던 사도세자, 훗날 사도세자의 온행을 '역사화'하려는 정조의 시도 속에서, 우리는 조선 후기 며칠 동안의 온행이 그리 간단하지 않은 정치적 사건으로 자리매김되고 있음을 목도하게 된다.

3장

별자리를 좇아서 거닌
옛사람들의 시, 노래, 과학

⊙

조선 사람들의 밤하늘 여행

전용훈

　중국 송나라 때의 유명한 시인 소식蘇軾이 쓴 「적벽부赤壁賦」에
밤하늘의 별자리 사이를 달이 움직이고 있는 모습을 묘사한 구절
이 있다.

　"달이 동산東山 위에 떠올라 두斗와 우牛 사이를 배회하더라月出於
東山之上, 徘徊於斗牛之間."

　소식이 적벽강에 배를 띄워 주변 풍경을 감상하면서 올려다본
밤하늘에 달이 별자리 사이에서 움직이고 있던 때는 1082년 음력
7월 16일이었다. 보름에서 하루 지난 때라 이 달은 거의 보름달이
나 다름없었다. 달은 매일 약 13.5도씩 동쪽으로 옮겨가는데, 밤
사이에는 많아야 7도쯤 움직일 뿐이다. 그러니 초저녁에 한 번, 그
리고 시간 간격을 두고 깊은 밤에 다시 한번 관측하여 서로 비교하
지 않으면, 밤하늘에서 달이 움직인다는 것을 감지하기는 쉽지 않
다. 그런데도 소식은 시적인 표현으로 "달이 배회한다"고 했으니
대단히 절묘하다. 표현의 절묘함 때문인지 이 구절은 훗날 수많은
변주를 낳았는데, 조선시대의 시인들도 밤하늘에서 달의 모습을
표현할 때에는 소식의 시구를 따라 "달이 두우지간斗牛之間에서 배

蘇東坡後赤壁賦

是歲十月之望步自雪堂將歸于臨皐二客從予
過黃泥之坂霜露既降木葉盡脫人影在地仰見
明月顧而樂之行歌相答已而歎曰有客無酒有
酒無肴月白風清如此良夜何客曰今者薄暮舉
網得魚巨口細鱗狀如松江之鱸顧安所得酒乎
歸而謀諸婦婦曰我有斗酒藏之久矣以待子不
時之需於是攜酒與魚復遊於赤壁之下江流
有聲斷岸千尺山高月小水落石出曾日月之幾
何而江山不可復識矣予乃攝衣而上履巉巖披
蒙茸踞虎豹登虯龍攀棲鶻之危巢俯馮夷之幽
宮蓋二客之不能從焉劃然長嘯草木震動山鳴
谷應風起水湧予亦悄然而悲肅然而恐凜乎不可
田也反而登舟放乎中流聽其所止而休焉時夜將
半四顧寂寥適有孤鶴橫江東來翅如車輪玄
裳縞衣戛然長鳴掠予舟而西也須臾客去予亦
就睡夢一道士羽衣翩躚過臨皐之下揖予而言曰
赤壁之遊樂乎問其姓名俛而不答嗚呼噫嘻
我知之矣疇昔之夜飛鳴而過我者非子也耶
道士顧笑予亦驚悟開戶視之不見其處

「후적벽부도」, 작가 미상, 저본채색, 27.0×30.7cm, 『중국고사도첩』에 수록, 1670, 선문대박물관.

회한다"는 말을 즐겨 사용했다.

전통 시대의 별자리에 대한 지식은 오늘날에는 널리 이해되지 못해서 종종 오해가 빚어지곤 한다. 현대의 연구자들은 위 구절의 두斗와 우牛를 북두칠성北斗七星과 견우牽牛라고 해석하곤 했는데, 이것은 잘못됐다. 북두칠성과 견우성은 오늘날에도 널리 알려진 전통 시대의 별자리이기는 하지만, 시구에 나오는 두와 우는 그와는 다른 별자리다. 현대적인 시뮬레이션 프로그램으로 그날의 천체들의 움직임을 재현해보면, 소식의 밤하늘 묘사는 굉장히 정확하다. 1082년 음력 7월 16일, 밤이 되자 먼저 별들이 총총히 빛나기 시작한다. 이윽고 초저녁에 달이 동쪽 산에서 떠올라 남쪽 하늘로 올라오는데, 이때 달은 두와 우라는 두 별자리 사이에 머물러 있다. 소식은 실제로 동산 위에 떠오른 보름달을 보았고, 달이 어느 별자리에 있는지도 정확하게 알아보았던 것이다. 이처럼 소식이나 그의 시구를 따다 쓴 조선시대의 시인들은 별자리의 위치와 모양을 잘 알고 있었지만, 오늘날의 우리는 거의 알지 못한다. 조선 사람의 밤하늘 여행을 따라가보려는 이유가 여기에 있다. 우리 선조들이 보았던 밤하늘의 모습, 별자리와 별에 대한 경외심, 또한 별과 별자리에 복을 기원했던 마음들을 좇아보자.

천체 관측과 점성술적 의미를 띤 삼원이십팔수

전통 시대에 보통 사람들이 천문학을 공부하고 하늘을 관측하는 일은 금지되어 있었다. 동아시아에서는 예로부터 천문학을 제왕의 학문이라고 불렀다. 하늘은 제왕이 잘못된 정치를 할 때는 혜성 같은 이상한 현상을 보여주어 경고를 내리는 인간 세상의 감시자였다. 또한 제왕은 하늘을 관측하여 하늘의 뜻을 살피고, 이 뜻을 백성들에게 전달해주는 역할을 하는 하늘의 대리자였다. 그래서 천문학은 하늘의 대리자인 제왕만이 할 수 있는 학문이었다.

하지만 천체가 인간의 길흉화복을 주관하고 하늘의 현상이 인간에게 영향을 미칠 수 있다는 관념은 인류의 어느 문명에나 존재했던 보편적인 것이었다. 조선시대 사람들도 여기서 예외가 아니었다. 그들은 비록 천문학적 관심을 마음대로 표현하고 연구하지는 못했지만, 하늘과 천체에 부여된 여러 가지 점성적 의미를 마음으로 받아들이고 있었다. 이들은 태양, 달, 오행성, 북두칠성과 남두육성, 견우와 직녀별, 노인성 등 다양한 천체와 별자리에 복을 빌었다. 천문학이 제왕의 학문이라고 해도 하늘과 천체에 의지하고 싶은 사람들의 자연스런 마음까지는 금할 수 없었다.

오늘날 잘 알려진 사자자리, 물병자리, 페르세우스자리, 오리온자리 등은 먼 고대의 바빌로니아 천문학에 기원을 둔 서양식 별자리다. 현대 천문학에서는 세계가 공통으로 북반구와 남반구의 전 하늘에 걸쳐 88개의 별자리를 정하여 사용하고 있는데, 이것은 1928년 국제천문연맹에서 공인한 것이다. 하지만 서양 별자리가 국제적인 공인을 얻기 전까지 한국, 중국, 일본 등 동아시아에서 공통으로 사용한 별자리는 따로 있었는데, 이것이 동양의 전통 별자리다. 전체적으로 300여 개가 사용되었는데, 동양 별자리의 기본 체계를 일컬어 흔히 '3원28수三垣二十八宿'라고 부른다.

3원은 밤하늘의 영역 가운데 점성술적으로 특히 중요한 세 지

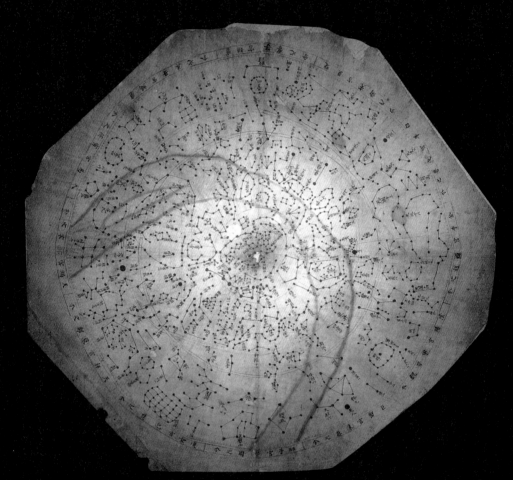

「천문도」, 지름 84.0cm, 조선시대, 경상남도 문화재자료 제242호, 개인.

역을 말하며, 28수는 하늘의 적도를 따라 빙 둘러선 28개의 별자리를 일컫는다. 삼원은 황제가 정치를 논의하는 곳인 태미원太微垣, 황제가 생활하는 곳을 상징하는 자미원紫微垣, 그리고 황제가 백성들을 통치하는 곳인 천시원天市垣으로 이루어져 있다. 28수는 하늘의 허리를 둘러 동서남북에 각각 7개씩 배당된 별자리다. 하늘을 반시계 방향으로 돌아가는 순서대로 보면, 동쪽에 각角·항亢·저氐·방房·심心·미尾·기箕가 있고, 북쪽에 두斗·우牛·여女·허虛·위危·실室·벽壁이 있고, 서쪽에 규奎·누婁·위胃·묘昴·필畢·자觜·삼參이 있고, 남쪽에 정井·귀鬼·유柳·성星·장張·익翼·진軫이 있다. 앞서 소식의 「적벽부」에 나오는 두와 우자리는 여름철에 보이는 대표적인 별자리로, 이십팔수 중 북방칠수에 속하는 것이다. 동아시아에서는 고대로부터 이들 사방 각각 7개의 별자리가 청룡靑龍, 주작朱雀, 백호白虎, 현무玄武라는 사신四神의 모습을 형상화한 것으로 이해되어왔다.

3원28수는 모두 고대 중국에서 기원한 것이다. 별자리가 만들어진 순서는 천체를 관측하는 데에 요긴한 기준점 구실을 하는 28수가 먼저였고, 이어서 여러 다른 별자리가 만들어지면서 점성술적으로 의미 있는 3원이 설정된 것으로 보인다. 하지만 이들의 성립 시기에 대해서는 일치된 견해가 아직 없다. 다만 기원전 5세기경으로 추정되는 중국 전국 시대의 묘에서 출토된 칠기漆器에 28수 전체가 나타나므로, 이즈음에는 28수 체계가 확립되었다고 할 수 있다. 28수는 기원전 3세기경부터 사방에 각각 7개의 별자리가 배치되어, 동쪽 청룡, 북쪽 현무, 서쪽 백호, 남쪽 주작이라는 사신을 상징하는 것으로 나타난다.

기원전 1세기경에 쓰인 『사기史記』 「천관서天官書」는 중국 천문학 사에서 처음으로 별자리를 집대성한 책이다. 여기에는 별자리가 약 90개, 별이 약 600개 등장한다. 특히 '천관天官'이라는 말에서 볼 수 있듯 별자리와 하늘의 구역을 국가의 관료제 속에서의 관직 을 본떠 이름붙인 것이 특징이다. 「천관서」에서는 하늘을 북극 주 변의 중궁中宮과 동서남북의 네 궁宮으로 나누었다. 북극을 중심 으로 한 중궁은 천자가 거처하는 곳을 상징한다. 아울러 지상에 서 천자를 보좌하는 신하들도 북극성 주위에 해당 관직의 별자리 로 상징되었다. 나아가 동서남북에 28수와 그 밖의 여러 별자리를 배치했다. 「천관서」 이후 별자리와 별의 수가 조금 더 많아지고, 별자리에 부여된 의미가 조금씩 달라지기도 했지만, 여기에 등장 하는 별자리들은 거의 그대로 전통 별자리의 기초가 되었다.

3세기경 중국의 삼국 시대 진탁陳卓은 당시까지 알려진 몇 가지 별자리표를 종합하여 성도星圖를 만들었는데, 여기에는 283좌, 1464개의 별이 기재되어 있었다고 한다. 연구자에 따라서 조금씩 달라지지만, 『진서晉書』와 『수서隋書』 「천문지天文志」에 보이는 별자 리 수와 별 수도 대략 진탁이 정리한 것과 비슷하며 그의 성표를 참고한 것으로 여겨진다. 이후 동아시아의 별자리와 별의 개수는 대체로 300좌 1500개 정도로 고정되었다.

한국에도 전통 별자리를 볼 수 있는 유물이나 유적이 있는데, 대표적인 것이 고구려의 고분벽화다. 대체로 6~7세기에 그려진 별 자리 벽화는 나중에 일본의 다카마쓰 고분이나 기토라 고분에 그 려진 별자리에도 영향을 준 것으로 알려져 있다. 『삼국사기三國史 記』에 따르면, 7세기에 당나라에서 만들어진 천문도가 신라에 전해졌다는 기록도 있다. 9세기의 것으로 추정되는 신라시대의 석관 石棺 뚜껑에 북두칠성과 두斗자리가 새겨진 유물이 발굴되기도 했다. 고려시대의 무덤이나 관 덮개에도 북두칠성이나 삼태성三台星으로 보이는 별자리들이 그려졌다. 이러한 유물과 유적들을 종합해보면, 고대 중국에서 성립된 별자리 체계가 일찍이 한반도에도 전해졌고, 한반도의 사람들도 별자리 체계를 널리 받아들이고 있었다는 것을 알 수 있다.

밤하늘을 여행하는 노래, 『보천가』

중국의 수나라 때에 단원자丹元子가 지은 『보천가步天歌』는 별과 별자리 배치 상황을 해설한 책으로 유명하다. 책 이름이 "하늘을 걷는 노래"인데, 말 그대로 별자리를 따라 하늘의 이곳저곳을 걸어다니면서 중요한 별자리와 주변 별들의 배치 상황을 암기하기 위한 노래다. 시인인 소식이 보름달이 두와 우자리 사이에 있다는 것을 금세 알아볼 수 있었던 것도, 『보천가』를 암기하고 있었기에 가능했을 것이다. 조선시대의 사람들도 교양인이라면 사서삼경을 공부하는 것 못지않게 『보천가』를 암기해 별자리의 체계와 위치 정도는 알고 있어야 했다. 특히 28수쯤은 누구라도 암기하고 있어야 할 상식이었다. 세종 때에는 『보천가』의 체계를 기초로 하면서 별자리와 별들이 지닌 점성술적 의미까지 종합적으로 해설한 『천문유초天文類抄』라는 책이 출판되기도 했다. 최근까지도 시골의 어르신들 중에는 정화수를 떠놓고 무언가를 기원할 때 "각항저방심

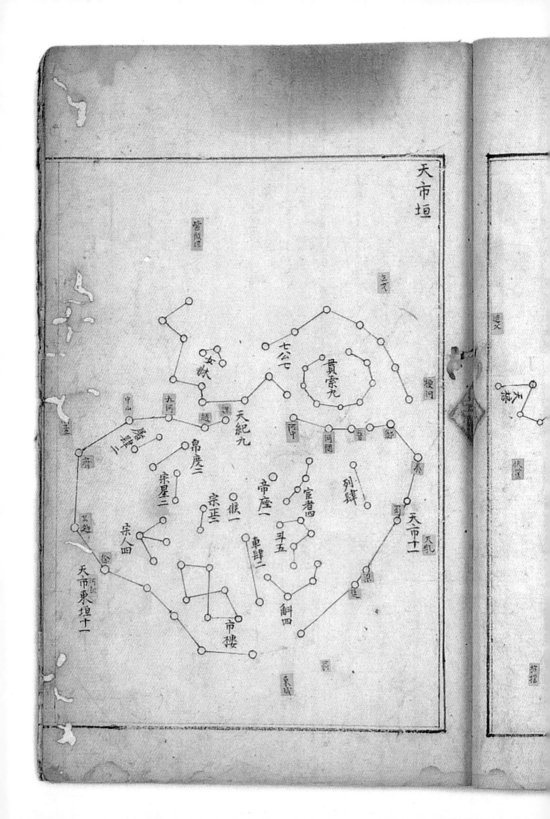

天市垣

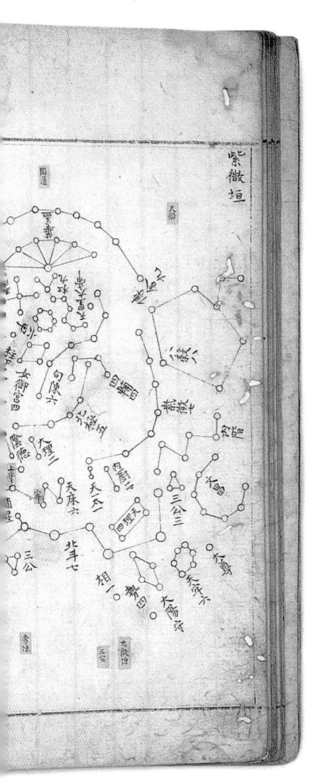

『경성經星』, 종이, 33.5×22.0cm, 조선 후기, 서울역사박물관. 천문유초의 내용 중 3원28수만 간추려 필사한 천문서다. 일반적인 천문유초의 별자리 그림보다 더 상세하게 묘사되었으며, 전체적인 별자리의 위치를 잘 파악할 수 있다.

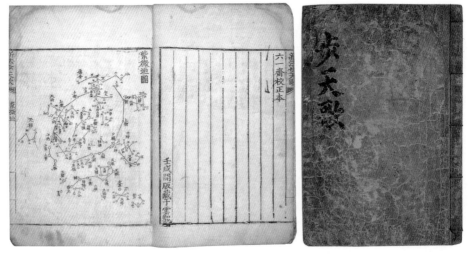

『신법보천가』, 31.3×21.3cm, 1862, 서울역사박물관. 1862년(철종 13) 관상감에서 수나라 단원자의 『보천가』를 기준으로 다시 편찬한 것이다. 이 책은 조선시대 음양과 시험과목 중 하나로 채택되었다.

미기……"라고 중얼거리는 이가 많았는데, 28수의 별자리가 주문呪文으로까지 쓰였다는 것을 보여준다.

『보천가』가 어떻게 구성되어 있는지, 동방칠수 가운데 첫째 별자리인 각角자리에 대한 노래를 통해 알아보자. 각자리는 서양 별자리로 처녀자리에 해당된다.

두 개의 붉은 별이 남북으로 곧추 서 있고	兩紅南北正直着
가운데는 평도요, 위로는 천전이라	中有平道上天田
모두 다 검은색으로 두 개씩 이어졌고	總是黑星兩相連
따로 한 별 검은색은 이름이 진현이라네	別有一烏名進賢

이 노래를 조금 더 음미해보면, 각자리가 두 개의 별이 남북으로

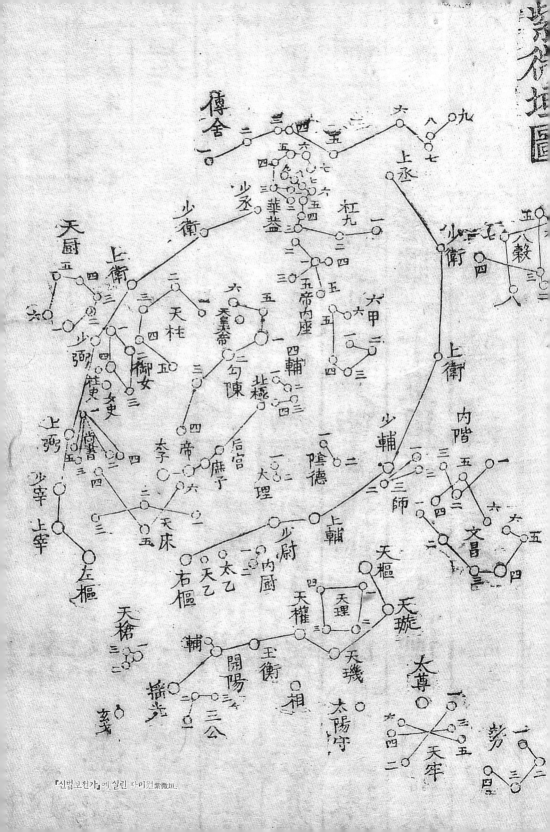

『신법보천가』에 실린 자미원紫微垣.

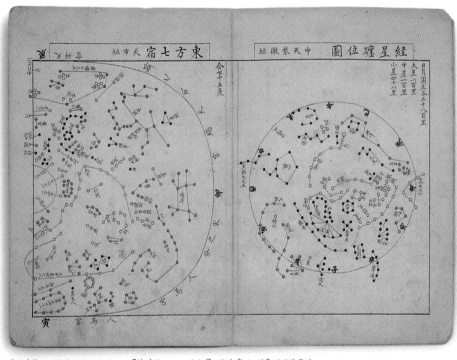

「동방칠수」, 종이, 25.2×17.0cm, 『환영지 寰瀛誌』에 수록, 조선 후기, 서울역사박물관.

서 있는 모양이라는 것을 알 수 있다. 평도 平道라는 별자리는 각자리의 남북선을 가로질러 있는 두 개의 별로 이루어져 있는데, 각과 평도를 이루는 두 별을 이으면 십자가 모양이 된다. 각 위에는 다시 두 개의 별로 이루어진 천전 天田이라는 별자리가 있다. 평도 옆에 하나의 별로 이루어진 진현이라는 별자리가 있다. 여기서 붉은색, 검은색으로 별의 색깔을 표시한 것은 별의 실제 색깔이 아니라 고대의 성도에서 성립 계통이 다른 별들을 구별한 것일 뿐이다. 보천가는 이렇게 28수를 중심으로 그 주변의 별들과 별자리의 배치를 노래하고, 마지막에 태미원, 자미원, 천시원에 속하는 여러 별자리를 노래하는 구조로 되어 있다. 최근의 연구에 따르면 『보천가』에 등장하는 별자리는 모두 290개이며, 별의 수는 1462개라고 한다.

　『보천가』에 제시된 3원28수의 별자리 체계는 전통 시대 동아시아 별자리의 전형이 되었는데, 이는 예수회 선교사들에 의해 서양 천문학이 전래된 17세기 이후에도 거의 변함없이 유지되었다. 이 체계가 고려나 조선시대의 별자리 체계의 기본을 이루는 것은 두말할 나위도 없다. 이 체계를 바탕으로 조선 초기에는 돌에 새긴 천문도를 만들었는데, 이것이 한국식 천문도의 대표격이 된 「천상열차분야지도天象列次分野之圖」이다. 동아시아의 별자리와 별의 개수는 17세기 이후 서양 천문학이 수입되면서 약간의 변화가 일어났다. 지금까지 동아시아에서는 관심을 두지 않았던 남반구의 별자리가 더해졌으며, 망원경 관측에 힘입어서 성도에 표시되는 별의 개수도 증가했다. 그리하여 18세기에는 성표에 표시되는 별자리는 약 300개로 거의 변함없었지만, 별의 수는 3000여 개로 증가했다. 조선에서는 서양 천문학의 영향을 받아 중국에서 만들어진 여러 성표를 참고하여 1861년에 『성경星鏡』이라는 성표를 만들었다. 하지만 여기에서도 동아시아 별자리 체계의 전형인 3원28수 체계는 거의 그대로 유지되었다.

「천상열차분야지도」, 종이, 145×88.5cm, 17세기 후반, 규장각 한국학연구원. 둥근 원의 천문도 한가운데 북극이 있
고, 하늘의 적도와 황도, 푸른색의 은하수, 290개의 별자리에 1467개의 별이 그려져 있다.

태미원, 자미원, 천시원
황제 치하의 인간 세상을 상징하다

　태미원은 서양 별자리로 사자자리 부근, 자미원은 북극성 주변, 천시원은 서양 별자리로 땅군자리 부근에 해당된다. 이들 3원은 모두 몇 개의 별로 연결된 '담장'으로 둘러싸인 영역이기 때문에 원垣이라고 부른다. 모두 황제가 다스리는 인간 세상을 형상화한 것인데, 그 안에 포함된 별자리들을 보면 대체로 태미원은 황제가 정사를 살피는 외궁外宮, 자미원은 황제가 기거하는 내궁內宮, 천시원은 황제가 다스리는 서민들의 생활공간(시장)임을 짐작할 수 있다.
　밤하늘에서 가장 찾기 쉬운 북극성 주변을 살펴보면 여기에 자미원이 위치하는데, 이것은 천자를 상징한 대제大帝 혹은 천황대제가 항상 머무는 궁궐이다. 북극을 중심으로 양옆에 자미紫微라는 담장이 둘러져 자미원의 경계를 나타낸다. 자미원은 천자가 기거하는 궁궐에서 볼 수 있는 사람들을 상징하는 별과 별자리가 많이 있다. 『보천가』에서는 자미원의 별자리 배치를 다음과 같이 묘사하고 있다.

하늘 한가운데는 북극과 자미원인데	中元北極紫微垣
북극오성이 그 가운데에 있네	北極五星在其中
대제의 자리는 두 번째 별이고	大帝之坐第二珠
세 번째 별에는 서자가 기거하네	第三之星庶子居
첫째 별은 태자라고 부르고	第一却號爲太子
넷째는 후궁, 다섯째는 천추라네	四爲後宮五天樞

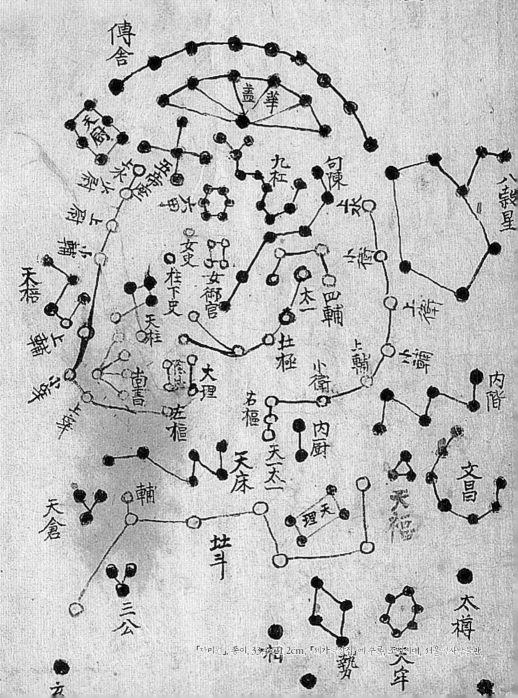

「자미원」, 종이, 33.4×21.2cm, 『제가역상집』에 수록, 조선시대, 서울역사박물관.

「열수도列宿圖」, 종이, 15.0×6.4cm, 조선 후기, 서울역사박물관. 천문유초의 내용을 4책으로 나누어 필사한 휴대용 천문서로, 처음에 3원 28수에 대해 설명한 뒤 삼원인 태미원, 자미원, 천시원을 별자리 그림과 함께 설명하고 있다.

좌우의 네 별이 있는데, 이것이 사보라네   左右四星是四輔.

이에 따르면 북극北極이라는 별자리는 다섯 개의 별로 이루어져 있는데, 이들 각각이 천추天樞, 후궁後宮, 서자庶子, 대제大帝, 태자太子 등의 이름을 가졌다. 또한 천자를 양옆에서 보필하는 사보四輔라는 측근 신하도 있다. 자미원에는 이밖에도 천문관원六甲, 천자의 양산華蓋, 사신의 숙소傳舍, 황후의 주방內廚, 침소天床 등을 나타내는 별자리들이 포진해 있다.

태미원은 천자의 정사가 실제로 이루어지는 공간으로 볼 수 있다. 태미원에는 천자를 뜻하는 오제五帝가 있으며, 천자가 봉한 여러 제후를 의미하는 오제후五諸候가 있고, 삼공三公과 구경九卿 같은 고위 관료들이 포진해 있다. 그 외에 명령의 집행, 분쟁의 해결, 관리의 승진 등 정치적 활동을 담당하는 관리를 형상화한 별자리들이 포진해 있다.

천시원은 이름에 나타난 것처럼 하늘의 시장이라는 뜻이 있다. 자미원, 태미원과 달리 일반 백성들의 삶과 관계 깊은 별자리가 많이 있다. 별자리에 부여된 의미나 주관하는 일들에도 백성에 대한 형벌, 농사의 풍흉, 물가의 고저 같은 일이 포함되어 있다. 백성의 일상사에 관계된 별자리는 시장의 주무부서인 시루市樓, 수레와 가마를 넣어두는 거사車肆, 포목의 길이를 재는 일을 맡은 백탁帛度, 곡식을 재는 한 말들이 그릇인 두斗와 열 말들이 그릇인 곡斛, 가축의 우리인 도사屠肆, 백성들의 감옥인 관삭貫索 등이 있다.

별자리가 **만**들어낸 여래도와 남극노인도

동아시아의 전통 시대에 천문학을 '제왕의 학문'이라고 부른 것처럼, 동아시아의 별자리는 국가나 국왕 주변의 사람이 또는 주요한 관서 등을 나타낸 것이 대부분이다. 다시 말해 일반 백성들의 생활 이야기나 영웅담 같은 이야기를 상징한 별자리는 거의 등장하지 않는다. 오랫동안 사랑받아온 미인과 영웅들의 신화적인 이야기가 대부분을 차지하는 서양 별자리와 달리 동아시아의 별자

리는 백성들 사이의 일상적인 관념을 반영하여 만들어진 것이 아
니기 때문이다. 또한 별자리가 만드는 형상을 그림으로 그리는 일
도 거의 없었다. 하지만 불교나 도교에서는 별자리를 곧 인간사를
주관하는 신의 모습으로 형상화하기도 했는데, 여기서 전통 시대
의 민중이 별자리에 투영한 다양한 관념과 염원들을 볼 수 있다.

• 북두칠성, 보성, 남두육성

불교에서는 별자리 탱화나 별만다라의 형태로 별자리에 대한 관
념을 그림으로 표현했다. 대체로 하늘의 북극에서 움직이지 않는
북극성을 치성광여래熾盛光如來라는 부처님의 현신으로 보고, 그를
보좌하는 일월오성과 황도대에 포진한 황도12궁을 배치한다. 황
도12궁은 서양의 별자리이지만, 불교의 전래와 함께 일찍부터 동
아시아에 전래되어 주요한 별자리로 여겨졌다. 나아가 28수 각각
을 부처님을 따르는 보살들로 그려서 하늘 전체가 부처님을 중심
으로 한 이상적인 세계를 이루고 있다는 것을 드러내기도 했다.

북두칠성은 민중의 생활 속에서 다른 별자리보다 더욱 친숙한
존재로 받아들여졌다. 도교에서는 모든 신의 왕인 태상노군을 따
르는 일곱 분의 신으로 묘사되며, 불교에서는 부처님을 보좌하는
일곱 분의 보살로 그려지기도 했다. 절에서는 대부분 칠성각을 만
들어 북두칠성을 숭배하려는 민중의 요구에 부응했다. 북두칠성
의 국자자루 부분의 두 번째 별 옆에 붙어 있는 별은 북두칠성이
주관하는 일을 돕는 역할을 한다고 해서 보성輔星이라고 불렀다.
이 별은 특히 민중 사이에서 사랑을 받았는데, 북두칠성을 보살
의 모습으로 그린 그림에는 거의 빠짐없이 이 보성이 등장한다. 실

「치성광여래왕림도」, 삼베에 금니, 84.8×66.1cm, 1569, 일본 고려미술관. 불교에서는 일월성신日月星辰을 부처로 의인화하여 신앙의 대상으

제로 북두칠성의 국자자루 부분의 두 번째 별을 맨눈으로 보면 옆에 작은 별이 함께 있는 것을 알 수 있는데, 아마도 이 별을 형상화한 것이 보성이라고 생각된다.

도교에서는 북두칠성이 죽음을, 남두육성南斗六星이 수명을 관장한다고 알려져왔다. 그런 까닭에 죽은 사람을 북두칠성이 그려진 판자인 칠성판에 눕혀서 저승길이 순탄하기를 빌었다. 또한 전통시대 사람들은 남두육성에 대고 장수와 풍요로운 삶을 기원했다. 남두육성은 바로 소식의 시에 나오는 두자리다. 고구려 고분벽화에도 남두육성이 북두칠성과 쌍으로 그려지는 일이 많았으며, 신라의 석관 뚜껑에도 북두칠성과 함께 쌍으로 그려져 있다. 몇몇 절에서도 북두칠성과 함께 남두육성의 별자리 신을 모신 그림들을 볼 수 있다. 이 별자리는 서양 별자리로는 궁수자리에 해당된다.

• 노인성

노인성은 서양 별자리로 오리온자리와 큰개자리 아래쪽의 용골자리에 속한 카노푸스Canopus라는 별이다. 밝기가 −0.7등급이라서 밤하늘에서는 바로 위의 큰개자리 시리우스 다음으로 밝은 별이다. 전통 시대에는 노인성을 보면 오래 산다는 믿음이 있었다. 이 별이 수성壽星, 수성노인壽星老人 등으로 불렸던 것은 이런 까닭에서다. 노인성을 상징하는 수성노인은 대머리가 벗겨진 노인의 모습으로 전통 시대에 그림의 주제가 되곤 했다. 조선 영조는 노인성 관측에 특히 많은 신경을 썼는데, 그는 제주도에 파견됐다 돌아온 관리를 만날 때면 늘 노인성을 봤는지 묻곤 했다. 영조는 당시로서는 극히 드물게 83세까지 살았다.

「남두육성」, 무명, 59.5×88.0cm, 20세기 전반, 온양민속박물관. 도교에서는 남두육성이 수명을 관장한다고 여겼다. 그런 까닭에 옛사람들은 남두육성에 자기 삶에 대한 기원을 하곤 했다.

南極見財人主壽昌天下治安

「추남극노인秋南極老人」, 장
승업, 종이에 채색, 64.1×
134.7cm, 간송미술관. 수
성노인壽星老人으로 불리는
남극노인은 낙지머리처럼
솟구친 대머리와 물결 같은
주름살로 표현되어 있다.

우리나라에서 노인성은 고도가 낮아 관측하기 쉽지 않다. 나라 최남단에 위치한 제주도 서귀포 지역에서 수평선 위로 3도 정도에서 볼 수 있다. 노인성은 추분(9월 23일경)에서 춘분(3월 21일경)에 이르는 시기에 볼 수 있다. 예로부터 추분은 노인성을 처음 볼 수 있는 날이고 춘분은 마지막으로 볼 수 있는 날이었다. 옛 기록에는 춘분과 추분에 노인성을 관측하여 장수를 빌었다고 되어 있다.

감옥, 변소, 똥이 별자리가 되다

동아시아 별자리에 대한 관념은 서양의 것과 몇 가지 점에서 크게 다르다. 우선 현대 서양의 별자리가 88개인 것과 달리 동아시아의 별자리는 300여 개나 되는 것에서 알 수 있듯이, 동아시아의 별자리는 서양에 비해 그 수가 월등히 많다. 밤하늘에서 인간이 맨눈으로 관찰할 수 있는 별은 대략 2000개 내외인데, 별자리의 수가 많다면 한 별자리를 구성하는 별들의 개수가 적다는 것을 뜻한다. 실제로 동아시아의 별자리는 한 개의 별로 이루어진 것이 여러 개 있다. 또한 두 개 혹은 세 개로 이루어진 별자리도 많다. 드물게 수십 개의 별로 구성된 별자리도 있다. 북방칠수 가운데 실室 근처에 있는 우림군羽林軍이라는 별자리는 45개의 별로 구성되었고, 남방칠수 가운데 진軫 근처에 있는 기부器府라는 별자리는 32개의 별로 구성되었다.

동아시아의 별자리 관념 가운데 특기할 만한 것은, 밝은 별이라

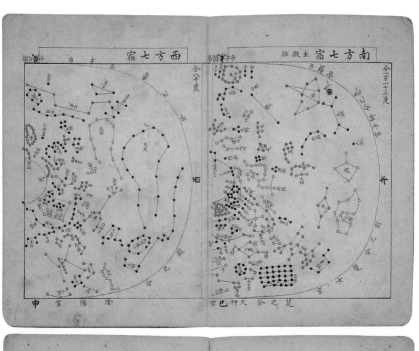

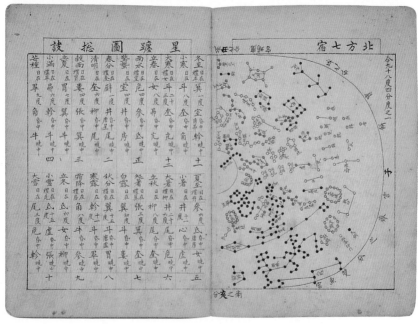

「남방칠수」「서방칠수」「북방칠수」, 종이, 25.2×17.0cm, 『환영지寰瀛誌』에 수록, 조선 후기, 서울역사박물관.

고 해서 중요하게 취급하지 않았다는 점이다. 서양에서는 고대 그리스의 천문학자인 히파르코스가 여섯 단계의 등급으로 항성의 밝기를 구분했는데, 이후 계속해서 별의 밝기 등급을 중요하게 취급했다. 하나의 별자리를 구성하는 여러 별 중에서 밝은 별들은 따로 의미 있는 이름을 붙이기도 했다. 오리온자리의 밝은 별인 베텔기우스나 리겔, 처녀자리의 스피카, 쌍둥이자리의 카스토르와 폴룩스 등이 그런 예다. 하지만 동아시아에서는 하나의 별자리를 구성하는 여러 별 가운데서 밝은 별이라고 하여 특별히 의미를 부여하지는 않았다. 밝은 별이 그 별자리의 기준 별이 되지도 않으며, 맨눈으로는 희미하여 주변의 별들과 잘 구별하기도 힘든 별 하나를 별자리로 삼기도 했다.

동아시아 별자리 중에는 감옥天獄, 외양간天牢, 변소厠, 똥屎같이 비속한 것들이 있다는 점도 서양의 별자리 관념과 구별된다. 서양의 별자리가 주로 신화로부터 유래하여 그 이름들이 기원한 곳을 알 수 있는 것과도 대조된다. 나아가 서양의 별자리는 신화에 등장하는 신이나 인간, 동물들을 생생하게 이미지화할 수 있는 데 반하여, 동아시아의 별자리는 이름이 붙어 있을 뿐 실제로 별자리가 나타내는 인물이나 사물을 그림으로 그리는 일은 거의 없다.

4장

깊은 규방에서 나와
신천지를 마주하다

조선 여성들의 산수유람

이숙인

깊은 규방에서 벗어나 여행의 욕구를 품다

전지전능한 신이 있어 나더러 "네 소원을 말해봐! 뭐든 들어줄게"라고 한다면 우리는 무엇을 꼽을까? 제주에 살던 만덕萬德(1739~1812)은 서울 가서 임금님 계신 곳을 바라보고 금강산 일만 이천봉 보는 것을 소원했다.* 기생이었던 만덕은 상업으로 큰돈을 벌었다. 마침 제주에 큰 흉년이 들어 사람들이 굶어 죽자, 만덕은 자기가 가진 많은 재산을 던져 기아에 허덕이던 제주 백성을 1000명 넘게 살려냈다. 1795년의 일이다. 나라가 해야 할 일을 한 여성이 해냈으니, 정조 임금은 그렇게 고마울 수가 없었다. 제주 목사를 통해 만덕의 소원을 물은 것인데, 죽어도 한이 없을 그녀의 소원이 "금강산 유람"이라니!

---

* 『정조실록』(45권, 1796년 11월 25일)에는 "상을 주려고 하자 만덕은 사양하면서 바다를 건너 상경하여 금강산을 유람하기를 원하였다"고 했다. 또한 채제공이 쓴 「만덕전萬德傳」(『번암집』 55권)에는 "제주 목사가 소원을 묻는 왕의 뜻을 전하니 만덕이 대답하기를 '특별히 원하는 것 없고, 서울 가서 임금님 계신 곳을 바라보고 금강산으로 가서 일만이천봉을 볼 수 있다면 죽어도 한이 없소이다'라고 했다고 기록되어 있다.

그도 그럴 것이다. 임금님을 뵙는 것은 고사하고 '계신 곳을 바라보는 것'조차 당시 제주 사람에게는 불가능했기 때문이다. 당시 국법에 제주 여자는 바다를 넘어 육지로 나오는 것이 금지되어 있었다. 조선시대 남자들의 로망이었던 금강산 유람, 하지만 일정 정도의 신분에 있는 남자라면 마음만 먹으면 가능했다. 그러나 여자로서는 불가능했다. 조선시대 여자들은 어디 낯선 곳으로 여행을 떠나는 것이 허여되지 않았다. 여행이란 일차적으로 '집을 떠나' '낯섦'의 경험 속에서 '해방' 또는 '즐김'의 행위가 동반되는 것을 뜻한다. 그래서 집을 떠나도 집안일에 지장이 없는 계층, 즉 주부 노동으로부터 자유로운 사족·양반 여성들에게는 가능할 수 있다. 반면에 일상의 노동과 생업에 매몰된 조선 대부분의 여성에게 '집 떠남'은 그저 꿈일 뿐이다.

그러나 조선의 법은 소수의 여행 가능 여성들마저 묶어놓았다. 산천을 유람하는 여성들을 '바람난 여자', 즉 '실행 부녀失行婦女'로 규정해놓았기 때문이다. 『경국대전』에는 "유생儒生이나 부녀로서 절에 올라가는 자, 사족 부녀로서 산천에서 놀이를 즐기는 자는 장杖 100에 처한다"고 했다. 또 조선 초기의 법전 『경제육전經濟六典』에는 "부녀가 절에 올라가는 것은 실절失節한 것으로 논한다"고 했다. 산이나 절로 놀러 갔다가는 여성 자신은 물론 온 가족이 오명을 뒤집어쓸 판이다. 그뿐 아니라 집 가까운 곳에 구경거리가 있어도 맘 놓고 갈 형편이 못 되었다. 문종 즉위년(1450)에 사

楚之南少人而多石天地
毓霧石與人恬爭其分數
吾挺欲碎此萬二千金剛
峯博取萬二千金剛漢矣

山分內外一以神秀一以宏博合之
爲萬王圍窟大抵遠觀勝近觀
再遊勝始遊所以囘翔往復乃至
六七度理節者如此翁是已

「금강산도」, 정선, 비단에 담채, 28.0×34.0cm, 17세기, 고려
대박물관. 제주의 큰 상인 만덕은 임금이 소원을 들어준다 하
자 금강산 유람을 죽어도 한 없을 소원으로 꼽았다.

헌부에서는 중국 사신이 서울로 들어올 때 "사족 부녀들이 길가에 모여들어 얼굴을 드러내놓고 구경하는 것은 옳지 못하다"고 하면서 이를 금할 것을 요청했다. 한편 예禮에는 "여자는 중문中門 밖을 나가지 않는" 것을 원칙으로 삼았고, 외출이 불가피할 때는 "반드시 낯을 가리고 수레를 타게" 했다. 이런 마당에 여자가 어디인들 맘 놓고 다닐 수 있었겠는가?

늘 몸담아온 익숙한 공간을 벗어나 낯섦을 경험하면서, 또다른 세계를 꿈꾸면서 새로운 나를 발견하는 힘으로서의 여행, 여자들에게는 꿈으로 소원으로만 존재했을 터이다. 아니다. 술의 기운을 빌려 드넓은 천지를 누빈 여성도 있다. 송덕봉(1521~1578)이라는 여성은 술에 취하니 넓은 사해四海가 보인다고 했다. 「술에 취한 김에 읊다」라는 시에서 그녀는 고백했다.

천지가 비록 넓다고 하나
깊은 규방에선 그 참모습 보지 못하네
오늘 아침 반쯤 취하고 보니
사해는 넓어 가없도다.

조선의 천재 시인 허난설헌(1563~1589)도 좁은 공간, 규방을 탈출해 멋진 세계로 떠나고픈 욕망으로 충만했던 것 같다. 허균의 누이였던 그녀는 유선시遊仙詩의 작가로도 유명하다. 현실에서는 도대체 불가능한 그 꿈을 그녀는 시로써 승화시켰다. 즉 선계仙界에 노니는 즐거움이나, 꿈속에서 놀러 간 이야기를 노래한 시가 100여 수에 이른다. 「감우感遇」라는 시를 보자.

어젯밤 꿈에 봉래산에 올라

갈파의 용을 맨발로 탔네

신선께서 파란 옥지팡이를 짚고

부용봉에서 **나**를 맞아주셨네

아래로 동해물을 버려다보니

한 잔의 물처럼 고요히 보였지

꽃 아래서 봉황이 피리를 불고

달빛이 황금 술항아리를 비춰주었지

허난설헌이 장편의 유선시를 창작한 욕구가 무엇이었던가를 놓고 전문가들은 저마다의 해석을 해왔다. 어쨌든 그녀의 시에는 정해진 공간과 유한한 인생, 그것을 넘어서 해방의 새로운 곳을 동경하는 여행에의 욕구가 묻어난다. 제주 여성 만덕이 임금님의 카드로 '죽어도 한이 없을' 금강산 유람을 선택한 것, 충분히 이해됨 직하다.

특별한 사유로 혹은 기회가 닿아 집을 떠나 이른바 여행의 요건을 만족시킨 여성들은 간혹 있었을 것이다. 다만 그녀들이 남긴 기록은 흔치 않다. 이제 소개할 몇 편의 기행록을 통해 그녀들의 여정과 감회를, 그리고 여성의 여행에 담긴 의미들을 읽어보자.

연안 이씨, 40년 막힌 흉금이 탁 트여

안동 하회에 살던 연안 이씨(1737~1815)는 1800년(정조 24) 3월,

예순다섯의 나이에 충청도 부여로 여행을 떠나게 되었다. 이씨의 맏아들 유태좌(1763~1837)가 부여현감으로 부임하면서 다니러 가게 된 것이다. 이씨는 남편과 함께 부여로 가는 길에서 느낀 감회를 2년쯤 지난 뒤에 기록으로 남겼는데, 「부여노정기扶餘路程紀」(1802)라 이름하였다.

연안 이씨의 부친은 병조·예조판서 및 한성판윤 등을 지냈으며 영조의 특별한 신임을 받았던 이지억(1699~1770)이고 모친은 정부인 남양 홍씨다. 연안 이씨는 이지억 부부의 2남3녀 중 차녀로 태어나, 유성룡의 8세손인 유사춘과 혼인해 3남1녀를 낳았다. 연안 이씨는 서울에서 나고 자란 전형적인 사대부가 여성인 셈이다. 친정인 한양 나동에서 태어난 장남 유태좌는 서른두 살이 되던 해인 1794년(정조 18)에 정시문과에 급제한 후 여러 관직을 거쳤으며, 규장각 초계문신에 뽑히기도 했다. 장남 유태좌가 부여현감으로 부임했을 때는 상처하여 아내가 없는 상태였다. 칠순이 가까운 나이에 여행 기록을 남긴 연안 이씨는 일흔아홉까지 살았다.

그녀의 「부여노정기」는 부여로 가게 된 계기를 밝히고 여정의 풍경과 감회를 읊은 내용으로, 부여에 도착하고 그곳에서 일어난 일과 감회, 그리고 아들 유태좌가 승정원으로 발령나 여행의 끝을 알리는 내용으로 구성되어 있다.

그러면 안동에서 부여로 가는 여행길에서 그녀가 보고 느낀 것은 무엇이었을까? 이씨는 길을 떠날 때 친척들의 환송을 받으며 말이 끄는 수레를 타고 갔다. 말 채찍질 소리의 위풍당당함도 이씨에게는 여행의 흥취를 돋우는 것이었다. 이씨를 태운 수레는 하회를 떠나 예천과 오천을 굽어보며 서쪽으로 달렸다. 가다가 날이

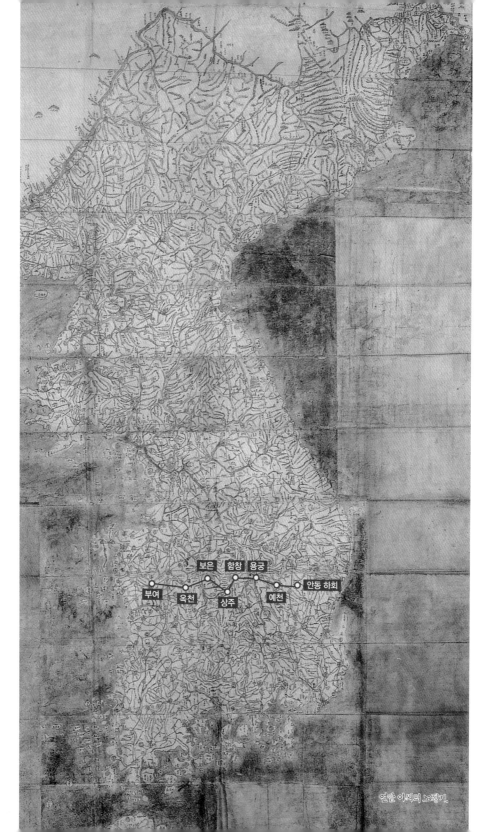

보은　함창　용궁

부여　옥천　　상주　　예천　안동 하회

연안 이씨의 노정기.

저물면 적당한 곳에 짐을 풀고 먹고 자고 했다.

예천ᄉᆞ 오천너를 발아래 구버보니
용궁읍을 얼는지버 우두원 숙소ᄒᆞ고

늦봄 풍경에 도취된 이씨는 달리는 말발굽에서도 향풍이 풍겨 나오는 것으로 느꼈다. 그래서 그녀는 주렴을 들어 원근의 풍경 속으로 빠져들었다. 갑자기 40년 세월 가슴속에 막혀 있던 것이 확 트이는 기분이었다. 연안 이씨가 뜻을 품고 먼 길을 나선 것은 이번이 처음이었을 듯싶다.

쥬렴을 잠간들고 원근을 **쳡망**ᄒᆞ니
산쳔도 수려ᄒᆞ고 지세도 활연ᄒᆞ다
사십년 막힌흉금 이꼐야 터이거다

가는 도중 옥성에 이르러서는 30년 만에 동생을 만났다. 사는 게 힘들었는지 맑고 깨끗하던 동생의 모습은 반백으로 변해 있었다. 서로 손을 부여잡고 눈물을 흘리며 오래된 그리움을 쏟아냈다.

삼십 년 **ᄉᆞ**난 동생 옥성와 **만나**보니
도로에 **고쵸**ᄒᆞ여 쳥수ᄒᆞᆫ그 얼굴이 반백이 다 되었네
손잡고 체루ᄒᆞ니 회포도 엄억ᄒᆞ다

다시 길을 나선 연안 이씨 일행은 연산을 거쳐 백마강에 머물러

묵은 때를 씻어냈다. 그러고는 고란사의 풍경에 도취되어 한참을 앉아 있었다. 또 말로만 듣던 은진미륵을 직접 보았다. 그냥 보기만 했을 뿐 그에 대한 특별한 감회는 없었나보다. 곧 백제의 도읍 부여에 도착해 대대적인 환영을 받으며 관아로 들어갔다. 이어지는 내용은 관아에서 아들을 만난 감회와 "셕감이 적을소야 차마 엇지 잇칠손이……"로 시작되는, 차마 잊지 못하는 죽은 며느리에 대한 안타까움을 섬세하게 드러내고 있다. 그리고 그해 11월은 부군의 회갑연이라, "남산갓지 떡을 흐고 한강채로 술을 비져 종누갓치 괴와올려"라고 하여 떡을 남산에 술을 한강에 빗댐으로써 잔치 음식의 풍성함을 자랑했다. 아들이 차려주었다는 것이 연안 이씨에게는 못내 자랑스러웠던 것이다.

조선시대 여인들이 외출할 때에 얼굴을 가리기 위해 썼던 쓰개. 길이 116cm, 조선시대, 숙명여대박물관.

「부여노정기」를 통해 본 연안 이씨의 여행은 자신이나 세계를 새롭게 인식하게 된 계기라기보다 가족적 유대와 정서를 재확인하는 의미가 강했던 듯하다. 여정에 대한 묘사는 주관적인 느낌이나 감회보다는 "~보고 ~보고 ~에 가니" 하는 메모식의 서술이 주를 이룬다. 즉 그녀의 여행은 탈규범적 의미를 띤 유희성과는 거리가 있다. 이씨의 심중에는 가족을 만나는 기쁨과 아들의 성공에 감사하며, 함께하지 못한 가족을 그리워하는 등 가족에 대한 생각으로 채워져 있다. 그럼에도 여행길에 나서는 여인의 들뜬 마음이나 수려한 산천을 만나자 '40년 막힌 흉금'이 탁 트이는 것 같다는 말에서 이 여행은 연안 이씨에게 새로운 경험을 안겨주었던 듯하다.

은진 송씨, 뱃놀이의 황홀지경

충남 회덕에서 태어난 은진 송씨(1803~1860)는 권씨 가문으로 출가해 논산에 살고 있었다. 시숙 권영규權永圭(1790~1857)가 금영 (오늘날의 공주) 판관으로 부임하면서 동생 가족들을 초대한 것이다. 이에 은진 송씨는 한 달여 간 여행을 떠났고, 여행에서 보고 듣고 느낀 것을 회상하며 기록으로 남겼다. 그것이 바로 「금힝일긔錦行日記」(1845)로 1구가 7~8자이며 총 763구에 이르는 장편 가사다.

「금힝일긔」는 은진 송씨가 금영으로 여행을 떠난 배경을 설명하는 데서 시작된다. 시부상을 당해 애통했음을 떠올리고, 큰 시숙이 3년상을 마쳐 관직에 복귀했는데 고향 근처 금영에 부임해서 기뻤다고 한다. 금영 관아에 다녀가라는 전갈을 받고 기뻤으나 때마침 세모라 미뤘는데, 시모의 생신으로 큰동서가 다시 초청해왔다. 하지만 그때는 정월이라 여자로서 관부官府를 방문하는 것이 망설여짐을 피력했다. "녀편닉 관부츌립 정초의 블긴ᄒᆞ여"라고 하였다. 그런 까닭에 여행은 3월에야 시작되었다. 여기서도 여성의 여행이란 가벼운 마음으로 훌쩍 떠나기가 쉽지 않았음이 드러난다. 떠나기로 결정되자 수일 전부터 "집안즁물 쟝슈호고 남노녀복 당부호고", 정작 떠나는 날에는 설렘에 한 잠도 못 자고 이른 새벽부터 세수하고 머리 빗는 등 부산하게 설치는 모습이다. 즉 "금명일은 발힝이라 진야몽야 불분호고, 환희지락 잠이없셔 개동녕의 쇼세호고"라고 하였다. 송씨도 「부여노졍기」의 연안 이씨처럼 말이 끄는 가마를 타고 갔는데, "교즁이 비편호니 일시가 삼츄로다"라고 한 데서 상당히 불편했던 상황이었음을 짐작할 수 있다.

금영 관아에 당도해 영접을 받는데, "삼스겹 문을드러 가마를 부리오니, 남노여복 분분호여 하당영지 호는고나"라고 하였다. 그리고 내아內衙에 들어가 시모께 인사하고 양가 가족이 죽 늘어서서 서로 인사를 나누었다. 시숙인 사또는 공무로 외출하셨다 저녁 늦게 오셨다. 관아에서의 첫날밤을 보내고, 아침 일찍 시모님께 문안 인사 올리고는 동서의 안내를 받아 관아 곳곳을 구경하러 나섰다. 아이 같은 호기심과 섬세한 눈으로 가는 곳마다 살피면서 자

가마, 피나무, 229.0×116.0cm, 19세기, 온양민속박물관. 사대부집 부녀자들이 외출할 때 주로 탔던 가마로, 겉면이 투각무늬로 꾸며진 4인 가마다.

신의 감회를 얹어 상세하게 묘사했다. 송씨의 호기심을 일으킨 것 중 하나가 관청 소속의 기생들 인원을 점검하는 장면이었다. 아침에 시모께 문안 인사를 드렸더니 점고 구경이 볼만하다 하여 행랑으로 갔는데, 종들이 먼저 와 있었다. 형제 숙질 할 것 없이 각각 자리를 마련해 엿보는데, 마침 측실과 마구간 옆이라 악취가 심했다. 그럼에도 구경 욕심으로 끝까지 보았다는 내용이다.

구경쳐논 지쳑이요 힝낭은 게겨 머너
다 각각 틈을 어더 은신ᄒᆞ여 여어보너
구ᄎᆞ도 막심ᄒᆞ다 좌편은 칙실 측간
압ᄒᆞ로 마구격벽 악臭가 울입ᄒᆞ나
구경의 욕심으로 시종을 보려ᄒᆞ너
젼후차례 졈고ᄒᆞᆯᄎᆞ 고을마다 ᄒᆞᆫ 가지라
ᄎᆞ례로 기생졈고 용틱도 볼것업고 복식도 괴피ᄒᆞ다

이외에도 송씨가 묘사한 관사 내부의 장관이나 원님 환관시 인사하는 광경, 선친 제사 지내는 모습, 대궐을 향한 참배, 동서의 생신을 치르는 광경 등은 지방관의 관아생활을 보여주는 귀중한 자료다. 송씨의 관아생활은 "일일년락 연일ᄒᆞ니 쥬야불분 구경일식"라고 한 데서 매일이 즐겁고 아침저녁으로 구경거리가 널려 있었음을 알 수 있다.

그중 금강 뱃놀이는 송씨의 기분을 한껏 고조시켰다. 뱃놀이에 관한 묘사에 상당한 지면을 할애하고 있다. 금강 선유船遊는 원님을 움직일 수 있는 '권력자' 시모님의 청으로 이루어졌고, 날짜는 원님 부부가 결정했다. 날짜가 공지되자 상하노소 할 것 없이 치장 준비에 난리가 났다. 색색 비단 펼쳐놓고 오색실 풀어내어 마름질도 하고 수도 놓는 등. 선유일이 다가오는데, 내외 상하가 다 가려고 해서 관아가 텅 비게 생겨 하인이 지키기로 했다. 선유 당일 날씨는 화창하고, 채단으로 꾸민 가마를 늘어놓았는데, 시모님 슬하 삼대三代만 해도 10여 인이 되었다. 이 숫자는 여자만 말한 것이고 남자는 더 많았는데, 그들은 말을 타고 갈 것이었다. 부인들을 대기시키니 대청이 좁아터질 것 같았다. 화려하게 차려입은 여자들의 옷을 보고 송씨는 그만 황홀경에 빠지고 말았다.

춘풍이 화창ᄒᆞ여 빅쵸만화 만발ᄒᆞ듯

쳥쳔 빅일의 오운이 집희ᄂᆞᆫ듯

다 엇지 형용ᄒᆞ며 일우 다 긔록ᄒᆞᆯ가.

출발하면서, 또 도중의 풍경과 감회를 통해 볼 때 그야말로 화려한 행차였다. 원님 가족의 행차를 위해 길을 통제하는 모습이나 길을 메운 구경꾼을 구경하는 송씨의 모습……. 원님 일행을 기다리는 배들이 늘어서 있고, 나누어 각 배에 타니 앞서거니 뒤서거니 강을 따라 떠내려간다. 악단의 연주가 선유의 흥취를 더해주고, 아름다운 기생들은 색태色態를 자랑한다.

각쳔이 혹션혹후 슘뉴ᄒᆞ여 ᄂᆞ려가니

국퇴민안 호시졀의 태평곡을 쥬ᄒᆞᄂᆞᆺ

녹음방쵸 셩화시라 산슈풍경 가려ᄒᆞ다

삼잡이 ᄉᆞ면셩은 가인의 흥을 돕ᄂᆡ

쌍쌍ᄒᆞ 명괴들이 ᄉᆡ단장 셩히 ᄒᆞ고

교언영ᄉᆡᆨᄋᆞ로 좌우의 버러시니

지주로 샹탁ᄒᆞ며 싁퇴를 ᄌᆞ랑ᄒᆞ여

　　송씨의 여행은 "여편늬 이 구경도 꿈인가 의심ᄒᆞ니" 할 정도로 가는 곳마다 새롭고 보는 것마다 감동의 연속이었다. 송씨의 눈으로 본 원님 가족들의 금강 선유는 그저 즐겁고 행복했다. "희한ᄒᆞᆫ 죠흔구경 ᄌᆞ셰히 다 못 본" 송씨의 아쉬움과 "만일의 남아런들 팔도강산 두루 놀" 수 있는 송씨의 한恨 어린 고백이 가까이서 들리는 듯하다. 하지만 송씨 일행의 그 화려한 행차가 왠지 불안한 것은 지나친 우려일까. 백성의 생업을 돕고 고충을 함께해야 할 원님이 가족을 위해 제공한 물자와 인력은 공공의 것이 아니었을까.* 송씨는 원님 댁의 대접에 감사하는 마음으로 "시시로 젼골 진찬, 삼일의 소연小宴이요 오일五日의 대연이라" 하였고, 삼시 세끼가 고량진미의 연속이라 했다. 마지막으로 송씨는 짧은 여행 긴 감동을 접고 귀향한다. 돌아오는 길의 감회도 있었지만 어느새 향리 사람들이 반겨주는 제자리로 다시 돌아온 것이다.

---

* 『헌종실록』(14권, 헌종 13년 10월 11일)에는 어사의 서계로 전 공주판관 권영규를 비롯한 충청 지역 지방관 13인이 죄를 받았다는 기록이 있다. 정확한 이유를 알 순 없지만 은진 송씨의 기행문을 읽다가 생각이 여기까지 미친 것이다.

조선여행
134

의유당 남씨

이곳저곳 구경하고픈 생각에 몸살 앓아

의유당 남씨意幽堂南氏는 1769년(영조 45) 8월 24일에 서울을 출발해 9월 2일에 함흥에 다다랐다. 남편 신대손申大孫이 함흥판관으로 부임하자 내행으로 동행한 것인데, 그때 명승고적을 두루 유람한 기록이 『의유당일기』에 실려 있다. 『의유당관북유람기』 혹은 『관북유람일기』라고도 한다. 남씨는 관북 지역을 유람한 감회를 몇 편의 기행문으로 남겼는데, 그중 일출 장면을 묘사한 「동명일기東溟日記」(1772)가 가장 우수하다는 평가를 받아왔다. 의유당

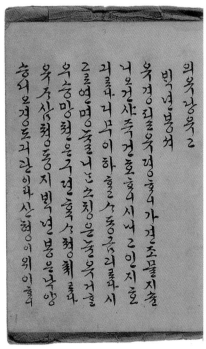

『의유당유고』, 21.5×15.0cm, 1843, 류탁일. 의유당 남씨의 「동명일기」가 이 책에 실려 전한다.

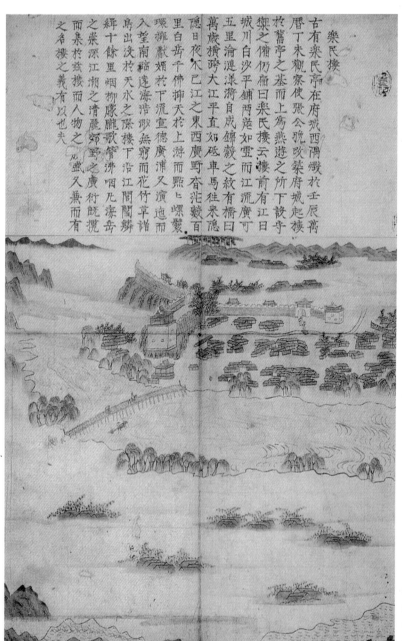

樂民樓

古有樂民亭在府城西隅毀於壬辰萬
曆丁未觀察使張公號改築府城起樓
於舊亭之基而上爲燕遊之所下設守
禦之備仍宿曰樂民樓云樓前有江曰
城川白沙平鋪西岸如雪而江流廣可
五里渝漣漾瀉自成錦縠之紋有橋曰
萬歲橋跨大江平如砥車馬往來橋日
隱日夜不已江之東西廣町畓泥數百
里白岳千佛押天於上游而點ㄴ螺鬟
環擁獻頦於下流宣德廣浦又潢迤而
入望南稻遠海浩眇無窮而花竹草諸
島出沒於天水之際樓下治江閣闊舞
絳十餘里烟柳豚歌管沸咽尼海岳
之榮深江湘之淸麗郊野人物之
而集於亭樓而人物之
之名樓之義有以也夫

「낙민루」, 작가 미상, 종이에 채색, 51.7×34.0cm, 『함흥내외십경도』에 수록, 18세기, 국립중앙박물관.

의 풍경 묘사는 섬세하고 지적이며, 참신하고 열정적인 어휘 구사력과 자유분방함이 돋보인다. 「동명일기」는 의유당이 마흔여섯 살 되던 1772년(영조 48)에 지었다고 한다. 서울을 떠난 남씨가 함흥에 이르자, 함흥의 명물 낙민루樂民樓부터 찾았다.

함흥 만세교와 낙민루가 유有명하다 하더니
기축년 팔월 염사일 낙을 떠나 구월 초이일 함흥을 오너
만세교는 장마에 무너지고 낙민루는 서西으로 성 밖인데
누하문 전형은 서울 흥인 모양을 의지하였으되
둥글고 작아 독교獨轎가 간신히 들어가더라.

함흥에서 살게 된 남씨는 이곳저곳 구경하고 싶은 욕구로 몸살을 앓은 듯하다. '가고 싶다' '보고 싶다'를 판관인 남편에게 요청하고 거절당하는 것을 반복한다. 더구나 관청의 기생들이 꼭 봐야 할 장관이라고 입이 닳도록 칭찬하는 동해의 일출, 오십 리 거리가 마음에 걸리긴 하나 보고 싶은 일출 때문에 남편과 몇 번이고 실랑이를 벌인다.

相距(상거)가 오십 리라 하니 마음에 中亂(중란)하되 기생들이 못내 칭찬하여 거룩함을 일컬으니, 내 마음이 들썩여 원님께 請(청)한대, 使君(사군)이 하시되 '여자의 출입이 어찌 輕(경)히 하리오' 하여 牢拒不許(뇌거부허)하니 하릴없어 그쳤더니 신묘년에 마음이 다시 들썩여 하 간절히 청하니……

하지만 남편은 들은 척도 안 했다. 그래서 남씨는 비장의 무기를 꺼냈다. '인생이 얼마나 길다고 그러느냐, 죽으면 끝인데, 만금으로도 못 고칠 내 마음의 통증을 고쳐준다 생각하라'는 등.

원님께 다시 東溟(동명) 보기를 청하니 허락지 아니하시거늘 내 하되, '인생이 幾何(기하)오? 사람이 한번 돌아가매 다시 오는 일이 없고, 心憂(심우)와 至痛(지통)을 쌓아 매양 울울하니 한번 놀아 心鬱(심울)을 푸는 것이 萬金(만금)에 닿여 바꾸지 못하리니, 德分(덕분)에 가지라' 하 비니, 원님이 역시 일출을 못 보신고로 허락, 동행하자 하시니, 구월 십칠일로 가기를 정하니……

동명을 보려고 일행을 이끌고 근처에 숙소를 정했다. 그런데 혹여 못 볼까 노심초사해 뜬눈으로 새벽을 기다리며 일출을 볼 수 있는지 사공에게 물어오게 한다. 볼 수 있다고 하지만 마음은 여전히 초조하다. 그 새벽의 상황이 어떠했는지를, 남씨가 본 일출 전의 바다 풍경이 어떠했는지를 「동명일기」 속으로 들어가서 살펴보자.

행여 일출을 못 볼까 노심초사하여, 새도록 자지 못하고, 가끔 영재를 불러 사공다려 물으라 하니, "내일은 일출을 패히 보시리라 한다" 하되, 마음에 미쁘지 아니하여 초조하더니, 먼 데 닭이 울며 연하여 자초니, 기생과 비복을 혼동하여 어서 일어나라 하니, 밖에 급창及唱이 와 "관청 감관官廳監官이 다 아직 너모 일찍 하니 못 떠나시리라 한다" 하되 곧이 아니 듣고, 발발이 재촉하여, 떡국을 쑤었으되 아너 먹고, 바삐 구경대龜景臺에 오르니 달빛이 사면에 조요하고, 바다이 어

塊岩
多宇田
以削而
峰巍而
基下水
月之汐
芬道畫
一其繪
以逺也味
巧劫高城
峰拱揎
の窮也豪
唾鯨戲
眼辰去
春

「구경대도」, 백은배, 종이에 담채,
110.5×52.2cm, 19세기, 서울
역사박물관. 함흥십경 중 하나로
동해안으로 돌출된 전망대 같은
절벽이다. 여기서 보는 일출이 장
관이라고 소문났는데, 의유당 남
씨 역시 함흥에서 일출을 보고자
하는 마음이 간절했다.

제 밤도곤 희기 더하고, 광풍이 대작大作하여 사람의 뼈를 사뭇고, 물결치는 소래 산악山嶽이 움직이며, 별빛이 말끗말끗하여 동편에 차례로 있어 새기는 멀었고, 자는 아해를 급히 깨와 왔기 치워 낼치며 기생과 비복이 다 이를 두드려 떤다.

여기서도 추위에 떠는 사람들을 본 남편은 쓸데없이 일찍 올라와 다 큰 병 나게 생겼다고 못마땅해한다. 이에 남씨는 자신이 자초한 일이라 아무 소리 못 하고 추위하는 기색을 숨기며 죽은 듯이 앉아 있다. 동 트기는 아직 멀었고, 추위에 사람들이 떨고 있으며 남편은 불만을 계속 토로하는 상황을 남씨는 섬세하게 그려냈다.

이윽고 날이 밝으며 붉은 기운이 동편 길게 뻗쳤으니, 진홍 대단 여러 필을 물 우희 펼친 듯, 만경창파 일시에 붉어 하늘에 자옥하고, 노하는 물결 소래 더욱 장壯하며, 홍전 같은 물빛이 황홀하여 수색이 조요하니, 차마 끔찍하더라. 붉은빛이 더욱 붉으니, 마조 선 사람의 낯과 옷이 다 붉더라. 물이 굽이져 치치니, 밤에 물 치는 굽이는 옥같이 희더니, 즉금 물굽이는 붉기 홍옥 같하야 하늘에 닿았으니, 장관을 이를 것이 없더라.

붉은 기운이 온 사방에 다 퍼졌지만 해는 아직 나오지 않고 있다. 사람들의 의견이 엇갈리기 시작했다. 해가 다 돋았는데, 붉은 기운 속에 들어 있기 때문에 못 보는 것이라 하고, 해가 곧 나올 것이라고도 했다. 그렇기에 그만 떨고 내려가자는 쪽과 끝까지 남아보겠다는 쪽으로 갈렸다. 누구는 자기 생각이 맞다고 악을 쓰고,

누구는 남의 생각을 냉소로 무시했다. 남씨는 누가 어떤 말을 했고, 누가 먼저 내려갔고 남았는지를 상세하게 서술해놓아 마치 그 자리에 있었던 것처럼 생생하다. 드디어 해가 솟았다. 의령 남씨는 길이 남을 명문장으로 동해의 일출을 그려냈다.

그 붉은 위로 홀홀 움직여 도는데 처음 났던 붉은 기운이 백지 반 장 너비만큼 잔 듯이 미치며, 밤 같던 기운이 해 되어 차차 커가며 큰 쟁반만 하여 울긋불긋 번듯번듯 뛰놀며, 적색이 온 바다에 끼치며 먼저 붉은 기운이 차차 가시며 해 흔들며 뛰놀기 더욱 사로하며, 항 같고 독 같은 것이 좌우로 뛰놀며, 황홀히 번득여 兩目(양목)이 어질하며, 붉은 기운이 명랑하여 첫 紅色(홍색)을 헤앗고 天中(천중)에 쟁반 같은 것이 수레바퀴 같아서 물속으로 저 처밀어 받치듯이 올라붙으며, 항독 같은 기운이 스러지고, 처음 붉어 겉은 비추던 것은 모여 소 혀처로 드리워 물속에 풍덩 빠지는 듯싶더라.

김금원, 열네 살 나이에 남장 하고
담장 밖 세상으로 떠나다

김금원(1817~?)은 1830년(순조 30) 봄, 열네 살 나이에 남장을 하고 부모님께 어렵게 허락을 받아 담장 밖 세상으로 여행을 떠난다. 조선 여성들에게 금지구역이나 다름없었던 산천 유람, 진정한 의미의 여행에 도전한 것이다. 말 그대로 여행이 목적이었다는 점에서 앞서 세 여성의 여행과는 차이가 있다. 몰락한 양반의 서녀였던 김금원은 어릴 적부터 영특해 금세 사서삼경에 통달했다. 기생 출신인 어머니는 딸의 글공부를 굳이 막지 않았다고 한다. 「호동서낙기湖東西洛記」(1851)에는 김금원이 호서와 관동을 여행한 열네 살부터 시작해 의주를 거쳐 서울에 정착하는 서른네 살까지의 삶의 궤적이 담겨 있다. 따라서 글을 남겨야 후세에 기억된다는 저술

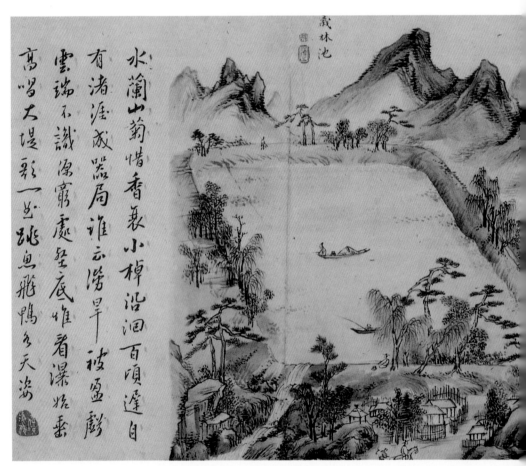

「사군강산삼선수석첩 의림지도四郡江山參僊水石帖 義林地圖」, 이방운, 종이에 채색, 26.0×32.5cm, 19세기, 국민대박물관. 김금원이 돌아보았던 제천 의림지의 풍광이 묘사되어 있다.

동기를 고려할 때, 기행문이기보다 '자기 서사'의 한 부류일 수도 있다. 책의 많은 부분은 호서와 관동의 여행 기술로 채워져 있다.

원주에 살던 김금원이 드디어 여행길에 올랐다. "때는 경인년 춘삼월 내 나이 열네 살. 머리를 동자처럼 땋고 수레 안에 앉았는데, 수레는 푸른 실 휘장을 두르고 앞면을 내다보이게 했다. 제천 의림지를 찾았다. 애교 띤 꽃들은 웃음을 터뜨리려 하고 꽃다운 풀들은 안개 같았다." 이어서 단양의 선암계곡, 영춘의 천연굴, 청풍의 옥순봉을 찾았고, 그 감동을 기록으로 남겼다. 그리고 몸을 동쪽으로 향해 단발령에 올라 금강산 만이천봉을 바라보고, 장안사, 명경대, 보덕굴, 표훈사 등 금강산의 내산 외산을 다 둘러보았다.

정양사에 이르러 헐성루에 오르니 바로 절의 문루로 비산의 진면목이 이에 이르러 모두 드러났다. 사면으로 바라보는 안개가 확 트이고 가로막은 것이 없어 **만이천 봉우리**가 역력하게 눈 아래에 있었다. 혹은 눈 더미 같고 혹은 부처의 가부좌한 모습 같고, 혹은 머리를 쪽 지어 단장한 것 같고, 혹은 칼 구멍 같고, 혹은 연꽃송이 같고 혹은 파초 잎처럼 하나는 두 손을 마주 잡은 듯하고 또 하나는 절하는 듯하며 하나는 세로로 하나는 가로로 일어서기도 하고……

정양사 헐성루에서 바라본 김금원의 금강산 묘사는 수많은 봉우리의 서로 다른 자태를 잘 부각시켜 만이천봉의 만물상이 다시 살아나는 느낌을 준다.* 금강산을 다 돌아본 김금원은 관동팔경을 보기 위해 통천으로 향한다. 총석정, 삼일포, 낙산사, 경포대 등을 거치며 가는 곳마다 시로써 응답했다. 결혼 전 김금원이 밟

앗던 여행길이 '호湖'와 '동東'인 셈이다.**

한편 「호동서낙기」에는 여행을 떠나기 전 가졌던 김금원의 마음이 드러나 있는데, 열네 살 여자 혼자 몸으로 여행을 기획하게 된 자기 나름의 세계관과 가치관이 담겨 있다.

天下 江山(천하 강산)은 크고, 古今(고금) 세월은 길구나. 인간사 가고 옴이 다 다르고, 생물의 생김새 또한 다 다르다. 산은 본래 하나이나 만 가지로 갈리어 천태만상의 모습을 보이고 물은 본래 만 줄기이나 종국에는 모여 하나가 되지만 거기에는 천파만파의 다름이 있다. 하늘을 날고 물속에 잠겨 있는 동식물, 그 기이한 형상의 각양각색에는 조화의 자취 아닌 것이 없다. 인간이 태어날 때 음양과 오행의 정기를 타고나서 만물보다 신령스럽다. 그러나 남자와 여자가 다르고, 재기에도 높낮이가 있으며, 식견에는 크고 작음이 있고, 장수와 요절, 빈부귀천 또한 만 가지로 다르다.

여행 동기인 듯도 한, 연륜과 지식의 깊이가 묻어나는 위의 글은 여행을 다녀오고 한참 지난 뒤 작성된 듯하다. 여행의 감흥이나 여

---

* 같은 곳에서 금강산을 바라본 정엽鄭曄(1563~1625)은 금강산의 아름다움을 '크고 작은 것' '둥글고 뾰족한 것' 등의 대비적 묘사에 그치고 있어 김금원보다는 감동이 덜하다고 한다.
** 호湖: 원주 출발→ 충주(의림지)→ 단양(선암, 사인암)→ 영춘(금화굴[고수동굴], 남화굴[온달동굴])→ 청풍(옥순봉) (1830년)
동東: 단발령→ 장안사→ 표훈사→ 명경대→ 보덕굴→ 만폭동→ 정양사(헐성루)→ 비로봉→ 유점사 금강산(내산, 외산)→ 통천→ 금란굴→ 총석정→ 고성→ 삼일포→ 간성→ 청간정→ 양양의 낙산사→ 강릉 경포대→ 울진 망양정→ 삼척 죽서루→ 인제 설악산→ 백담사→ 한양(1830년)
서西: 서울→ 개경(선죽교, 망월대, 청석관)→ 평양→ 묘향산→ 가산→ 정주→ 의주 (1845년)
낙洛: 용산 삼호정에서 자신의 뜻과 처지가 여성들과 교류하며 시단을 형성하여 활동한 시기.

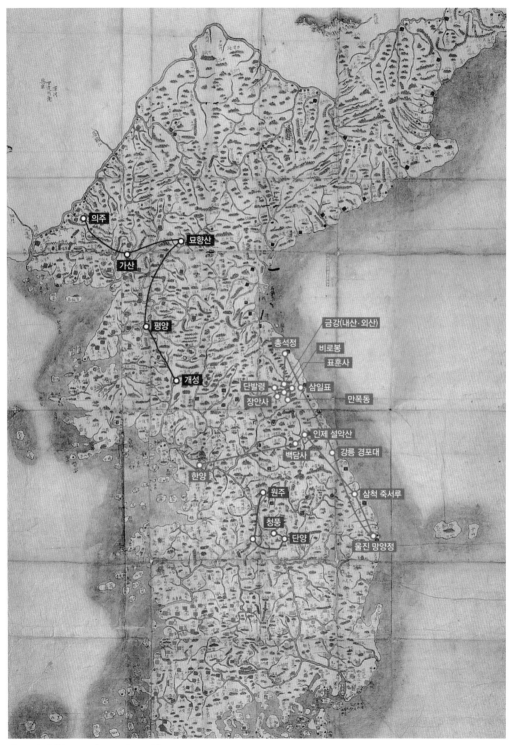

의주
묘향산
가산
평양
개성

금강(내산·외산)
총석정
비로봉
표훈사
단발령
삼일표
장안사
만폭동
인제 설악산
백담사
강릉 경포대
한양
원주
삼척 죽서루
청풍
단양
울진 망양정

김금원의 여행길 ●1차 ●2차 ●3차

「사군강산삼천수석첩 사인
암」, 이방운, 종이에 채색,
26.0×32.5cm, 19세기, 국
민대박물관. 김금원은 단양
의 사인암도 거쳐갔다.

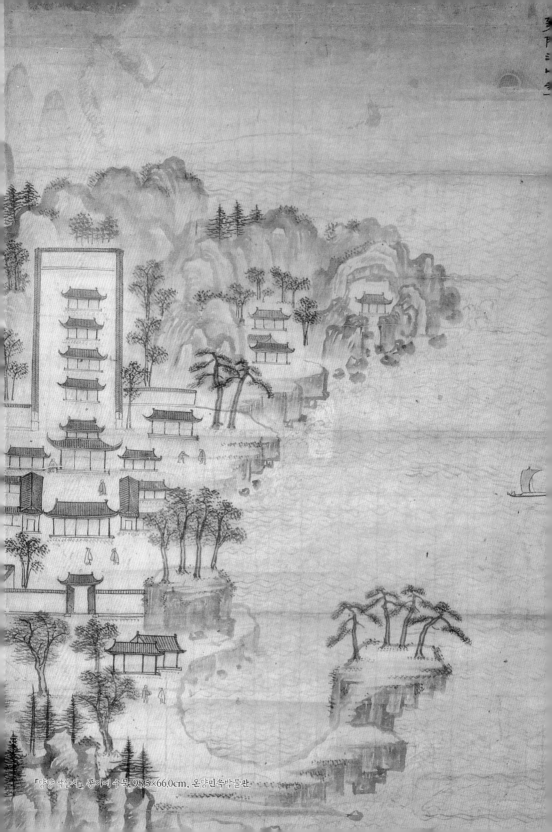

「양양 낙산사」, 종이에 수묵, 98.5×66.0cm, 온양민속박물관.

정의 풍경에 주력한 보통의 기행록과는 달리 김금원의 그것은 인생철학 내지는 여행철학을 피력하고 있는 것이 특징이다. 그녀는 여행을 통해 자아의 확장을 꿈꾸었던 것 같다. 즉 "눈으로 산하의 큼을 보지 못하고, 마음으로는 사물의 무수함을 겪지 못한다면 그 변화의 이치를 통달할 수 없어 국량이 협소하고 식견이 좁을 것"이라고 했다. 김금원에 의하면, 남자들은 산천을 누비며 사방에 노니는 뜻을 귀중히 여겼지만, 여자들은 집 밖을 나가지 않는 것을 옳게 여겨왔다. 그래서 여자 가운데서도 공자와 맹자처럼 뛰어난 자가 있을 법하지만, 규중 깊숙한 곳에 박혀 그 총명한 식견을 더 이상 넓힐 수 없었다는 것이 안타깝다고 했다. 여기서 세상을 품고 싶어하는 그의 포부가 드러난다.

가만히 생각해보면 내가 태어날 때 금수가 아닌 사람이었던 것이 다행스럽고, 오랑캐 땅이 아닌 문명한 우리나라에 태어난 것이 다행스럽다. 남자가 아닌 여자로 태어난 것은 불행이고, 부귀한 집이 아닌 한미한 집에 태어난 것은 불행이다. 하지만 하늘이 나에게 '仁(인)과 知(지)'의 본성과 耳目(이목)의 형상을 주었는데, 어찌 요산요수하여 견문을 넓힐 수 없겠는가? 하늘이 기왕에 총명한 재주를 주었는데, 어찌 문명한 나라에서 일을 성취할 수 없단 말인가. 이미 여자가 되었으니 집 안 깊숙이 문을 닫아 걸고 부녀의 법도를 삼가 지키는 것이 옳은 것인가? 기왕에 한미한 집안에 태어났으니 형편을 좇아 분수껏 살다가 이름 없이 사라지는 것이 옳은가? (⋯) 아직 결혼하지 않은 이 나이에 강산을 두루 유람하며 曾點(증점)이 沂(기)수에서 목욕하고 舞雩(무우)에서 바람 쐬며 노래하며 돌아오는' 일을 본받고자 한다면 성인께서도 분명 허락하실 것이다.

　호서와 관동을 다 돌아본 김금원의 발걸음은 문명의 도시 서울로 향한다. 숭례문 밖에 위치한 관왕묘를 참배하는 등 그녀의 여행은 도시에서도 계속되었다. 호서, 관동, 서울…… 여행을 마친 김금원은 원주 집으로 돌아왔다. 그녀는 말한다. "내 장한 관광으로 숙원을 이루었으니 이제 가히 멈출 만하다. 다른 본분으로 돌아가서 여공에 종사하는 것이 또한 옳지 않겠는가." 김금원은 어머니의 신분을 따라 원주 관아 기적妓籍에 올라 금앵이라는 이름을 얻었다고 한다.

　그리고 처음 금강산을 여행한 지 15년 만인 1845년(헌종 11)에 의주부윤으로 부임하는 남편 김덕희와 함께 다시 서도와 금강산을 유람했다. 2년 후에 서울로 돌아와서는 용산에 있던 김덕희의 별장 삼호정三湖亭에 살면서 같은 처지의 벗들을 규합하여 시문을 짓고 시단을 형성했다. 우리나라 최초의 여성 시단이라 일컬어지는 '삼호정 시단'에는 그의 동생 운초雲楚를 비롯해 경산瓊山, 박죽서朴竹西, 경춘瓊春 등이 함께했다.

눈으로 산하의 큼을 보고
마음으로 사물의 무수함을 담다

　여성들은 여행을 통해 무엇을 보고 무엇을 느꼈을까? 그녀들이 느낀 감회는 남성의 것과 무엇이 같고 다른가? 일단 여성들은 출발 전부터 이미 분주하다. 발행發行 날짜가 잡히면 그때부터 사실상 여행에 돌입하는 것이다. 설레는 마음으로 집안의 잡다한 일들을 처리하는 것, 그 역시 나쁘지 않을 것 같다. 대체로 여행의 전후 맥락을 상세히 밝히는 것 또한 여성 여행의 한 특징이다. 무엇을 위한 여행인지, 누구와 어떻게 가는지 등 여행의 계기와 목적을 친절하게 설명해주고 있는 것이다.

김금원을 제외한 세 사람은 모두 가족과 동행한 여행이었다. 대체로 가족을 마음에 담고 떠나거나 가족을 생각하는 등 가족 감정으로부터 자유롭지 않았다. 특히 「부여노정기」의 연안 이씨는 자기 존재감을 확인하거나 새로운 세계를 향해 자신을 확장하는 여행과는 거리가 있다. 그에게는 가족적 유대나 가문의식의 확인이 더 중요했던 것 같다.

무엇을 보고 어떻게 묘사할 것인가 하는 데서도 여성 특유의 시선과 감성이 발휘되었다. 은진 송씨의 경우 말 탄 남자의 외모에 홀린 듯 주저 없이 "일월갓흔 긔상氣像이요, 양뉴楊柳 갓흔 풍최風采로다" 하였고, "용틱도 볼것업고 복식도 긔괴ㅎ다"고 했지만 기생들의 차림과 용태에도 관심이 많았다. 그녀는 또 금영 관아에 배치된 각 건물을 관찰하면서 여성적 감수성을 불어넣어 묘사했다. 동헌東軒의 수청방守廳房을 자세히 살피고는 '침실로 문이 난 것이 방 배치가 절묘하다'고 하고, 원님방과 수청방 사이에 중방中房을 둔 것을 보고 "성쇠聲色을 멀니ㅎㅅ 중방을 너허두고, 청검淸儉을 숭샹ㅎ셔 도학션道學仙의 거처갓희"라고 하여 시숙에게 무한한 신뢰를 보낸다.

「동명일기」의 의유당 남씨와 「호동서낙기」의 김금원은 여행과 구경의 참맛을 제대로 구현해낸 것으로 보인다. 의유당 남씨가 보여준 '구경거리'에 대한 집착은 명문장을 창출해내는 자원이었던 것 같다. 그리고 '눈으로 산하의 큼을 보고 마음으로 사물의 무수함을 담고자' 떠난 조선 여성 김금원의 여행은 오늘 우리에게도 설렘을 준다.

5장

"목에서 피가 나고 배가 붓던" 여행길

◉

명인 명창은 어떻게 만들어졌는가

송지원

음악으로 떠나는 조선여행

　조선시대의 음악가들은 평생을 음악과 함께 살면서 자신의 음악이 더 나은 경지에 이르기 위해서라면 고독한 삶을 마다하지 않았다. 홀로 속세와 거리를 두며 고독한 음악 연마의 길을 걷기 위해, 훌륭한 스승을 찾아 나서기 위해, 좋은 음악인들과 음악을 나누기 위해, 음악으로 시름을 달래기 위해, 혹은 연주 무대를 위한 목적으로 전국 각지를 떠돌며 음악활동을 펼쳤다. 19세기에 활약한 가객歌客 안민영은 전국에 흩어져 있는 음악인들과 교류하기 위해 여행길에 나섰다. 명창 이동백은 득음得音을 위해 수많은 곳을 돌아다녔다. 전국 각처에 흩어져 살던 판소리 광대들은 과거시험을 치를 시기가 되면 짐을 싸서 과거길에 동참했다. 서울 무대로 데뷔하기 위한 선택이었다. 이 모든 길 가운데 음악여행이 아닌 것이 없다.

　우리 음악이 음악여행을 떠나기도 했다. 서울 지역에서 유행해 큰 발전을 보인 음악은 전국 각지로 퍼져 지역성이 가미된 음악으

「평양도십폭병풍」, 종이에 채색, 131.0×39.0cm, 19세기, 서울대박물관. 그림 가운데에 판소리 명창 모흥갑이 소리하는 모습이 보인다.

로 발전하기도 했다. 문인들의 대표적 음악인 '영산회상'이나 '시조'가 그러한 예이다. 이러한 음악은 지방의 문인들에게도 멋스런 풍류문화로 남겨졌다. 전라도 지역에서 발생한 판소리 음악은 다른 지역에도 퍼져나가 서편제, 동편제, 중고제 등 여러 유파를 발생시켰다. 음악의 음악여행이다.

한시에 일정한 선율을 붙여 노래하는 '시창詩唱'이나 시조를 노래하는 '가곡歌曲' '시조時調'와 같은 노랫말에는 전국 각지의 아름다운 풍광을 노래한 내용이 담겨 있곤 해 노래만 들어도 품격 있는 여행을 다녀온 듯한 넉넉한 정서를 안겨준다. 그런가 하면 우리 노래에 수많은 여행 장면이 묘사되어 있는데, 이는 '노래의 음악여행'이 아닐까 한다. 여행이란 세상을 향해 나를 열어놓는 것이라 했다. 조선시대 사람들과 그들의 음악이 기다리고 있는 시간 여행을 떠나보자.

대원군이 후원했던 안민영
그가 전국을 누빈 이유

19세기 가곡계에서 매우 중요한 역할을 한 인물로 안민영(1816~?)이 있다. 안민영은 스승 박효관과 함께 『가곡원류』를 편찬한 인물로 잘 알려져 있다. 그가 펴낸 가집歌集 『금옥총부金玉叢部』는 당시의 여느 가집과는 차별화된 내용을 담고 있다. 대부분의 가집이 노랫말만 모아놓은 데 비해 『금옥총부』에는 가곡의 노랫말을 적은 후 그 작품의 창작 배경까지 밝혀놓았다. 이로써 잘

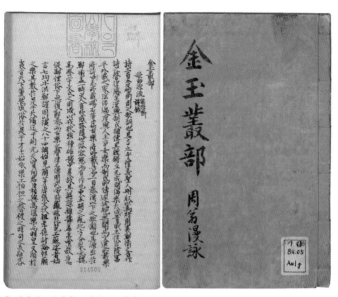

『금옥총부』, 안민영, 규장각한국학연구원.

알려져 있지 않던 그의 활동 반경은 물론 음악과 관련된 그의 생활과 여행 노정까지 파악할 수 있다. 또 대원군과 그의 아들 이재면의 후원을 입은 음악인들의 활동 양상이 『금옥총부』에 묘사되어 있기도 하다.

『금옥총부』를 통해 안민영의 활동 반경을 보면 대원군 주변에서 운현궁을 비롯한 궁이나 양주 직동의 별장, 대원군의 휴식처인 창의문 밖 삼계동의 정자 등은 물론 영남 지역 문경의 조령, 연풍의 산장, 해주의 부용당, 동래부, 밀양, 필운대, 연광정, 통영, 거제, 진주, 광주, 남원, 운봉, 전주, 금강산, 진양, 창원, 순창, 담양, 홍천 등 전국 각 지역이 그의 여행 지역에 포함되어 있다. 안민영은 이들 지역을 각기 다른 목적으로 거쳐갔지만 유람을 통해 각

지역의 음악인들을 만나고, 음악적 교류를 이루었으며, 실력 있는 음악인들을 서울 무대로 불러 지방에서 최고로 인정받는 음악인들이 서울에서 활동할 기회를 마련해주기도 했다. 이러한 음악적 교류는 그의 지방 순회 경험을 통해 이룰 수 있었다. 안민영의 이십대부터 펼쳐지는 음악여행 일정과 그 주변을 잠시 따라가보자.

- 27세(1842) 가을, 우진원禹鎭元이란 인물과 함께 호남 여행을 떠남. 순창을 지나 운봉에 거주하는 판소리 명창 송흥록宋興祿을 방문, 주덕기, 신만엽, 김계철, 송계학 등의 판소리 명창과 만남
- 37세(1852) 봄, 영남 지역 여행
- 47세(1862) 가을, 홍천의 임경철과 함께 금강산 유람(40대 후반까지는 각지의 예인들과 교유하며 명승지를 유람)
- 48세(1863) 흥선대원군 집천
- 52세(1867, 고종 4) 대원군과 만남, 대원군이 음악후원자 역할을 맡음
- 58세(1873, 고종 10) 대원군 하야
- 61세(1876) 스승 박효관이 『금옥총부』 서序 작성
- 65세(1880) 박효관 등 전국의 음악인들과 모임을 가짐
- 70세(1885) 이후의 행적은 보이지 않음

이십대에 안민영은 호남 지역을 자주 찾았다. 대부분 판소리 명창들과 교류하기 위해서였다. 삼사십대에는 전국 각지의 예인들과 교유하면서 명승지를 유람하며 좋은 경치를 만나면 한바탕 음악을 연주하며 음악으로, 음악인들과 활발하게 소통했다.

안민영이 마흔여덟 살 되던 해 흥선대원군이 집권했는데, 그로

「와룡관학창의본」, 이한철·
유숙, 비단에 채색, 133.7×
67.7cm, 보물 제1499호,
1869, 서울역사박물관. 대
원군은 안민영의 중요한 음
악 후원자였다.

부터 4년 후에는 대원군과의 만남이 이루어졌다. 안민영과 대원군의 만남은 그의 음악활동 양상을 바꾸어놓았다. 대원군은 안민영의 음악후원자로서 매우 중요한 역할을 담당했다. 이후 안민영은 조선 왕실과 밀착된 활동을 펼치는데, 특히 대원군 가家와의 유착 관계가 형성되어 이후 지방에서의 음악활동은 그의 후원에 힘입어 이루어졌다. 이때 안민영은 전국 각지를 다니며 지방의 여러 예인과 어울리면서 의욕적인 음악활동을 펼쳤고, 전국에 있는 음악인들의 상황을 파악해 서울로 불러올리기도 하며 음악인들과의 교류를 이룰 수 있도록 했다. 그의 가집 『금옥총부』가 만들어질 수 있었던 것도 그 후원의 결과이며, 음악활동의 다양한 모습이 『금옥총부』에 담겨 전하고 있다.

목에서 피가 나고 노래를 너무 불러 배가 붓고

이동백李東白(1863~?)은 고종대에 충청남도 비인군 도만리에서 유복자 외아들로 태어났다. 이종기李鍾琦라는 이름으로도 통하며 판소리 중고제의 명창이다. 이동백 자신의 증언에 따르면 어린 시절에 서재에서 천자문을 배우는데 도무지 머리에 들어오지 않았고, 『사략史略』도 첫째 권까지 읽었지만 앞부분 말고는 기억나지 않는다고 했다. 훈장에게 종아리를 많이 맞아 실컷 울고 나서 책을 모두 집어던지고 소리를 배우러 나섰다고 한다. 이후 소리하는 사람을 따라다녔는데, 당시 명창으로 알려진 최상중崔相仲, 김정근金貞根 등에게 소리를 배웠다.

이동백은 「심청전」을 배우면서 심청의 지극한 효심에 감복하여 소리를 배우고자 하는 열망이 더욱 깊어졌다. 자신도 소리를 잘해서 그 소리로써 스스로를 세상에 알리고, 소리를 일생의 업으로 삼는 것이 큰 의미가 있는 일이 되리라 생각했다. 그 이후 열아홉, 스무 살이 되었을 무렵 이동백은 산속에 들어가 움집을 짓고 밤에 혼자 공부도 하면서 소리를 향한 열정을 불태웠다. 밤중에는 짐승 우는 소리가 들리는, 그런 곳이었다. 그러나 그의 소리를 향한 열정은 그 어떤 무서움도 물리쳤다. 소리 공부 과정 이야기를 그의 목소리로 들어보자.

처음은 탁하고 쉰 목이지만, 부르고 또 부르면 차츰차츰 실낱같이 열리어오고, 고개를 드는 재미에 무서움도 다 잊었지요. 그리고 낮에 책을 보다가는 저도 모르게 꼬꾸라져 잤습니다.

고생이야 목에서 피가 나오고 노래를 너무 불러서 배가 붓고 하였으니 다른 것은 더 말할 것도 없습니다. 그리고 어른들 몰래 하는 것이니 고생도 스러웠습니다.

(『조광朝光』 1937년 3월호)

『조광』, 국립중앙도서관. 이동백의 소리 공부 과정이 이 잡지의 한 호(17호)에 기록되어 있다.

이동백은 열세 살까지는 서당에

서 한문을 공부했던 것으로 알려져 있다. 열세 살 어린 나이에 장가를 들었지만 장가든 후에도 여전히 독서에 뜻이 없었다. 그는 오직 소리에만 취미가 있었다. 이후 이동백은 '소리와 함께하는' 삶을 살았다.

이십대 중반에 접어들어서는 충청도 땅을 떠나 경기도로 올라와 이곳저곳을 방랑하다가 1900년, 그의 나이 서른여덟에 다시 경상도 진주로 내려가 3년간 이곡사里谷寺 옥천암玉泉庵에 머물며 옥천대사에게 두 달가량 염불 공부도 배우고 소리를 연마했다. 염불도 훌륭한 소리였기 때문이다. 이후 차츰 목이 좋아져 명창으로 소문이 났고 춘천, 창원, 마산, 김해, 부산, 동래 등지로 소리여행을 떠났다. 여행할 때에는 말이나 나귀를 타고 다녔는데, 활을 메고 다니며 중간 중간 활도 쏘면서 마치 "예전의 화랑 그대로의 생활"을 한 것으로 알려져 있다. 이후에는 경상남도 함안군에서 어머니를 모시고 살았는데, 그곳에서 어머니가 돌아가셨다.

사십대 중반에 상경한 후에는 원각사에서 김창환, 송만갑과 함께 창극활동을 펼쳤고 연흥사, 광무대, 협률사에 참가해 명창 송만갑과 함께 지방 순회도 했으며 간간이 라디오 방송에도 출연했다. 1939년 3월에는 조선일보사 주최로 부민관에서 은퇴기념공연을 가졌다. 이동백은 심청가, 적벽가에 특히 뛰어났고 그의 새타령은 당대에 독보적이었다. 그의 더늠(판소리에서 명창이 자기만의 독특한 방식으로 다듬어 부르는 어떤 마당의 한 대목)은 축음기에 많이 취입되었다.

이동백은 판소리 하는 사람들을 '광대'라 부르는 당시의 관습에 심한 거부감을 갖고 있었다. 특히 소리하는 사람을 탈춤 추는 광

대나 재주넘는 재인オㅅ 등과 함께 묶어 광대라 하면서 양반들로부터 천대받는 현실에 대해서는 "잘못된 생각"이라며 엄하게 진단을 내렸다. 판소리를 전문으로 하는 이들의 피나는 노력은 양반들이 평생 학문에 정진하는 것 이상의 내공을 요하지 않던가.

이동백은 양반의 자손으로 태어나* 소리에 뜻을 둔 것이고, 판소리라는 음악 장르에 대한 사람들의 잘못된 인식을 돌려놓는 데 평생 노력을 기울였다. 이동백의 소리를 향한 평생 여정은 충청도 비인-경기도-경상도 진주-춘천-창원-김해-부산-동래-경남 함안-서울 등지에 걸쳐 흔적이 남았으니 그의 활동 영역은 전국 각지에 걸쳐 있었음을 알 수 있다.

광대들, 과거를 치르는 듯한 각오로

19세기 판소리 광대들은 과거시험이 있을 때면 그들을 따라 함께 서울로 올라갔다. 송만재의 『관우희』(1843)**에 나오는 다음 구절은 당대 판소리 광대들이 연주할 무대를 따라 이동하는 장면을 볼 수 있는 하나의 예다.

---

* 이동백은 충청도에서 청수聽首, 전라도에서 집강執綱, 경기도에서 대방大方 등의 일을 한 바 있으며 이후 판소리 명창에게 주어지는 명예직인 정이품 통정대부의 직함을 받은 바 있다.
** 『관우희』는 순조대의 인물인 송만재宋晩載가 지은 한문시다. 그는 아들 지정持鼎이 과거에 급제했으나 집이 가난하여 축하잔치를 벌이지 못했다. 당시 등과登科한 사람들을 위하여는 창우倡優를 불러 각종 연희를 벌이며 축하해주었다. 이에 서운한 마음을 달래기 위해 당시 재인オㅅ들의 우희優戲를 자세히 묘사한 시를 지어서 그 마음을 대신했다. 『관우희』는 800여 자의 서문과 50수의 시로 이루어져 있다.

재주꾼은 호남 출신 가장 많으니	劇技湖南産最多
우리도 파거보러 간다 스스로 이르네	自云吾輩亦觀科
먼저는 진사시험 뒤는 무관시험	前科司馬後龍虎
파거가 다가오니 거르지 마세	大比到頭休錯過

『관우희』 제44수로 서울에서 치르는 과거시험에 대비해 서울로 이동하는 판소리 광대들의 모습을 설명한 장면이다. 과거시험이 치러진 후 과거 합격자들을 위해 벌이는 잔치에는 으레 판소리 광대들이 출연했다. 이는 수많은 무명 판소리 광대에게는 중앙으로 진출할 수 있는 좋은 무대이자 기회였다. 따라서 중앙에서 과거시험이 치러질 때가 되면 판소리 광대들도 마치 과거를 치르는 듯한 각오로 준비를 했다. 그러한 무대에서 인정받는 것은 판소리 광대들에게는 최고의 영예였고 또 어전명창御前名唱(헌종 대부터 판소리 광대들이 어전에서 소리하여 이런 용어가 생겨남)으로 발탁될 기회이기도 했기 때문이다.

파거科擧가 있었냐구요?

있었지요. 그러나 이것은 별다른 것이 아니고 그때에 파거급제한 사람들이 소리 잘하는 이를 뽑아서 전에 입던 화랑들의 옷을 그대로 입혀 관자를 붙이고 활옷을 입고 나섰는데 그것이 파거였습니다. 그때에 그것을 창부라고 하였지요. 그것이 큰 영예로 생각되었습니다.

서울에 파거가 있다는 말을 들으면 각지에서 유생뿐 아니라 광대들도 서울로 모여들었다. 서울 고관高官 댁 사랑에 출입하면서 재주를 시험

「평생도」중 '삼일가', 전 김홍도, 비단에 채색, 53.9×35.2cm, 국립중앙박물관. 조선시대 삼일가가 장면에 광대와 악사들이 행렬을 따라가며 흥을 돋우고 있다.

받았던 것이 마치 과거를 보는 것 같았다고 한다.

앞의 자료는 명창 이동백이 일흔두 살 때 기자와 대담 형식으로 나눈 이야기를 기록한 것이고, 이어지는 자료는 명고수名鼓手이자 명무名舞인 한성준(1874~1941)의 증언이다. 앞서 인용했던 송만재의 『관우희』에서 '과거 보러 간다'는 표현이 나온 것처럼, 당대 판소리 광대들은 과거시험 기간 동안 매우 바쁘게 움직였던 것으로 보인다. 과거가 치러질 때면 많은 광대가 서울로 모여들어 재주를 시험받았는데, 과거에 급제한 집에서 마련한 유가遊街에 뽑히기 위해서였다. 그러한 무대에 뽑혀나가 공연을 한다는 것은 단순한 공연 이상이었다. 그런 기회는 일종의 중앙 무대를 향한 '데뷔 무대'라 할 수 있는데, 판소리 귀명창들에게 알려지고 명성을 얻으면 어전명창으로까지 진출도 했기 때문이다.

급제한 집 잔치에 재주 뽑히려	金榜少年選絶技
광대들은 재 지내는 중처럼 법석	呈才競似聞齊僧
떼각기 무리 지어 마당에 가서	分曹逐隊登場地
따로 따로 음조 골라 재주를 시험	別別調爭試一能

송만재의 『관우희』 45수다. 판소리 광대들이 과거에 급제한 집 잔치에 뽑혀나가기 위해 마치 '재 지내는 중처럼' 법석을 떤다는 것이다.

이러한 자료들은 또한 음악인들의 연주 행위에 대한 보상의 역학관계를 알려주는 증거가 되기도 한다. 즉 양반 집단이 연주자 집단에게 동기유발을 해준 것이고 결과적으로 이는 장르 발전으로 이어진다는 측면에서 그러하다. 양반과 판소리 광대 양쪽 집단이 필요에 따라 서로 연계되어 장르의 독자적 발전으로까지 이어지는 정황을 보여준다.

또 하나의 '과거를 치른다'는 표현에서 알 수 있듯이 이러한 현장은 판소리 광대들 간의 기예 겨루기 현장이 되기도 했다. 전국 각지에서 모여든 소리꾼들은 이를 위해 기술을 연마했고, 이는 판소리라는 개체의 질적 향상을 위한 장이 되었던 것이다.

잠시 지방의 예와 비교해본다면 1864년 시작된 '전주 통인청 대사습'도 같은 맥락에서 이해할 수 있다. 대원군은 당시 전라감사에게 "단오절의 경창대회를 감영에서 관장하고 거기서 장원한 명창을 상경케 하라"고 명한 바 있다.

> 대사습에서 기량을 떨치면 명성과 수입이 약속되었기 때문에 가객들이 서로 다투어 일생을 걸고 소리 공부를 하니 많은 명창이 배출되고 "판소리 최고의 융성기"를 현출하였다. 그리하여 "고종조(1863~1907) 43년 동안에 전국의 남녀 명창이 200명을 헤아리는 판소리 사상 일대 장관을 이루었다."(박황, 『판소리 三百年史』)

과거시험 후의 유가에서 기량을 발휘하는 판소리 광대, 대사습에 데뷔하기 위한 가객들의 노력은 판소리라는 장르의 발전에 큰 힘이 되었다. 보상 체계와 개체적 장르 발전의 역학관계를 잘 보여준다.

사랑방에서 꽃핀 줄풍류

우리 음악 가운데는 그 원형이 한곳에서 만들어진 이후 전국 각지로 그것이 전파되어나가는 형태의 장르가 있다. 한 음악의 장르가 전국적 분포를 보인다는 것은 그 음악의 인기도와 무관하지 않다. 하나의 음악이 전국의 여러 지역으로 전파되면 그것이 정착되는 지역의 특성을 띠게 되어 색다른 멋을 느낄 수 있다. 그런 음악 가운데 문인들이 즐겼던 대표적인 것으로 현악기 중심의 영산회상靈山會相이 있다. 이러한 음악은 조선시대 문인들의 음악 문화를 잘 드러내 보인다.

현악 영산회상은 18세기 후반과 19세기 전반에 이르는 동안 상영산, 중영산, 세영산, 가락덜이, 삼현도드리, 하현도드리, 염불도드리, 타령, 군악 등 아홉 곡의 모음곡이 되었고 문인 지식층의 사랑방에서 연주되는 음악으로 인기를 누렸다. 이 가운데 영산회상의 거문고 선율은 수많은 옛 악보에 기록되어 전하는데, 이러한 악보를 기록한 주체는 대부분 음악을 잘 알고 풍류를 즐길 줄 아는 문인들이었다.

조선시대에 영산회상과 같은 줄풍류 음악이 연주되는 공간은 문인들의 사랑방이었다. 선비들이 글을 읽다가 사념에 빠져들 때 무릎 위에 거문고를 빗기어 놓고 느긋한 속도의 영산회상 선율 한 자락을 타다보면 어느새 삿된 생각은 사라진다. 악기를 타다 마음이 넉넉해질 때쯤 되어 가까이 사는 벗들이 찾아오면, 각자 악기 하나씩을 맡아 호흡을 맞춰가면서 무언의 대화를 나누게 했던 음악이 바로 영산회상이다. 순수 기악곡이면서 그 음악에 어떠한 표상을 부여하지 않았기 때문에 정신적 유희를 즐길 수 있는 음악, 곧 줄풍류였다.

줄풍류 영산회상은 거문고, 가야금, 양금, 대금, 세피리, 단소, 해금, 장구와 같은 악기들이 어우러져 연주된다. 이들 악기가 모두 참여해도 좋고, 이들 중 한두 가지 혹은 서너 가지 악기로만 연주해도 좋다. 어떤 편성이라도 그 나름의 멋을 내뿜는다. 악기 편성이 열려 있어 개방적인 음악이 줄풍류 영산회상이다. 개방적인 것은 소통을 허락한다. 그런 의미에서 줄풍류 영산회상은 그 연주를 통해 사람과 사람의 교류와 소통을 가능케 하는 음악이다.

조선 후기 서울 중심의 역동적인 분위기는 영산회상이 성장할 수 있는 좋은 토양이 되었다. 서울 지역의 경제적인 풍성함은 사람들의 예술 취미를 심화시켰고, 예술에 대한 감식안은 보다 수준 높은 음악을 감상하거나 연주할 수 있는 힘이 되었다. 더 나은 음악을 추구하고자 하는 문인들은 음악을 전문으로 하는 악인樂人들과의 교류를 통해 음악의 전문성을 확보했고, 악인들은 문인들의 정신세계를 함께 나누며 노닐었다. 문인들과 음악 전문인들의 이러한 음악적 교류는 서로에게 상승효과를 일으켜 줄풍류 음악이 보다 세련되게 성장할 수 있는 토대가 되었다.

서울에서 영산회상의 유행은 차츰 전국적인 바람을 타 각지에 '향제鄕制 줄풍류'를 이루었다. 호남 지역의 구례·전주·익산·정읍·흥덕·부안·김제·옥구·강진·목포 등을 비롯해 호서 지역의 대전·공주·예산, 영남 지역의 진주·경주·대구·부산 등에서 향제 줄풍류가 유행했고 이들 지역 가운데 몇몇은 현재까지 그 전통이 이어지고 있다.

間拾瑤琴
度曲遲
歸雲流水
若參差世
間休說
知音少明日

「탄금彈琴」, 성협, 33.2×33.3cm, 19세기, 국립중앙박물관.

남창가곡이 읊은 한송정

　옛 문인들이 즐긴 풍류의 형태 가운데 '노래'가 있다. 특히 그중에는 자신이 직접 지은 한시에 일정한 선율을 붙여 노래하는 '시창詩唱(律唱)'이 있고, 글자 수 45자 내외의 짧은 시조를 각각 다른 장단에 얹어 노래하는 시조와 가곡 등의 장르가 있다. 이들 노래 중에는 문인들이 즐겨 찾던, 혹은 찾아가고 싶어한 전국 각처의 선경을 노래한 작품이 다수 포함되어 있다.

　특히 우리 가곡 중에 남성이 노래하는 가곡인 '남창가곡男唱歌曲'*의 노랫말에는 관동팔경의 하나인 강릉의 한송정寒松亭을 묘사한 작품이 있다. 계면조 언편言編의 선율로 노래하는 「한송정」이 그것이다. 한송정에서 자라는 멋스런 소나무를 베어서 배를 만들고 그 배 안에 술과 안주, 최고 연주자들을 싣고 음악을 들으며 절경을 구경하면서 마음대로 다니고 싶다는 염원을 노래한 작품이다. '언편'이란 말은 순우리말로 '지르는 편 자진한잎'이라고 표현하며 가곡 중에 열 박 한 장단으로 노래하는 음악이다. 5장으로 노래하는데, 다음은 그 노랫말이다.

1장　한송정 자진솔 베어

2장　조고만치 배 무어 타고

---

* 현재 전하는 남창가곡은 우조, 계면조 포함해서 26곡. 우조 초삭대엽, 이삭대엽, 중거, 평거, 두거, 삼삭대엽, 소용, 우롱, 우락, 언락, 우편(11곡), 계면조 초삭대엽, 이삭대엽, 중거, 평거, 두거, 삼삭대엽, 소용, 언롱, 평롱, 계락, 편삭대엽, 언편, 태평가(13곡). 반우반계인 반엽, 편락(2곡) 등 총 26곡이다.

3장   술이라 안주 거문고 가얏고 해금 비파 저 피리 장고 무고 공인과

      안암산 차돌 노고산 수리치 일번 부쇠 나전대 궤지삼이

      강릉 여기 삼척 주탕연 다 모아 잇고

      달밝은 밤에 경포대로 가서

4장   대취고

5장   고예 승류하여 총셕졍 금란굴과 영랑호 션유담으로 임거래를

      하리라

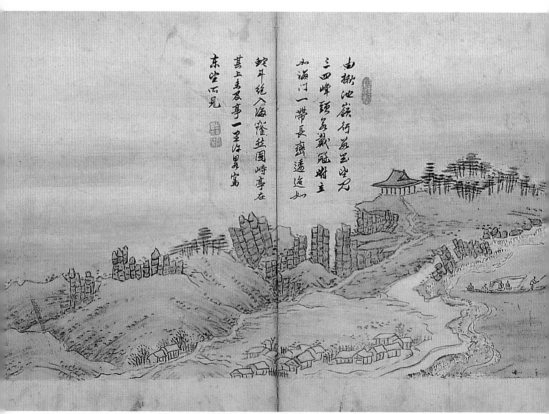

「총셕졍」, 졍수영, 종이에 엷은 색, 37.2×62.0cm, 『해산첩』에 수록, 국립중앙박물판.

어느 세월에 소나무를 베어서 배를 만들까. 소나무 좋기로 유명한 강릉 한송정의 소나무로 만든 배라 하면 가장 멋스런 배가 될 것이다. 또 그 배를 만들어서 거기에 술과 안주를 준비하고 가야금, 거문고, 해금, 비파, 대금, 피리, 장구 등의 온갖 악기도 싣고, 훌륭한 연주자들을 모두 태운다. 게다가 한 번 쳐서 불이 붙는 부싯돌로 불을 피워서 나전조각 화려하게 꾸민 멋스런 담뱃대를 피워 물고, 강릉과 삼척 지역의 이름 날리는 기녀들도 모두 배에다 싣고, 달 밝은 밤에 경포대로 배 타고 가면서 실컷 취하고 싶다고 노래하고 있다. 또 총석정, 금란굴, 영랑호, 선유담과 같은 아름다운 절경 사이를 다니고 싶은 만큼 실컷 왔다 갔다 하면서 구경하고 싶다는 내용의 노랫말이다.

화자의 지나친 욕심이기도 할 것이다. 옛 선인들의 와유강산臥遊江山하는 모습이기도 하지만 아름다운 선율에 노래하는 노랫말의 자격이라면 무슨 내용이든 노래를 못 할까 싶기도 하다. 은유와 상징이 담겨 있는 노래라 할 수는 없지만 마음속의 여행에서 노닐 수 있는, 최상의 경지가 아닌가 한다. 가곡의 노랫말은 조선 말기로 가면서 가곡의 향유 계층의 변화와 함께 이와 같은 노랫말들, 즉 은유와 상징은 약하지만 하고 싶은 이야기를 솔직하게 이야기하듯 표현하는, 그런 노랫말이 많이 나온다. 이 노랫말은 바로 그러한 추세를 반영하고 있다. 남창가곡 계면조 언편은 가곡의 가장 마지막에 부르는 노래인 「태평가」 바로 앞에서 부르는 노래로, 가곡 한바탕 부를 때 후반부에서 다소 긴장을 풀고 건듯건듯 부를 수 있다. 온갖 절경을 마음대로 감상하면서 다니고 싶다는 염원이 담겨 있는 모습이 매우 자연스럽지 않은가.

진국명산으로 부른 서울 찬가

음악여행의 마지막 코스는 서울이다. 시조 가운데 노랫말이 많아진 것을 '사설시조'라 하는데, 초장과 중장, 종장 모두가 평시조에 비해서 길이가 길어진 장형시조다. 사설시조 「진국명산」과 함께 옛 선인이 노래한 서울을 만나보자.

진국명산 **만**장봉萬丈峯이 청천삭출菁天削出 금부용이라

거벽巨壁은 흘립屹立허여 북주삼각北主三角이요

기암은 두기斗起하여 남안 잠두南案 蠶頭로다

좌룡-낙산左龍駱山 우호인왕右虎仁旺 서색瑞色은 반공-응상결蟠空凝象闕이요

숙기淑氣는 종영출인걸鍾英出人傑허니 **만만**세지 금탕金湯이로다

연풍年豊코 국태민안하여 구추황국단풍절九秋黃菊丹楓節에

인유-이봉-무麟遊而鳳舞커늘 면악등림緬岳登臨허여

취포반환醉飽盤桓 허오면서 감 격군은感激君恩이샷다.

서울의 형세가 좋아서 인걸을 배출하게 되었는데, 이 모든 것이 임금의 은혜라는 내용을 노래했다. 유난히 산이 많은 우리나라는 서울도 예외가 아니어서 특히 멋들어진 산봉우리들을 볼 수 있다. 이름난 높은 봉우리가 마치 창공에 깎아 세운 듯 우뚝 솟아 금빛의 연꽃 봉우리와도 같다는, 아름다움을 칭송하는 내용으로 시작된다. 이 부분은 이백의 여산시廬山詩 중에 "廬山東南五老峯, 菁天削出金芙蓉"이라는 부분에서 인용해온 것이다. 큰 암벽들은 우뚝 솟

아서 북쪽의 삼각산이 되고, 기기묘묘한 바위들은 하늘을 향해 뻗어 서울의 남산이 되었음을 이야기한 부분까지가 사설시조의 초장이다.

중장에서는 푸른 용의 모습을 한 낙산, 그리고 흰 호랑이 모습과 같은 인왕산이 둘러쳐져 있고, 상서로운 빛이 하늘에 서려 조선의 궁궐을 두루 비추니, 신령스런 기운이 모이고, 영특한 기운이 뭉쳤으니 뛰어난 인걸을 배출해, 우리나라 산하는 태평성대의 문화와 예의바른 풍속이 오래도록 지속될 곳이라 칭송하고 있다.

시조의 종장에서는 풍년이 들고, 나라가 태평하고 백성들의 삶이 평안하여 가을 단풍과 국화가 피어나는 철이면 상서로운 기린이 노닐고, 봉황도 춤을 추니, 앞산에 올라, 배불리 먹고 취하여 두루 돌아다니면서 임금의 은혜에 감격한다는 내용을 노래하고 있다.

이것은 사설시조로도 노래하지만 가곡이나 판소리를 부를 때 목을 푸는 짧은 노래인 '단가短歌' 혹은 선소리, 무가巫歌의 노랫말로 불리기도 한다. 노랫말 속의 서울의 모습은 우리가 매일같이 지나다니며 익숙하게 보는 것이지만, "익숙한 것은 풍경이 되지 못한다"는 말을 무색케 할 정도로 언제 봐도 아름답다. 화사한 꽃으로 뒤덮인 인왕의 봄, 벚꽃 흩날리는 남산의 풍경이 늘 우리 곁에 있으니 노래 속의 여행지로서도 더없이 근사하지 않은가? 이보다 더 아름다운 서울의 찬가는 없을 듯하다. 우리 선인들이 노래 속에서 칭송한 서울의 모습, 이왕이면 사설시조나 단가 「진국명산」을 들으며 함께 느껴보자.

莫春登桃花洞
坐仁王山

「인왕산도」, 강희언, 종이에 담채, 24.6×42.6cm, 18세기, 개인.

6장

붓 한 자루 쥐고
거대한 자연과 마주하다

◉

금강산 여행, 화폭에 담기다

박은순

우리 역사상 산은 항상 중요한 의미를 지닌 존재였다. 그것은 한반도 지형상 평지보다 산이 많고, 전체 면적의 7할이 산이다보니 어디를 가나 산이 보이는 자연적 환경에서 살아왔기 때문이다. 그런데 우리나라의 산들은 엄청나게 높거나 험준해 바라보기만 해도 사람을 압도하는 웅장한 산은 별로 없고, 대부분 나지막하고 구불구불 춤추는 듯한 능선을 지녀 왠지 정겹고 포근하게 느껴진다. 세계적으로 유명한 히말라야의 산들, 알프스 산이나 미국의 록키 산맥같이 험준하고 광대하지는 않지만 우리가 사는 곳곳 어디에도 산이 있어 한국인에게 산은 없어서는 안 될 동반자가 되어 왔다.

그중 한반도의 허리 즈음인 강원도 동해가에 자리잡고 있는 금강산은 명산 중의 명산으로 이름이 높다. 거칠고 험준하며 기세가 강하기로 유명한 금강산은 한반도의 등줄기를 이루는 백두대간이 백두산에서 시작되어 죽 흘러내려오다 약간 가늘어지고, 다시 한 번 기세를 일으켜 굵은 줄기를 뻗치기 시작하는 반도의 중간 즈음에 형성된 큰 마디에 위치하고 있다.

그렇다고 금강산이 유별나게 크거나 높은 산도 아니다. 금강산 구역은 동서로 40킬로미터, 남북으로 60킬로미터, 면적은 530제곱킬로미터이며 가장 높은 봉우리인 비로봉은 1638미터밖에 되지 않는다. 이는 높이로 치면 백두산과 한라산에 비해 한참 낮다. 하지만 동해바다에 바로 잇닿아 우뚝 솟아 있기에 지표에서 바라보면 마치 4000~5000미터쯤 되는 높은 산처럼 솟구쳐 오른 듯 느껴진다. 금강산에는 뾰족뾰족하게 치솟은 수많은 암봉이 있어 금강산 일만이천봉이라 불린다. 우리나라의 여느 산들에서 보기 힘든 그런 지형은 화강암과 편마암이 오랜 세월 풍화작용과 침식작용을 거치면서 형성된 것이다. 그러나 어디 봉우리뿐이랴? 금강산에는 높은 봉우리만큼이나 깊고 풍성한 골짜기와 기묘한 바위, 깊은 연못과 웅장한 폭포들이 곳곳에 자리잡아 금강산의 명성을 지키고 있다.

담무갈보살이 일만이천의 권속을 거느리고 거처하는 산

금강산은 현재의 행정지역으로 보면 강원도의 금강군과 고성군에 속한다. 그 대부분이 휴전선 너머에 위치한 까닭에 남한 사람들은 지난 반세기 동안 갈 수 없던 산이었다. 그런데 이제는 비록 먼 길을 돌아서라도 갈 수 있는 길이 열렸다. 남한에서 출발할 때는 강원도의 동해항에서 떠나는 배를 타고 하룻밤을 지내면 새벽녘에는 북한의 고성항에 이르러 금강산을 마주 대할 수 있다. 그

萬二千峯皆骨山何人用
意寫真顏衆香浮
勇扶赤外
積氣雄蟠
世景
間
崴夷
芙蓉之畫
半林松
柏陰寄関繼今脚
端須今遍事似枕邊者不慳

甲寅
冬本

金剛全圖
謙齋

「금강전도」, 정선, 종이에 담채, 130.7×59.0cm, 1734, 삼성미술관 리움.

리고 아침결에 육지에 내려 북한 안내원들이 여기저기 서서 미소를 띠며 인사하는 그곳, 금강산을 밟게 된다. 또한 최근에는 육로로 가는 길이 열려 강원도 고성에서 출발해 휴전선을 지나 곧바로 금강산을 향하는 방법도 있다. 우리나라를 대표하는 이름 높은 산, 그러나 뜻대로 갈 수는 없는 산, 그것이 현재의 금강산이다.

우리나라는 전국 어디를 가건 각 지역을 대표하는 명산들이 있다. 반만년의 역사 가운데 한국인들은 항상 그런 산들을 바라보고, 산들을 오르며, 산들과 나누는 삶을 살아왔다. 그런데 그 많은 산 가운데 금강산은 다른 어떤 산과도 구별되는 특이한 곳으로 우리 마음에 각인되어 있다. 그것은 금강산을 부르는 수많은 이름을 통해서도 확인할 수 있다. 금강, 개골, 서리뫼, 상악, 풍악, 봉래, 기달, 중향성, 열반……. 더욱이 금강산을 주제로 한 문학은 국문학 사상 하나의 독립된 분야로 여겨도 될 만큼 수많은 작품을 남기고 있다. 금강산과 관련된 이 많은 기록과 경험은 금강산이 우리 문화사상 주목할 만한 산물을 낳고 있음을 입증해준다.

그러면 금강산은 도대체 언제부터 명산으로 유명해졌을까? 금강산이 역사상 중요한 성지이며 문화의 보고로 자리잡게 된 것은 고려시대 말경이었다. 고려시대는 불교를 국교로 삼아 온 나라 사람들이 이를 신봉했다. 그러던 중 13세기 말에서 14세기 즈음 차차 동해가의 금강산을 불교의 경전인 『화엄경』에 기록된 해동의 성지인 금강산으로 여기는 습속이 일어났다. 『화엄경』에는 금강산에 담무갈보살이 만이천의 권속을 거느리고 거처하고 있다고 기록되어 있는데, 여기에서 금강산의 일만이천봉이라는 이름이 나기 시작했던 것이다. 이는 금강산의 특이한 지형과 신비로운 인

「담무갈·지장보살현신도」, 노영, 흑칠금니, 22.5×13.0cm, 1307, 국립중앙박물관. 담무갈·지장보살현신도
는 지금까지 전해오는 금강산 그림 가운데 가장 연대가 올라가는 것이다. 고려 태조가 금강산에 가서 배첨拜
帖에 올랐을 때 담무갈 보살과 그 권속이 현신現身하자 예배하는 장면을 그린 것이다. 뾰족한 여러 봉우리는
고려의 화풍으로 그려졌는데, 조선 후기 금강산 그림에도 그대로 이어진다.

상이 사람들에게 때로는 접근하기 어려운 곳으로, 때로는 부처가 살 만한 영험한 곳으로 여기게 한 데서 시작된 일일 것이다. 고려 말 이후 금강산은 차츰 평생에 한 번만 밟아봐도 지옥에 떨어지지 않는다는 불교의 성지로 이름이 나기 시작했고, 마침내는 귀족으로부터 서민에 이르기까지 일생에 한 번은 꼭 다녀오고 싶어하는 순례지가 되었다. 이로부터 금강산을 찾는 여행객들의 순례는 끝없이 이어졌고, 그 이름은 중국과 일본에도 전해져 그야말로 국제적인 명소가 되었다.

금강산의 명성은 조선시대에도 이어졌다. 다만 불교를 배척했던 조선의 선비들이 유학적인 명분을 부여하면서 금강산의 의미가 새롭게 각색되었다. 동시에 오랜 역사 과정에서 명승 중의 명승으로 각인된 금강산으로의 여행은 지속되었다. 이름 높은 선비들이 호연지기를 기르고, 마음을 닦기 위해 평생 한번은 오르고자 하는 산이 되었다. 글쓰기를 즐겼던 선비들은 금강산을 여행한 뒤 수많은 여행기와 여행시를 남겼다. 그리고 마침내 금강산과 그 주변의 경치를 그림으로 담아내기 시작하더니 이후 꾸준히 작품이 제작되며 한국 실경산수화의 중심이 되었다. 조선조 500년 동안 만들어진 금강산 문학과 그림은 차차 중요한 문화유산이 되었고, 금강산은 지금까지도 우리 민족의 정신적, 문화적 상징으로 자리잡게 되었다.

20세기 들어 일제강점기 나라를 잃는 고난을 겪으면서 금강산은 단순한 산이 아니라 민족의 정기와 역사를 대변하는 상징으로 변화되었다. 일제 강점 하에서도 금강산으로의 여행과 금강산 문학, 회화는 끊임없이 이어졌다. 1945년 남북이 분단되고, 1950년

「만폭동도」, 정선, 종이에 수묵, 33.2×22cm, 서울대박물관.

6·25전쟁이란 민족상잔의 고통을 겪은 이후부터 금강산은 통일의 염원을 상징하는 대상이 되었다. 남쪽의 사람들이 금강산을 자유롭게 방문하는 날이 곧 통일이 달성되는 날이 될 것이란 믿음은 지금도 금강산을 가는 이들의 가슴속에 간직한 꿈이 되고 있다. 이처럼 금강산은 어느 사이 민족의 오랜 역사와 정서, 그리고 소망이 깃든 특별한 대상이 되었다. 현존하는 수많은 금강산 그림이 한순간의 인상을 기록한, 즉흥적인 풍경화가 아닌 것은 바로 이런 이유 때문이다. 그 작품들은 이미 민족의 역사와 문화, 정신이 깃든 문화적 유산이며, 역사의 상징이 된 것이다.

금강, 봉래, 풍악, 개골, 서리뫼, 열반…
조선 선비들이 '금강산'이라 부르지 않은 까닭

금강, 봉래, 풍악, 개골, 서리뫼, 열반 등 금강산은 열 개가 넘는 이름을 가지고 있다. 그것은 이제 잘 알려진 사실이라 당연하다고 여길지 모르지만 실제로는 깊은 의미를 지니고 있는 현상이다. 우선 우리나라에 있는 다른 어떤 산도 그렇게 많은 이름으로 불린 산이 없다. 금강산은 계절에 따라 다른 이름이 있어 봄에는 금강, 여름에는 봉래, 가을에는 풍악, 겨울에는 개골이라 하는 풍습이 어느 날 갑자기 정해진 것은 아니다. 이 이름들에는 오랜 역사 가운데 형성된 금강산의 역사와 금강산에 대한 우리 민족의 소망과 해석이 담겨 있다. 이처럼 금강산을 계절에 따라 다른 이름으로 부르는 것은 19세기경에 이르러 이루어진 관습이며, 그 이전부터 그런 것은 아니다. 금강산의 여러 이름은 우리나라의 역사와 종교, 사람들의 소망과 기원을 담으며 형성되어온 것들이다. 그래서 그 이름들의 유래와 의미를 알고 나면 이 산이 더욱 정겹고 의미 깊게 다가오는 것이다.

금강산의 이름 중 개골皆骨(뼈뿐인 산)이나 상악霜嶽, 서리뫼(서리가 내린 듯이 하얗게 보이는 산), 풍악楓嶽(단풍이 우거진 산)은 산의 모습에서 유래된 것들이다. 이 이름들은 금강산이란 이름보다 먼저 널리 불리고 있었다. 금강산이란 이름은 고려시대 말, 13세기경부터 서서히 쓰이기 시작했다. 금강산은 본래 불교의 경전에서 유래된 이름으로 불교적인 신앙을 배경으로 형성되었다. 불교는 고려시대 내내 나라의 종교로서 중시되었고 당시의 불교 신자들은 화엄경과 법화경을 즐겨 읽으며 신앙심을 키웠다. 그런데 이 경전들 가운데 보살들이 살고 있는 '해동海東의 금강산'이란 기록이 실려 있는 것이다. 사람들은 차츰 해동, 곧 우리나라의 동해가에 위치한 뾰족뾰족한 수많은 봉우리를 가진 신비한 산을 해동의 금강산이라 여기기 시작했다. 이에 원래 풍악, 또는 개골 등으로 불리던 이 산을 차차 금강산이라 불렀다. 이러한 습속은 차차 민간에 퍼지면서 이 산을 한 번만 보면 죽어서도 지옥에 빠지지 않는다는 신앙으로 발전했다. 금강산은 차차로 종교적 성지로 인식되었고 수많은 순례자가 가고 싶어하는 명소가 되었다. 이즈음 금강산으로의 여행이 어느 정도 유행했는가 하면 전국 각지에서 온 귀족으로부터 서민에 이르는 방문객들이 온 산에 꽉 차서 서로 옷깃을 스칠 정도였다고 한다.

금강산의 이름 중 가장 늦게 등장한 것은 봉래산蓬萊山이다. 신선이 사는 삼신산三神山 중의 하나로 알려진 봉래산은 금강산의 모습과 분위기가 수려하고 신비하여 붙여진 것으로 조선 중기, 16세기경부터 사용되었다. 이처럼 여러 이름이 등장한 이후 조선시대말, 19세기경 이후부터는 사계절에 따라 금강, 봉래, 풍악, 개골로 부르는 관습이 뿌리내린 것이다.

금강산의 이름이 정해지는 과정에서 눈여겨볼 것은 조선시대의 선비들이 금강산이란 이름을 배척했다는 사실이다. 유학을 공부하고 실천한 선비들은 금강산이 불교와 관련된 이름이라 하여 이를 싫어하여 사용하지 않으려 했다. 대신 금강산의 경관이나 특성과 관련된 이름인 풍악이나 개골이란 이름을 선호했다. 또한 현존하는 금강산 그림들은 '금강산도'라고 불리기보다 '해산첩海山帖' '풍악권楓嶽卷' '해악도海嶽圖'라는 명칭으로 불렸다. 이는 하나의 작품에 동해가의 승경들과 금강산의 경치를 여러 화면에 나누어 담은 경우가 많기 때문이고, 또한 금강산이란 이름을 피하려고 한 선비들의 유학적 가치관을 반영한 것이라고 하겠다. 따라서 금강산을 그린 그림들을 보면 멋지게 묘사된 금강산의 경치뿐 아니라 선조들의 종교와 사상, 문학까지도 다 느끼게 되는 것이니 예술세계는 참으로 무궁무진하다는 사실을 깨닫게 될 것이다.

한 달가량 걸린 장대한 여정
붓끝에서 탄생한 여행문학과 회화

시간의 흐름을 넘어가며 형성된 금강산에 대한 애정과 관심은 마침내 그곳으로의 여행으로 이어졌다. 금강산을 향하는 발걸음이 많아진 것은 바로 금강산을 불교의 성지로 여기게 된 고려 말부터였다. 구원의 성소가 된 금강산으로의 여행은 고려시대를 지난이후에도 계속되었다. 또한 그 명성이 국제적으로 전파되어 중국에서 온 사신들도 바쁜 일정을 쪼개 금강산을 여행하고 싶어했다. 이처럼 금강산의 명성이 높아져서 많은 사람이 보고 싶어했지만 동해가에 위치한 험한 산인 그곳은 누구나 쉽게 갈 수 있는 곳은 결코 아니었다. 따라서 가고 싶어도 갈 수 없는 사람이나, 또는 한번 가본 뒤에도 여전히 금강산을 그리워한 사람들에 의하여 차츰 금강산이 그림으로 그려졌다.

최초로 그려진 금강산도들은 대개 금강산의 가장 중요한 명승들을 재현하여 보여주고, 많은 사람이 금강산에 갈 때 여행의 자료로 삼을 수 있는 역할을 하려는 것이었다. 그리고 자신들이 본 것들을 기록하여 여행에서 돌아온 뒤에도 두고두고 감상하고자 하는 것도 금강산을 그리는 중요한 이유 중 하나였다. 선비들은 이러한 작품들을 '와유지자臥遊之資'로 삼으려고 한다 했는데, '와유지자'란 누워서 보고 즐기는 자료란 뜻으로 평소에 옆에 두고 늘 보고 즐기는 작품이란 말이다.

금강산으로의 여행은 조선시대 말, 근대까지도 크게 유행했다. 18세기 즈음에는 금강산 여행이 더욱 성행해 금강산에 가보지 않은 사람은 사람 축에 들지도 못한다는 말이 나돌 정도였다. 위로는 임금으로부터 높은 관리들, 외국에서 온 사신들까지, 아래로는 서민층의 아낙네들까지 평생 한번은 꼭 다녀오고 싶은 곳, 그곳이 금강산이었다. 현존하는 금강산에 관한 많은 기록은 대개 조선의 선비들이 남긴 기행문 또는 기행시문인데, 그 대단한 분량이 바로 금강산 여행이 얼마나 성했는지를 짐작게 해준다. 그런데 그 기록들을 통해 한 가지 재미있는 사실을 알 수 있다. 그것은 수많은 사람이 거의 동일한 여정으로 여행했다는 점이다. 비교하자면 지금 각 여행사가 국내, 국외를 여행하는 상품을 만들어 판매하며 그 여행에 동참한 사람들이 방문하는 지점들이 거의 일정하게 정해져 있는 것과 같은 현상이다.

이처럼 상투적인 금강산으로의 여정은 대개 다음과 같다. 가령 한양에서 출발한다면, 한양에서 경기도 영평과 철원을 거쳐 강원도로 들어서고, 강원도의 김화와 회양 등을 거쳐 금강산의 내산內山으로 들어가게 된다. 금강내산의 유명한 명승을 살펴본 뒤, 동해가로 나아가 관동팔경 중 일부를 보고 다시 외산外山으로 들어가 구룡폭포와 만물초 등의 명승을 본 뒤 한양으로 돌아가는 것이다. 대개 말을 이용한 이 여행의 일정은 평균 20일에서 30일 정도 걸렸으니, 그야말로 장대한 여행이라고 할 만하다. 따라서 지금과 마찬가지로 돈과 시간, 건강이 없으면 엄두도 못 낼 여행이었다. 만약 서울이 아닌 개성이나 평양에서 출발한다면, 금강외산을 먼저 보고 금강내산을 보는 것이 다를 뿐이었다.

이러한 여정은 금강산 여행을 기록한 문학뿐 아니라 그림에도 그대로 반영되고 있다. 금강산 기행문이나 기행시와 마찬가지로 금강산 그림은 한 장소를 담는 한 점에 그치는 것이 아니라 많게는 수십 점, 수십 면에 이르는 대작大作이 되곤 했다. 현존하는 전통 회화 가운데 금강산과 관련된 작품들은 유난히 대작이 많은데, 이는 금강산으로의 여행에 참여한 뒤 그림으로 그려 소장했던 인사들이 대부분 지체가 높은 선비이거나 관료였다는 사실과 떼어 놓고 생각할 수 없다. 때로는 국왕이 화원을 파견하여 그려오라고 명하기도 했는데, 조선 초의 세조와 조선 후기의 정조가 바로 그런 명을 내렸다. 이처럼 대규모로 제작된 작품들은 출발지로부터 금강산과 동해가의 명승, 돌아오는 여정까지를 재현하면서 중요한 명승과 의미 있는 장소를 순서대로 수록하고 있어, 그림을 보면 자연스럽게 금강산과 동해가의 명승을 여행하고 감상하는 경험을 하게 한다.

조선 후기에 유행한 진경산수화는 우리나라에 실재하는 경치를 멋진 그림으로 재현했다는 점에서 높은 평가를 받고 있다. 그러한 진경산수화를 가장 잘, 그리고 많이 그린 화가가 겸재 정선(1676~1759)이다. 그런 가운데 정선이 그린 수많은 진경산수화 중 가장 많이 그린 곳이 바로 금강산이다. 정선은 금강산의 전경을 담은 「금강전도」를 평생 동안 꾸준히 제작했다. 이 그림은 금강산 여행의 안내서라고 해도 과언이 아닐 정도로, 비록 금강내산을 중심으로 재현했지만 금강산의 주요한 명승을 한눈에 볼 수 있도록 그만의 필치로 그려냈다. 한편 「풍악총람도」는 가을의 경치를 화사한 채색으로 그린 것이어서 앞의 작품과도 사뭇 달라 보이지만 이 역시 금강내산의 전경을 그린 것이다.

금강전도가 금강산을 한눈에 보여주는 오랜 전통을 가진 그림인 데 비하여 금강산의 명소를 여러 면에 나누어 담는 방식도 유행했다. 여러 면의 화첩이나 6, 8, 10폭의 병풍, 쭉 이어지는 두루마리 형식에 담긴 작품들로는 정선의 「풍악도첩」(1711), 김윤겸의 「봉래도권」, 김홍도의 「해산도병」, 김하종의 「해산도첩」(1815)과

「풍악권」(1865), 정수영의 「해산도첩」, 조정규의 「해산도병」(19세기 중엽) 등 18세기에서 19세기에 이르기까지 그려진 작품이 많이 전하고 있다. 또한 19세기부터는 민화작품으로도 대량 제작되어 금강산으로의 여행과 이를 그림으로 제작하는 상층 문화가 일반 서민들에게도 전파됨으로써 하나의 관습이 된 것을 짐작케 한다.

　금강산 여행을 기록한 작품들에는 금강산으로의 여행 과정을 보여주는 여러 장면이 재현되었다. 한양에서 출발한 경우 늘 거쳐 가는 철원의 영평팔경, 피금정 등이 자주 그려졌고, 금강산에 가기 전에 금강산의 전모를 보는 지점으로 유명한 단발령에서 처음으로 금강산을 보는 장면을 그린 것이 「단발령망금강산」이다. 금강내산에 들어서면 유명한 사찰인 장안사, 표훈사, 정양사 등을 방문하고 그림으로 재현했다. 또한 내산의 가장 중요한 골짜기인 만폭동의 너럭바위 장면과 내산의 팔담八潭 중 가장 고운 자태를 자랑하는 진주담, 우뚝 솟아 인상적인 명경대 바위, 커다란 바위 벽에 세 구의 불상이 새겨진 삼불암 등 중요한 명소들이 수록되었다. 금강산 여행은 좀더 수월하게 오를 수 있는 내산지역이 우선적인 여행의 대상이 되었고 시간이 흐름에 따라 좀더 험난한 외산도 여행 코스로 개발되었다. 그림에도 여행의 경로가 변화된 것이 반영되어 19세기 이후에는 금강외산 지역의 명소들이 자주 그려지곤 했다. 외산에서는 금강산에서 가장 웅장한 폭포인 구룡폭, 신선경으로 들어가는 듯이 아름다운 경관을 자랑하는 옥류동, 금강산 만이천봉의 이름을 대변하듯이 솟구친 수많은 바위 봉우리로 이루어진 만물초, 삐죽이 솟아오른 기이한 바위인 삼선암 등이 자주 그림으로 담겼다. 또한 관동팔경 중에는 동해 바닷가를 따라

「피금정」, 강세황, 비단에 수묵, 126.7×69.4cm, 1789, 국립중앙박물관.

「장안사」, 정선, 비단에 담채, 37.5×36.6cm, 『신묘년풍악도첩』에 수록, 1711, 국립중앙박물관.

여행하듯이 총석정, 청간정, 경포대, 낙산사, 삼일포, 죽서루, 망양정, 월송정 등이 순서에 따라 실려 있으며, 동해가에 솟은 금강산이라는 의미의 절경인 해금강도 종종 그려졌다. 그려진 장면들은 곧 여행한 사람들이 거쳐간 장소들인 동시에 또한 그림을 감상하는 사람들이 금강산과 관동팔경을 차례대로 구경하는 듯이 느끼게 했다.

화가의 개성과 시대의 숨결에 따라 변한
금강산의 모습

18세기에 들어와 정선은 진경산수화를 정립시키는 과정에서 금강산도를 자주 그렸다. 정선의 화풍은 금강산 그림들에 많은 영향을 주었다. 특히 정선의 「금강전도」는 많은 사람이 요구하는 장면이었다. 18세기 중엽 직업화가로 활동하던 김홍도는 선배 화가인 김응환에게 금강전도 그리는 방법을 가르쳐줄 것을 청했다. 김응환은 정선의 「금강전도」와 유사한 작품을 김홍도에게 그려주었다. 그만큼 정선의 금강산도가 인기가 높았던 것이다.

정선의 「금강전도」와 마찬가지로 금강산의 전경을 한눈에 보이도록 담은 장면들이 나타난다. 1815년에 제작된 김하종의 「해산도첩」 중 금강내산에 있는 정양사의 헐성루에서 본 경치를 담은 「헐성루망전면금강도」가 있다. 궁중화가인 김하종이 그린 이 작품에는 서양화법에서 유래된 요철감을 강조하는 기법이 들어가 있어 꽤 사실적으로 느껴진다. 이는 정선의 진경산수화풍과는 다

許浹正
權國耀
權仲範
權叔久
甲子仲秋

叢石亭

「총석정」, 허필, 종이에 담채, 45.0×80.0cm, 1744, 삼성미술관 리움.

明鏡臺

「명경대」, 김하종, 비단에 수묵담채, 29.7×43.3cm, 「해산도첩」에 수록, 1815, 국립중앙박물관.

圖 全 山 金 劉 內

「내·외금강산전도」, 김오헌, 비단에 수묵담채, 75.5×100.0cm, 19~20세기 초, 강릉오죽헌시립박물관.

른, 서양화풍의 영향을 받아 나타난 기법으로 시대가 흐름에 따라 18세기 전반기에 활동한 정선의 화풍과는 다른 방식으로 진경을 그리는 화풍이 등장한 것을 보여준다.

이처럼 다양한 금강산을 그린 작품들을 살펴보면 전통적으로 같은 장소나 대상을 그리더라도 같은 수법으로 그리는 것이 아니라 화가의 개성과 시대적인 경향에 따라 화풍을 변화시켜 표현했음을 알 수 있다. 이처럼 개성과 변화의 추구는 서양회화에서만 보이는 요소가 아니라 우리 전통 회화의 중요한 특징인 동시에 매력이기도 하다. 이러한 방식은 공자의 온고이지신溫故而知新, 곧 옛것을 품어서 새로운 것을 알게 된다는 정신을 토대로 형성된 것임을 이해한다면 전통 회화가 한층 흥미롭게 느껴질 것이다.

7장

서른네 살, 12년의 고행 끝에
본 가문의 영광

◉

영남 양반 노상추가 떠난 과거길

정호훈

과거, 선산 양반 노상추의 기억

500년이나 오래도록 지속된 조선 사회를 떠받친 힘은 어디서 나
왔을까? 여러 사실을 거론할 수 있을 텐데, 그중 하나로 과거를 꼽
을 것이다. 정해진 시험을 통해 일정한 학식과 재능을 가진 사람
을 뽑는 이 제도를 활용함으로써 나라에서는 필요한 인재를 얻었
고 양반들은 부귀와 권력을 누릴 기회를 찾았다. 특히 양반 입장
에서 이 제도는 그들의 사회적 지위를 유지하고 확대할 수 있는 최
고의 근거였다. 조선에서 누군가 출세해 현달하자고 했을 때, 이를
이룰 수 있는 가장 빠르고 좋은 길은 과거시험을 거치는 것이었다.
과거에 합격한 사람은 그 시대 기준으로는 가장 성공한 부류에 속
했다.

　과거에 급제하는 일은 그러나 그렇게 쉬운 일이 아니었다. 과거
합격을 위해서는 무엇보다 먼저, 오랜 시간 시험공부를 해야 했다.
문신이라면 생원·진사시를 거친 뒤, 4서3경의 경서와 고금의 역사
지식에 통달해 자유자재로 문장을 지을 줄 알고 나라를 운영하는

데 필요한 지혜를 논술로 답하는 문과를 통과해야 했다. 무신이라면 병법 전반에 관한 지식을 갖추고 필요한 무예를 습득해야 했다. 이 또한 지방 시험을 거친 뒤 중앙의 본시험에 합격해야 했다. 과거시험의 종류가 다양하고 관료를 충원하는 방식이 많았지만, 이것은 문신과 무신으로 나아가기 위한 기본 틀이었다.

과거를 치를 실력을 갖추는 데에는 적지 않은 시간을 들여야 했다. 공부를 열심히 그리고 오랫동안 해야 했다. 그렇다고 그것이 반드시 합격을 보장하지는 않았다. 그러했기에 시험 당사자들이 겪는 심적 고통은 여간 큰 것이 아니었다. 시간을 투자하고 마음의 압박을 참아내야 하는 만큼이나 경제적인 부담 또한 컸다. 그래서 과거는 양반 관료로서의 특권을 누리며 살 수 있게 하는 사다리이거나, 시험의 고통 속에 한 인간을 몰아넣는 굴레였다.

과거에 응시해 합격하고 이로부터 관료로 살아가기 위해서는 이처럼 험난한 과정을 반드시 통과해야 했다. 여기에 거주하고 있는 지역의 문제까지 겹치면 과거에 합격하는 것은 그야말로 첩첩산중이었다. 경상도나 전라도같이 서울에서 멀리 떨어진 곳에 사는 사람의 과거 준비는 서울이나 경기도 혹은 충청도 지역 사람들보다 몇 곱절 더 힘들었다. 과거를 보는 마지

죽첩 경서통, 7.0×18.2cm, 18세기, 온양민속박물관. 옛사람들은 경서에 있는 글귀의 머리 부분을 적은 댓가지를 하나씩 뽑아 공부의 주제로 삼았다. 과거시험을 치를 때 흔히 이용하곤 했다.

「활쏘기」, 작자미상, 비단에 채색, 57.9×674.1cm, 1664, 「북새선은도권」에 수록, 국립중앙박물관. 조선시대에 말 타며 활쏘기를 하는 무과시험 장면이 생생히 묘사되어 있다.

막 장소가 서울이었던 까닭에 한번 상경하려면 시간과 돈이 많이 들었고 서울에 와서도 오랜 시간 머물러야 했기에 부담은 더 커졌다. 시험 정보를 얻는 데도 먼 지역에 사는 사람들은 불리했다. 시험 과목이 바뀌는 경우도 간혹 있었는데, 미리 정보를 얻지 못한다면 손쓸 도리가 없었다. 조선 사람에게서 과거에 응시하고 합격해 관료로 나아가는 것은 길고 먼 여정과도 같았다.

조선에서 과거를 거쳐 관료가 된 사람의 일생을 찾아가는 길은 그가 걸었던 험난한 과거길로의 긴 과정을 되밟아가는 일이다. 이 글에서는 정조 대에서 순조 대까지 무관으로 살았던 양반 노상추盧尙樞(1746~1829)의 삶을 통해 이를 살펴보고자 한다. 노상추는 열일곱 살에 시작해 세상을 떠날 때까지 60여 년간 쉬지 않고 일기를 썼다. 아버지가 쓰던 것을 이어 받았으므로, 부자의 기록을 합하면 그의 일기 속 시간은 30여 년 더 확장된다. 그 속에는 그가 일상적으로 겪었던 온갖 일이 담겨 있으며, 과거를 준비하고 합격하는 과정 또한 긴 시간의 흐름 속에 세세하게 기록되어 있다. 일기의 내용을 토대로, 조선 사회 방방곡곡에 넘쳤던 과거 준비를 위한 열기, 과거를 위한 긴 여정, 과거에 얽힌 숱한 이야기를 풀어볼 수 있을 것이다.

노상추는 선산 출신의 무신이었다. 본관은 안강安康, 자는 용겸用謙이며, 호는 서산와西山窩라 지었다. 할아버지 죽월공竹月公 노계정盧啓禎(1695~1755)을 비롯해 많은 조상이 무신을 지낸 내력 깊은 가문에서 태어났다. 아버지 노철盧哲(1715~1772)은 관직에 나아가지는 않았으며, 노상추가 과거에 급제하기 전에 이미 세상을 떠났다. 노상추는 여러 차례 응시한 끝에 1780년(정조 4) 무과에 합격

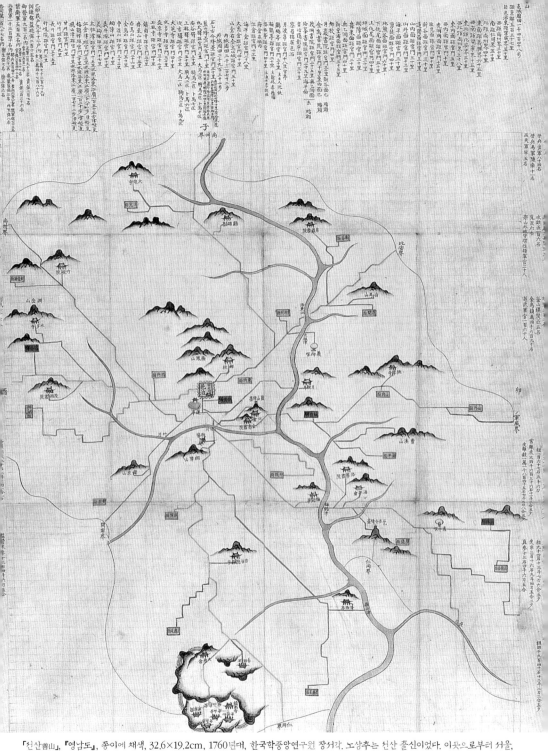

「선산善山」, 『영남도』, 종이에 채색, 32.6×19.2cm, 1760년대, 한국학중앙연구원 장서각. 노상추는 선산 출신이었다. 이곳으로부터 서울, 고성, 김해, 단성 등으로 시험을 보러 길을 떠났는데, 그 거리와 노자가 만만치 않았다.

했다. 이후 선전관宣傳官을 비롯해 숱한 관직을 역임했다. 나이 들어 관직을 그만둘 때까지 평생 고향을 떠나 8도 전역을 전전하며 생활했다. 노상추는 조선 후기 사회에서 찾아볼 수 있는 전형적인 무신이었다.

관상쟁이의 조언으로 들어선 무과의 길
모자란 공부와 노잣돈이 가져다준 쓴맛

노상추의 과거를 향한 오랜 여정은 이십대 초반부터 시작되었다. 원래 노상추는 문과를 준비하고 있었다. 양반으로 살아가는 데에 문신으로 살든 무신으로 살든 아무런 문제될 것이 없었지만, 문신이 우월한 지위를 차지하는 조선 사회에서 무신보다는 문신으로서의 삶이 훨씬 더 매력적이었다. 노상추 또한 어렸을 적부터 그렇게 살리라는 포부를 지니고 이를 준비해왔다. 그러나 문신으로의 삶에 필수적인 문과 급제의 길은 지난했다. 그 꿈을 포기하고 무과 준비에 본격적으로 뛰어든 것은 스물세 살 때였다. 무과는 문과에 비해 상대적으로 쉬웠기 때문이다.

이해 노상추는 친지의 주선으로 관상을 잘 보는 사람을 만나 자신의 미래를 살폈다. 관상쟁이는 첫 만남에서 노상추가 오래 살고 무신으로 현달할 것이며, 먹고사는 일은 걱정할 필요가 없고 자손들은 모두 잘살 것이라는 이야기를 들려주었다(1768년 7월 7일). 솔깃하기 그지없는 예언이었다. 이때 노상추는 관상쟁이와 더 많은 이야기를 나누었던 것으로 보인다. 그리하여 며칠 뒤 노상추는

갑옷, 조선 후기, 국립민속박물관. 조선시대 무관들, 즉 장군들이 입었던 두정갑옷이다. 물고기 비늘 같은 쇠나 가죽을 의복 안에 대고 바깥에서 머리가 둥근 쇠못으로 박아 고정시켰다. 노상추는 지난한 문신 파거의 길을 포기하고 상대적으로 쉬운 무과로 전환했다.

무예 공부를 시작했다(1768년 7월 20일). 무과 준비는 그렇게 시작되었다.

과거를 향한 노상추의 본격적인 여정은 1771년부터 시작된다. 이해 노상추는 1월과 10월 두 차례에 걸쳐 서울에서 행해진 시험을 치렀다. 무과를 봐야겠다고 생각한 지 3년 뒤였다. 이 시기에 시행된 과거시험은 대체로 두 종류가 있었다. 3년에 한 번씩 정기적으로 보는 시험과 특별한 일이 있으면 치르는 특별 시험이 그것이었다. 식년시式年試라고도 했던 정기 시험은 지방과 중앙에서의 시험을 두루 거쳐야 했다. 지방의 초시初試, 중앙의 복시覆試와 전시殿試 3단계의 시험을 치르는 긴 과정이었다. 복시는 회시會試라고도 했다. 특별 시험의 경우 증광시增廣試, 별시別試, 정시庭試, 알성시謁聖試 등 종류가 다양했다. 이중 증광시는 식년시와 동일한 형식으로 치러 초시·복시·전시를 통해 사람을 선발했고, 그 외 시험은 초시와 전시 두 단계를 거치도록 했다. 후자의 경우 시험은 초시와 전시를 막론하고 모두 서울에서 치렀다. 노상추가 이때 보려고 했던 시험은 특별 시험인 정시였다. 정과庭科라고도 했던 이 시험은 나라에 경사스러운 일이 있을 때 시행했다.

1771년 1월의 시험은 준비를 많이 하지 못한 상태에서 치렀다. 스스로 생각하기에도 부족했던지라 노상추는 이때의 일을 "정과庭科를 구경하려는觀光 생각이 망령되이 들었다"고 표현했다. 과거 길에는 고향 선산에 거주하는 친구들이 동행했다. 같이 시험 준비를 하던 사람들이었다. 이들은 이후 치르는 시험에서도 늘 행동을 같이했다. 서울로 가는 길은 500리 긴 여정이었으며 초행이었다. 노자도 많이 들고 처음 겪는 일이라 두려웠을 것이다. 마음을 다지고 풍부한 경험을 갖추기 위해 이 일이 필요했지만 어떤 면에서는 무모했다. 집을 떠난 지 하루 뒤, 상주의 유정점柳亭店에 묵으면서 노상추는 옛말을 빌려 자신의 행동을 합리화했다.

돌이켜 생각해보니, 온 집안사람이 병을 앓아 우환이 가득한데, 마치 모르는 사람 보듯이 하고는 몸을 빼어 500리 길을 나섰으니, 큰일을 도모하는 자는 집을 돌아보지 않는다는 옛말이 바로 이를 두고 하는 말이다(1771년 1월 21일).

고향 선산에서 서울까지 오는 데는 열흘이 걸렸다. 겨울이었지만 그리 큰 고생은 하지 않았으며, 숙식은 교통로의 역참에서 해결했다. 조선에서는 방방곡곡에 교통로를 마련하고 대략 30리 지점마다 역참을 설치해 길을 오가는 사람들에게 휴식할 곳과 숙소를 제공했다. 중앙과 지방, 지방과 지방은 교통로를 따라 거미줄처럼 연결되어 있었다. 서울에 대한 첫인상을 그는 "첫눈에는 다만 땅이 넓고 사람이 많다는 것만 보이니 참으로 왕도의 우월한 모습이다"라고 적었다. 숙소는 동부동東部洞 약방藥房의 이선달李先達의 집으로 정하고 여기에 짐을 풀었다.

이때 치렀던 시험은 간단했다. 시험 장소를 두 군데로 나눠 각 소所에서 300명씩을 뽑는데, '6량전 130보, 유삼중柳三中'이 조건이었다. '6량전 130보'란 6량의 무게를 지닌 철전鐵箭(쇠화살)을 130보 떨어진 과녁에 쏘아 그 기량을 살피는 것이고, '유삼중'은 유엽전柳葉箭을 세 발 쏘아 명중 여부를 살피는 것이었다. 6량전은 법적 명칭이 '철전'이었지만 무게 때문에 통상 그렇게 불렀다. 1량이

화살과 화살통, 조선시대,
성균관대박물관.

37.5그램이므로 이 화살의 무게는 225(=37.5×6)그램이나 되었다. 20~100그램 정도 나가는 보통 화살에 비하면 두 배 이상 무거웠다. 노상추는 그러나 6량전 시험을 제대로 보지 못하고 내려올 수밖에 없었다. 공교롭게도 이 무렵에 영의정 김치인을 파직하고 봉조하 홍봉한, 어영대장 김시묵을 정배하는 사건이 일어나 시험이 연기되었던 것이다. 그렇잖아도 자신 없던 노상추는 굳이 6량전을 쏠 기술이 없는데도 서울에 머무는 것은 경비를 헛되이 낭비하는 일이라 하여 바로 귀향하기로 했다. 첫 응시의 경험은 이렇게 서울로 떠난 지 20여 일 만에 별 소득 없이 마무리되었다.

1771년에 경험한 두 번째 시험은 10월 9일에 시행된 정과였다. 노상추는 이때도 여러 친구와 함께 상경했다. 출발이 늦어 시일이 촉박했는데, 급히 움직여 시험 직전에 서울에 도착했다. 성적은 이루 말할 수 없을 정도로 나빴다. 훈련원 터에서의 실기시험에서 동행한 정청지만 초방初榜에 이름을 올리는 데 성공하고 노상추를 비롯해 나머지 사람들은 모두 실패했다. 그나마 두 번째 시험(회시)에 참가했던 정청지 또한 낙방하고 말았다. 10월의 서울행에서 노상추는 멀리서나마 영조의 얼굴을 뵐 수 있었다. "여든 살이 다 된 인군이 바람을 가리는 것을 쓰지 않아도 얼굴에는 조금도 한기를 타는 느낌이 없다. 건장하도다, 건장하도다."

큰 비 속에 떠난 여정
식년시에서의 실패가 남긴 상처

    영조 대 두 차례의 정과 시험 응시는 무모했
지만 한편으로는 시험이 무엇인가를 알
게 해주는 주요한 계기가 되었다. 노상
추는 1776년에도 상경하여 한 번 더 시
험을 봤지만 이 또한 뜻한 대로 되지 않
았다. 그의 과거행은 정조가 즉위하면서 본격화되었다. 처
음 치른 시험은 1776년 정조 즉위 후 시행한 증광시였다. 증
광시는 나라에 경사스러운 일이 있을 때 시행한 특별 시험
의 일종으로, 지방에서의 시험을 거쳐 중앙에서 복시를 치
르는 방식으로 진행되었다.

    무엇보다 급선무는 지방에서의 시험에 합격하는 것이었
다. 시험 날짜는 2월 20일, 문과는 의령에서 무과는 고성에
서 치러질 터였다. 선산에서 고성까지 가는 길 역시 가까운
거리는 아니었다. 단성, 진주, 사천을 거쳐 고성으로 들어가
숙소를 정하고 시험에 임했다. 이때의 시험 과목은 6량전과
조총을 쏘는 것이었는데, 6량전은 명중시켰지만 조총 점수
가 낮아 참방하지 못했다. 동행했던 정경유는 수석을 했
고, 정화경과 정봉신 또한 합격했다.

    1776년 가을에는 무과 식년시에 응했다. 8월 4일이 시
험일이었다. 식년시는 본래 봄에 행하는 것이 관례지
만 증광시가 봄에 있었던 까닭에 정부에서 가을로 미

조총, 길이 137cm,
조선 후기, 육군박물관.

루었던 것이다. 문과는 고령, 무과는 김해가 시험 장소였다. 선산에서 김해까지 가는 거리는 멀었다. 7월 21일에 집을 떠나 8월 12일에 돌아왔다. 정경유, 정화경, 정청지, 채한보, 정여익 등 고향 친구들도 같이 응시했다. 동행 가운데 채한보·정여익은 화살 세 개가 미치지 못했고, 조영우는 호적을 고준考準하지 못해 6량전 시험을 보지 못했다. 호적 고준은 신분 확인 절차였다. 이때의 시험에서 6량전이 청장青帳(기준선)에 미치지 못하는 자가 절반이나 되었다. 노상추는 한 발은 잃고 한 발 또한 멀리 가지 못했다. 활쏘기와 함께 방포, 사추射騶, 용창用槍 시험을 봤다. 방포는 포 사격, 사추는 말을 달리며 활쏘기, 용창은 창을 쓰는 기예를 살피는 종목이었다.

이때의 시험은 노상추로서는 아주 의미 있는 경험이었다. 처음으로 참방의 기쁨을 맛보고 복시의 자격을 얻었던 것이다. 초시를 통과했으므로 이제 서울에서 행하는 시험을 제대로 치러야 했다. 집으로 돌아온 뒤 보름쯤 지난 8월 29일 고향을 떠나 상경했다. 초시에 참여했던 친구들도 동행했다. 서울로 들어온 뒤 노상추는 같이 온 친구들과 함께 『경국대전』을 잘 아는 사람에게서 이를 익혔다. 시험 과목 중 하나가 『경국대전』 읽기였는데, 이 과목은 고향에서는 따로 준비하지 않았던 모양이다. 노상추는 사흘을 한곳에 머물며 이 책을 읽고 시험에 대비했다.

시험은 무예 실기, 정해진 책을 읽는 강서講書 등으로 치러졌다. 무예시험은 문제없이 통과했으나, 강서시험에서 합격선을 넘지 못했다. 강서시험은 『장감將鑑』『대학大學』『삼략三略』『경국대전』 등 네 책을 읽고 해석하는 것이 과제였다. 『장감』은 「양호전羊祜傳」에

『경국대전』, 32.4×21.5cm, 조선시대, 국립중앙박물관. 노상추는 시험과목 중 하나였던 『경국대전』을 미리 준비하지 못하고 서울에 와서야 읽으면서 시험에 대비했다.

서 조粗를 얻고, 『대학』은 "시에 이르길, '은나라가 민중의 마음을 잃지 않았을 때詩云殷之未喪師"로 된 본문 읽기에서 조를 얻었으나, 『삼략』에서는 불통不通을 받았다. 강서에서의 성적 평가는 과목마다 통通, 조粗, 약略, 불통不通 네 등급으로 나눠 매겼다. 합격하려면 네 과목을 통틀어 적어도 3조 1통이 되어야 했다. 하나라도 불통을 받으면 불합격이었다. 하지만 노상추는 『삼략』에서 실패해 이를 이룰 수 없었다. 탈락이 결정되었기에 『경국대전』 시험은 보지도 못했다.

　『삼략』에서 불통을 받은 것은 정보 부족이 한 원인이었다. 원래 식년시에서는 『오자吳子』로 강서하도록 했으나 영조 대에 수교를 내려 『삼략』으로 바꾸었다. 『오자』나 『삼략』 모두 '무경칠서武經七書'에 속했지만 이 무렵 『오자』는 강서에서 배제되어 있었다. 노상추는 강서 대상이 바뀌었다는 것을 알지 못한 채 『오자』만 준비했다가 서울에 도착해서야 소식을 듣고는 『삼략』으로 부랴부랴 바

조선 사람의
조선여행

224

꿔 준비했다. 강서시험을 치르기 전 밤에 겨우 두 번 읽고 시험에 응했으니 낙방할 수밖에 없었다. 합격 문턱 일보 직전에서의 좌절이었다. 생각해보면 안타깝고 어이없는 일이었다. 그 스스로도 용납되지 않는 일이었다. 노상추는 그 억울함을 "한스럽고 한스럽다"고 적었다. 이때 시험에 동행한 친구들도 모두 탈락했다. 영남 우도에서는 함양에서 온 사람 한 명만 등과했다.

식년시에서의 실패는 큰 상처가 되었을 것이다. 하지만 달리 생각하면 목표 지점에 거의 도달한 셈이었다. 시간이 문제였다. 2년 뒤인 1778년에 알성시 시험이 있었다. 알성시는 임금이 문묘文廟에 직접 가서 작헌례酌獻禮를 행한 후에 벌이는 특별 시험 중 하나였다. 윤6월 20일에 서울로 길을 떠났다. 정화경 형제, 정필신 등이 동행했다. 과거를 치르러 다닌 길은 고향 친구들과 늘 같이했다. 비바람과 눈을 만나고, 온몸에 몸살이 이는 만난고초를 겪으면서도 쉽게 꺾이지 않았던 데에는 동행하는 사람들이 늘 곁에 있었기 때문이었는지도 모른다.

이때의 상경길은 비 때문에 매우 힘들었다. 시험 보러 서울로 올 때마다 적잖이 고생을 했지만 이번 길은 유난했다. 한여름이었던 터라 오는 내내 큰 비가 내려 발목을 잡았던 것이다. 집 떠난 지 8일 뒤 낙승포에 도착했을 때의 기록이다. 사람과 말, 모두가 비 때문에 엄청나게 고생하는 모습이 생생하다.

아침에 해가 떴으나 바람이 차다. 비 기운이 자못 많다. 20리를 가서 열원에 도착하여 조반을 먹고, 낙승포에 이르니 비바람이 크게 인다. 먼저 말을 보내고 동행한 사람들은 비를 피해 파막瓜幕(원두막)으로

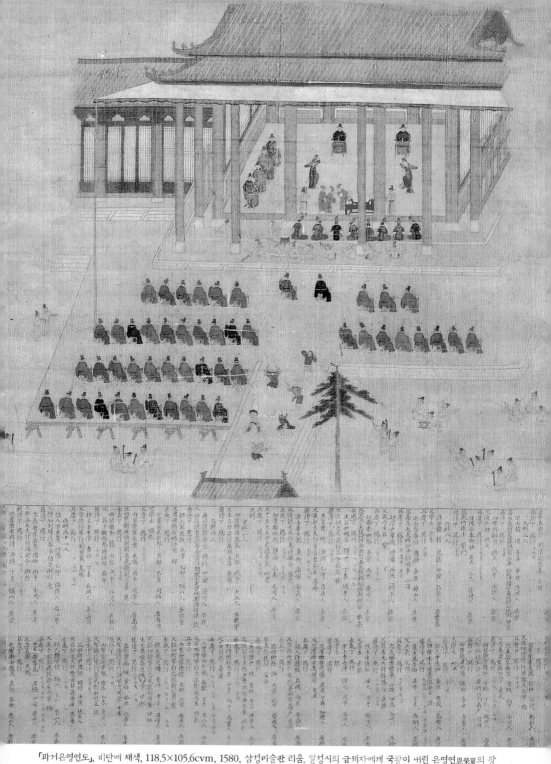

「파거은영연도」, 비단에 채색, 118.5×105.6cm, 1580, 삼성미술관 리움. 알성시의 급제자에게 국왕이 내린 은영연恩榮宴의 광경을 기록한 것이다. 노상추 역시 알성시를 치르고자 길을 재촉했는데, 큰비로 만난고초를 겪었다.

들어갔다. 공중에 올라 바람을 안으니 추위와 한기를 참을 수 없기에 비를 무릅쓰고 길을 떠났다. 10여 리를 가서 삼거리점에 도착하여 조금 쉰 뒤 비를 맞으면서 10여 리를 갔다. 갰다가 비가 내리는 등 습기가 내려오기를 끝이 없으니 도보로 가는 사람이 감당하기에 실로 어렵다. 또 신원 이전부터 사평점에 이르기까지 진흙길은 걸어갈 수 없을 정도다. 사평점에 묵다(1778년 윤6월 29일).

시험 규정은 '목전木箭 150보, 철전 100보, 기추 2중, 강서는 『오자』를 제외하고 1책을 자원하되 조 이상을 얻으면 낙점한다'는 것으로 정해졌다. 목전으로 시험을 본다는 사실은 사전에 알지 못해 아무런 준비도 안 됐었다. 목전을 쏘는 규정도 증광시에서의 규정과 달라졌다. 획수劃數를 계산하지 않고 목전 세 개 가운데 하나가 미치지 않으면 시험 자체를 끝내도록 했다. 먼저 화살 하나를 쏘아보고 미치지 못하면 다시 두 번째 화살은 쏘아보지도 못하게 하는 규정이었다. 노상추는 첫 화살은 10보를 넘고 두 번째 화살은 8보를 넘겼지만, 3번째 화살은 1보 미치지 못했다. 실패였다. 철전 시험에서도 모두 15보에 못 미쳤다.

결국 알성시에서의 시험은 실패했다. 그런데 바로 뒤이어 정시庭試 시험이 실시되는 통에, 노상추는 고향으로 내려오지 않고 연이어 응시했다. 8월 3일의 시험에서 유엽전을 쏘았으나 합격하지 못했다. 운수를 탓하며 그 허망함을 달랠 수밖에 없었다. 동향의 여러 벗 중에서 조영우만이 과녁의 변을 두 번 맞추어 합격했다.

눈 속을 뚫고 가 치른 무예 기술 시험

기다리고 기다리던 과거 합격은 1779년에 이루어졌다. 이 시험에서 노상추는 9월의 초시를 거쳐 마지막 전시까지 통과했다. 그 과정이 길었지만, 이제 비로소 당당히 과거 합격자의 반열에 들어서는 소원을 이룰 수 있게 되었다. 초시는 9월 20일 단성에서 행해졌다. 이때 영남의 무과 시험 장소는 단성과 밀양 두 군데였다. "금년 과거 보는 유생은 무인년에 비해 훨씬 많다. 문동에는 잠자는 방이 1칸 비어 있는 곳이 없다"고 할 정도로, 이해의 과거 응시자는 전과 비교할 수 없을 정도로 많았다.

시험은 목전, 육량전, 사편射片, 방포放砲, 사추射騶, 격창擊槍을 치렀다. 최종 점수는 94획劃 16분分, 끝머리 성적으로 합격했다. 같이 간 사람들 중에 시험에 통과한 사람은 없었다. 의령의 조영신, 진주의 남계로·한응검·허회·곽치완·정득의·성동일, 단성의 권정우·이계엽·이유신, 합천의 주계태, 의령의 허진, 고성의 최상익 등이 이때 합격했다.

서울에서의 시험은 1780년 초봄에 있었다. 1776년의 아쉬움을 달래고 마지막 관문을 넘어설 수 있는 절호의 기회였다. 이때 과거행에는 처음부터 상서로운 일이 있었다. 1월 21일 서울로 떠나려는 날 아침, 이웃 우곡에 사는 별감 김덕균이 찾아와 노상추의 등용을 예견케 하는 꿈 이야기를 들려주었다. 별감은 향소鄕所의 직임자를 말한다. 노상추와는 형님 아우 하며 평소 잘 지내던 사이였다.

「용도龍圖」, 종이에 채색,
81.0×58.3cm, 조선시
대, 성균관대박물관. 상
상 속의 동물로 상서로운
기운을 지닌 것으로 여겨
졌다. 특히 여의주를 갖
고 있는 용은 사람의 뜻
을 이뤄주는 신통력을 발
휘하는 존재였다. 시험을
앞둔 노상추는 가까운 친
지의 용꿈을 받았다.

내가 꿈을 드릴 터이니 형은 받으시오. 그러면 이번 과거에 결실이 있을 것임은 의심의 여지가 없소. 오늘 꿈을 꾸기를, 형이 먼 길 가는 것을 위로하려 뵈러 왔는데, 와서 보니 형 집의 서까래에 오색찬란한 뱀 같은 것이 서까래마다 칭칭 두르고 있더이다. 그래서 형에게 묻기를 "이것이 무엇이기에 어지럽게 감고 있소?" 하니, 형이 답하기를 "용추龍雛가 감고 있는 것이다"라고 했습니다. 내가 놀라 깬 뒤, '형의 집이 용의 무늬로 빛나니 형이 반드시 용이 될 조짐이다'라고 생각했습니다(1780년 1월 21일).

과거에 합격하는 것을 등용문에 오른다고 하는데, 그의 집 서까래를 용이 휘감고 있는 꿈을 꾸었으니 이는 그야말로 과거 합격을 알려주는 예지몽預智夢이었다. 그 자신의 기원이 절실했거니와 이웃 친지들 또한 그의 합격을 간절히 바라고 있었다. 노상추는 즐거워하며 "이는 실로 참된 꿈이다"라면서 그 꿈을 받았다.

시험길에는 늘 같이 가던 고향 친구들 대신 진주, 의령 등 선산 아래 지역에서 온 사람들과 동행했다. 진주의 곽선郭璿·곽진郭璡 형제는 각기 진사 회시와 무과 회시를 치르고자 상경하는 길이었고, 의령의 진사 조명계는 아들 석리의 진사 회시 시험을 돕기 위해 나선 길이었다. 날씨는 매우 춥고 눈이 많이 내렸다. 21일 집에서 출발해 27일 도성에 들어가 숙소를 정했다. 그 여정을 따라가보자.

• 1월 21일

20리를 더 가서 낙동진에 이르고, 30리를 더 가서 상주의 노곡 참에 도착했다. 눈이 더 심하게 내려 여기서 말에게 먹이를 먹이

「문경」, 『영남도』, 종이에 채색, 32.6×19.2cm, 1760년대, 한국학중앙연구원 장서각. 조선시대 영남지역에서 한양을 향하는 중요한 관문이
문경새재였다. 노상추 역시 문경읍참에서 하룻밤을 묵어갔다.

고, 40리를 가서 덕통참에 숙방하다. 오늘 어둠을 무릅쓰고 10여
리를 걷고, 눈 속을 40리 지나왔다.

• 1월 22일

덕통에서 10리를 가서 함창 당교참에 이르다. (…) 문경읍참에서
숙박하다. 오늘은 바람이 차고 심하게 불어 참으로 힘들었다.

• 1월 23일

해가 떴지만 바람이 차기는 어제와 같다. 일행은 도보로 조령을
넘고, 안보 역참에서 말에게 먹이를 먹였다. 연풍의 수교참에 묵
었다.

• 1월 24일

충주 땅의 모도원참에 묵다. 90리를 이동했다.

• 1월 25일

80리를 이동하여 죽산의 주감참에 묵다.

• 1월 26일

90리를 이동하여 험천참陰川站에 묵다.

• 1월 27일

한강에 도착하다. 언 강 위로 가는 길이 매우 위태로워 서빙고
진西氷庫津을 경유하여 언 강을 건넜다. 숭례문으로 들어와 침교沈

橋에 있는 김성태 가에 숙박하다. 이곳에 정달신씨가 금군禁軍으로 머무르기 때문이다. 곽진은 신문新門 밖 여관으로 직행했다.

• 1월 29일
신문을 나가 여관을 정하고 침교로 돌아왔다.

잠자리로 정한 곳 신문 밖은 서대문 바깥을 말한다. 시험은 2월 22일에 열릴 참이었다. 이때까지 서울에서 보내는 시간은 무척 길었다. 중간에 곽선이 진사 회시를 치르는 곳에 그의 동생인 곽진과 함께 구경하러 갔다(1780년 2월 10일). 2월 15일에 생원·진사시 결과가 나왔는데 곽선, 조석리 모두 낙방했다. 영남에서는 29명이 합격했는데 그중 선산 사람은 세 사람이 합격했다고 한다. 노상추는 그들의 이름을 적어두었다. 곽수건郭守健, 정암鄭馣, 김시련金時鍊이 그 주인공이었다.

2월 22일부터 본 무예 기술 시험은 목전과 철전이 관건이었는데 모두 성공적으로 마쳤다. 목전 시험은 청장青帳 표본을 240보 앞에 세워두고 표본을 넘어서는 보수步數를 계산하여 점수를 산출하는 것이 규정이었다. 첫 번째 화살이 30보, 두 번째 화살도 30보, 세 번째 화살은 39보를 넘었다. 점수는 모두 40획 4분을 얻었다. 청장에 화살이 미치면 7획을 주므로 화살 세 개에 21획, 화살이 표본을 넘어가는 경우 5보당 1획이 되므로 세 화살 모두 합해 19획 4분, 그리하여 얻은 점수 총합은 40획 4분이었다.

• 목전의 점수

	과표過標	획=5보당 1획	청장점수	합
첫째 화살	30보	6획	7획	13획
둘째 화살	30보	6획	7획	13획
셋째 화살	39보	7획 4분	7획	14획 4분
합	99보	19획 4분	21획	40획 4분

철전의 경우, 방패防牌는 80보를 원표로 하고 원표를 넘어가는 보수를 기준으로 하여 점수를 계산했다. 철전 또한 목전과 규정이 같았다. 매 화살이 방패에 미치면 철전 하나에 7획을 부여하고, 방패를 넘는 경우에는 5보를 1획으로 계산했다. 첫 번째 화살 44보, 두 번째 화살 44보, 세 번째 화살에 46보를 얻었다. 그러므로 방패에 미친 세 화살 점수 21획, 방패를 넘어간 세 화살 점수는 25획 9분이었다. 둘을 합해 모두 46획 9분을 얻었다.

• 철전의 점수

	과표過標	획=5보당 1획	방패 점수	합
첫째 화살	44	8획 4분	7획	15획 4분
둘째 화살	44	8획 4분	7획	15획 4분
셋째 화살	46	9획 1분	7획	16획 1분
합	134	25획 9분	21획	46획 9분

목전과 철전에서 얻은 점수는 모두 합해 86획 13분이었다. 이 점수는 상당히 높은 편이었다. 편전과 조총 시험은 그다음 날 치렀는데 모두 명중시키지 못했다. 하지만 이 과목은 합격에 크게 영향을 미치지는 않았다. 그다음 고비는 강서講書에 있었다. 처음

『장감將鑑』의 「반초론班超論」, 다음으로 『시경』의 대효시大孝詩, 『사마법司馬法』『경국대전』을 읽었다. 『사마법』은 무경칠서의 하나로 이 시기 무과 복시의 강서 대상 중 하나로 자주 활용되었다. 성적은 『장감』『시경』『사마법』『경국대전』 등 네 과목에서 모두 조를 받았다. 4책을 합해 12획을 받으면 통과되는데, 조의 점수는 3획이므로 강서에서 얻은 점수는 모두 12획이었다.

• 강서의 점수

강서講書	시험 범위	등급	점수
장감	반초론班超論	粗	3획
시경	대효시大孝詩	粗	3획
사마법	정불획의칙권政不獲意則權	粗	3획
경국대전		粗	3획
합	12획		

강서에서의 점수는 기대한 만큼 나오지 않았다. 노상추는 네 과목 모두 '통'의 성적을 받을 것으로 예상했지만 모두 '조'의 평가가 나온 것을 두고는 자기에게 세력勢力이 없어서 그런 것이라고 했다. "유세有勢 무세無勢는 이것을 두고 하는 말"이라는 것이 그의 판단이었다. 세력이 있으면 좋은 점수를 받고, 그렇지 않으면 실력이 있어도 점수가 좋지 않다는 한탄이었다. 아쉽지만 현실이 그러했다. 어쨌든 목전과 철전, 강서의 점수를 합하면 모두 98획 13분이었다. 합격권에 들 수 있는 좋은 성적이었다.

합격자 발표는 2월 25일 모화관에서 있었다. 노상추는 열두 번째 성적으로 합격했다. 오랫동안 쌓인 굴욕감과 분노의 감정이 한

꺼번에 씻겨나가는 기쁨이 몰려오는 순간이었다. 할아버지, 돌아가신 부모님 생각이 엄습하기도 했다.

조부 죽월공 돌아가신 지 25년에 버 파거 합격의 이름을 얻으니 또한 천행이다. 하지만 부모님 모두 계시지 않으니, 이 어찌 경사로 여기겠는가? 슬피 울다(1780년 2월 25일).

이해의 무과 시험에서는 경상도권에서 많은 합격자가 나왔다. 진주의 한응검·성동일, 단성의 권정우, 인동의 장동원, 그리고 노상추 등 다섯 명이었다. 보기 드문 일이었다. 합격 사실이 알려지자 도내의 많은 친지가 와서 축하해줬다. 시험에 합격한 사람이나 축하하는 사람이나 모두 놀라고 들뜬 분위기, 다시 맛보기 힘든 벅찬 느낌을 주고받았을 것이다. 노상추는 편지를 써서 고향에 소식을 알렸다. 고향에서는 이를 듣고 기뻐하며 대대적인 환영 행사를 준비할 터였다. 노상추는 합격 소식을 듣고는 그동안의 숙박비를 지급했다. 500동銅이었다. 지난날 불합격했을 때는 숙박비 기록을 남기지 않았으나 이번에 기록한 것을 보면, 그 기쁜 마음이 어떠했던지 짐작할 수 있다.

서른네 살, 12년 만에 들어선 관직의 길

3월 16일의 전시는 최종 합격의 관문이었다. 전시는 철전鐵箭, 유엽전柳葉箭, 기추騎芻, 기창騎槍, 편추鞭芻, 관혁貫革, 조총鳥銃, 강

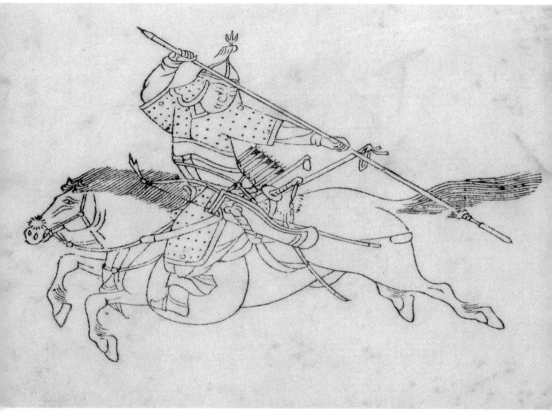

「기창騎槍」, 『무예도보통지』, 20.9×13.9cm, 1790, 국립중앙도서관. 노상추는 3월 16일 최종 시험을 치렀는데, 그중 기창騎槍도 한 과목으로 포함되어 있었다.

서講書 모두 여덟 과목 가운데 원하는 한 과목을 골라 치르는 것이 었기에 그야말로 의례적인 절차였다. 전시를 기다리는 동안 노상추는 서울 구경으로 소일하며 지냈다. 신빈新嬪 입궁 절차도 보고, 산대잡희山臺雜戱戱도 구경했다. 모두 새로이 경험하는 일이어서 특별한 느낌을 받을 수 있었다. 산대잡희는 그러나 경상도 시골 양반의 눈에는 기괴망측한 오랑캐夷狄의 오락이었다.

친지의 손에 이끌려 산대잡희를 구경하다. 기괴망상하여 차마 바로 볼 수 없다. 이는 참으로 이적의 오락이라 할 것이다. 그러나 경성 사람들은 위아래를 막론하고 경사스러운 일이 있으면 이 오락을 반드시 설행하니 습속이 참으로 해괴하다. 통탄스러움을 금할 수 없다(1780년 3월 8일).

전시 장소는 창덕궁 후원의 춘당대였다. 전시일에 노상추는 해 뜨기 전 통화문通化門 밖으로 갔다가 날이 밝자 통화문으로 들어가 명광문明光門을 지나 청양문靑陽門에 이르렀다. 문과 합격자는 길 왼쪽에 서고, 무과 합격자는 길 오른쪽에 섰다. 이날 오전 9시에 대가가 청양문을 통해 들어오고, 정조는 춘당대에 자리 잡았다. 노상추는 철전으로 응시했다.

최종 합격자 발표 및 정조 임금 접견은 3월 21일에 있었다. 창덕궁의 인정전에서 행사가 거행되었다. 아침 일찍 대궐로 들어갔는데 11시가 넘어 행사가 끝났다. 다음 기록은 정조와 백관들이 새로 합격한 관료 후보자들을

「팔탈판」(산대잡희), 김준근, 조선 말기, 독일 함부르크 민족학박물관. 노상추는 시험에 거의 합격하자 산대잡희를 구경하는 등 소일거리를 하며 서울에서 시간을 보냈다. 그러나 산대잡희는 그에게 오랑캐의 괴기한 오락일 따름이었다.

맞이하는 엄숙한 장면을 생생히 전해준다.

이날 천하는 인정전에 자리잡았다. 문무과 합격자를 발표하고 이들의 진하를 받았다. 이날 새벽 문이 열리기를 기다려 대궐로 나아가 창덕궁 돈화문 밖에 이르렀다. 문이 열리자 훈련봉사가 인도하여 입궐했다. 진선문을 지나 합격 순서대로 인정문 밖에 줄지어 섰다. 백관들이 인정전 뜰에 벌려 서고, 700명의 금군이 백관의 좌우에서 진을 쳤다. 기타 액정掖庭, 궁예宮隸는 헤아릴 수 없이 많았다. 또 두 그루의 총화叢花를 전정 좌우 정하에 심었다. 이어 차례로 문무과 합격자를 부르므로 각기 동서문을 지나 들어왔다. 문과 합격자 무과 합격자가 섰다. 인의引儀가 일어나 절하라고 하여 사배례를 행하고 앉았다. 선온宣醞 각 1잔, 황대구 1편을 내려주었다. 이어 홍패紅牌를 받고 각자 2줄기 계화桂花를 복두幞頭에 꽂았다. 일어나 사배를 하고 문을 나가라고 명했다. 이미 사시巳時가 지났다.

노상추가 무과에 합격한 것은 그의 나이 서른다섯 살 때였다. 시험 준비에 나선 지 12년 만이었다. 그간에 들인 노력과 비용, 애타게 졸인 마음, 굴욕감, 한스러움이 한꺼번에 씻겨가는 보상이 합격으로부터 이루어졌다. 누구나 꿈꾸되 쉽게 다가갈 수 없는 일이 현실로 나타났다. 고향으로 내려와 노상추는 주위 사람들로부터 엄청난 축하를 받았다. 미리 계획되어 있었던 대로 집안사람들은 과거 합격을 환영하는 잔치를 열었고, 지역의 내로라하는 사람들이 와서 경하했다. 늘 시험을 함께 치렀던 친구들은 한편으로 기뻐하고 한편으로 부러워했다. 새로운 도전 의지를 다지기도 했

넘사근가역호가라

「삼일유가」, 김준근, 조선 말기, 독일 함부르크 민족학박물관. 과거 합격 소식을 듣고 고향으로 내려온 노상추는 마을 사람들로부터 엄청난 축하를 받았다.

『노상추일기』, 노상추,
국사편찬위원회.

다. 합격의 관문을 통과하는 것이 쉽지 않은 일이기에 친구의 기쁨은 또 다른 고통을 주었을는지도 모른다. 노상추는 부모와 조부, 여러 조상의 묘소를 찾아 자신의 합격을 아뢰고, 또 인근의 서원을 찾아 인사를 드렸다. 과거 합격은 지역사회에서의 명망과 권위를 한층 더 높이는 일이었다.

과거에 합격한 뒤 4년 정도 지나 노상추는 관직을 제수받았다. 이제 무관으로서의 생활이 시작된 것이다. 관직생활은 새로운 세계로의 진입이었다. 고향은 가끔 찾아보긴 했으나 쉽게 갈 수 없는 곳이 되었다. 늘 임지를 따라 옮겨다니는 삶을 살아야 했다. 그 사이 선산에서는 아내와 성장하는 자식이 집과 토지를 지켰다.

돌이켜보면 노상추의 합격은 긴 과거행의 여정에서 이룬 성과였다. 그가 살았던 선산은 이미 길재나 하위지 같은 인물들이 배출된 곳이었기에 조선의 양반 지식인들이 중시하던 문화가 널리 퍼져 있었다. 게다가 집안 또한 오랜 내력을 지닌 양반가였다. 노상추가 과거를 준비하고 응시할 실력을 갖춤에 있어 그가 살았던 지역의 조건은 그다지 나쁘지 않았다. 그럼에도 그는 쉽게 합격하지 못했다. 합격선을 넘을 능력을 갖추는 것이 만만치 않았고 많은 경쟁자와도 실력을 겨루어야 했다. 선산을 떠나 상경해 시험을 보는 일은 또다른 여정이었다. 올라오고 내려가는 길이 20일 넘게 걸렸으며, 한 차례 과거행에 들어가는 비용 또한 만만치 않았다. 노상추는 그 경비를 감당하느라 빚을 내고 아끼던 토지를 팔기도 했다.

경상도 선산에 살았던 양반 노상추의 과거 합격은 긴 노력 끝에 이룬 성공이었다. 그 여정은 긴 시간 동안 마음 졸이며 이룬 여러 차례의 응시와 불합격의 쓴 경험, 그리고 시험을 치를 때마다 선산에서 시험 지역으로 이동하며 겪었던 긴 길의 고초가 겹쳐 있었다. 가문의 영광, 개인의 출세와 성공은 그 이중의 길을 넘었기에 보다 확실해지고 탄탄해졌다.

8장

착잡한 고통과 짜릿한 쾌락이 엇갈린 길

◉

1822년 평안남도 암행어사 박내겸의 암행길

오수창

조선시대 암행어사가 걷던 길에는 갖가지 모험과 낭만이 기다리고 있었다. 부정한 수령에 대한 은밀한 탐지와 천둥이 울리는 듯한 출도, 백성의 묵은 한을 풀어주는 통쾌함은 우리가 어릴 때부터 익히 들어온 이야기다. 그 위에, 어사의 자기 한 몸도 제대로 보호할 수 없는 위기가 있었는가 하면 낯선 고장에서 처음 만나는 기생의 눈웃음치는 유혹도 있었다. 실제로 여러 암행어사가 임무를 수행하던 중 의문의 죽임을 당했다. 기생을 만나 함께 다니다가 끌려와 국문을 받고 변방으로 쫓겨난 어느 암행어사에게 그 길은 인생의 모든 것을 건 운명적 사랑의 행로였을지 모른다. 세상 돌아가는 속도가 느리고 위아래 질서가 엄격하던 조선시대의 이야기에서는 쉽게 찾아보기 힘든 '액션과 로망'이 암행어사의 여정에 풍부히 담겨 전한다.

하지만 역사를 돌아보는 사람이 암행어사 행로에서 읽어내야 할 내용이 모험과 낭만에 그칠 수는 없다. 암행어사의 길은 출발점과 목적지를 잇는 평면상의 단순한 선이 아니고 명예와 고난, 이상과 현실, 성실과 기만이 엇갈리는 길이었다. 국왕의 측근 중에서 비밀리에 선발된 관원이 임금의 명령을 직접 수행하는 영광의 길이었으며, 따라서 출셋길로 줄달음쳐나가는 데 빠뜨릴 수 없는 화려한 길이었다. 반면에 그 영광과 명예의 길에서도 본분을 망각하고 추악한 탐욕을 행한 암행어사 또한 드물지 않았다. 지체 높은 관리로서 좀처럼 겪어보기 어려운 육체적 고난의 길이었던 동시에, 제대로 된 관리라면 사회의 밑바닥을 들여다보는 마음의 고통이 한층 더 강렬해야 마땅한 길이었다. 남의 눈을 속이면서 걸어야 했던 암행暗行부터가 그렇듯이, 이상과 현실이 어긋날 때 어사는 자신과 지배질서를 합리화하면서 걸어야 했고, 때로는 적극적으로 나서서 백성을 속여야만 하는 길이었다.

암행어사의 구체적인 활동 내용은 의외로 많이 잊혔거나 혼란에 싸여 있다. 암행어사가 고을에서 신분을 드러내는 장면만 해도 그렇다. 조선시대 자료에서는 대개 출도出道로 표현되었는데, 어찌된 연유인지 그 말은 국어사전에서도 행방을 찾을 수 없게 되었다. 암행어사가 전가의 보도처럼 휘둘렀다는 부정한 관리에 대한 '봉고파직封庫罷職' 중에서 파직의 권한은 실상 어사에게 속한 것이 아니었다. 암행어사에 대해서는 활동상을 사실대로 복원하는 일에서부터 그들의 근원적 고뇌를 이해하는 일에 이르도록 탐구해야 할 과제가 산적해 있다.

이 글에서는 1822년(순조 22) 평안남도 암행어사로 임명되어 평양을 포함한 그 지역 23개 군현을 순찰하고 돌아온 박내겸朴來謙의 여정을 살펴본다. 박내겸은 넉 달 넘게 청천강 이남 평안도 지방을 돌아보면서 그 여행 기록을 자신의 『서수일기西繡日記』에 담았다. 그가 국왕에게 바친 보고서인 서계書啓와 별단別單도 『일성록日

省錄』에 수록되어 전한다. 이 글은 『서수일기』를 주 자료로 삼았는데, 박내겸이 자신에게 이롭지 못한 사실들을 빼놓았을 가능성이 없지 않지만, 그 일기는 전체적으로 보아 솔직하게 기술되었다고 판단된다. 따라서 이 일기에 나타난 사실에, 그 행간에서 읽히는 숨은 정황과 시대적·지역적 맥락을 더해가면서 박내겸이 밟아간 암행어사의 노정을 살펴보기로 한다.

암행의 길, 변장, 거짓말, 염탐…

박내겸은 1822년 윤3월 16일 평안남도 암행어사에 임명되었다. 그는 과거의 시험관 후보로 뽑혀 궁궐로 들어가다가 승정원의 전갈을 받고 왕의 거처인 창덕궁 희정당으로 들어가 순조로부터 '내려가 잘하도록 하라'는 명령과 함께 직접 봉투를 하나 받아들었다. 서대문 밖 조용한 곳에 가서 봉투를 열어보니 임명장과 함께 업무 지침인 『사목事目』한 책, 마패 하나, 유척鍮尺 둘이 들어 있었다. 이때 함께 불려 들어갔던 임준상任俊常은 평안북도 암행어사에, 박제문朴齊聞은 경기도 암행어사에 임명되었다. 평안도는 지역이 넓으므로 청천강을 경계로 그 남쪽과 북쪽에 암행어사를 따로 파견했다.

암행어사는 불시에 임명받아 지체 없이 목적지로 떠나도록 되어 있었다. 하지만 19세기에 정승을 역임한 정원용에 따르면, 어사가 출발할 때는 친구들이 송별하는 일까지 있어 어사가 활동할 지역에 도착하기도 전에 각 읍에서 모두 그 소식을 알게 되었다고 한

圖全城箕

「기성전도箕城全圖」, 비단에
채색, 167×96cm, 규장각
한국학연구원. 평양은 기자
가 도읍을 정한 도시라는 뜻
에서 기성箕城이라 불렸으며,
조선시대 지방 도시 중 뛰어
난 경치와 풍류를 자랑했다.
전체 경관을 하늘에서 버려
다본 듯한 부감법으로 그린
지도인데, 암행어사 박버겸
은 평양을 포함한 그 지역 23
개 군현을 순찰하는 임무를
띠고 길을 재촉했다.

마패, 지름 11.5cm, 1624년·1727년, 국립대구박물관.

다. 이처럼 기강은 점점 해이해졌던 듯하다. 소설이지만, 『열여춘향수절가』(완판 84장본, 이하 『춘향전』)에서 이몽룡은 암행어사 임명을 받은 후 본가에 가서 정식으로 부모에게 하직하고 길을 나섰으며, 많은 수행원을 거느리는 등 전라도 땅에 닿을 때까지 굳이 암행어사의 신분을 감추지 않고 여행했다. 그가 깨진 갓, 살만 남은 부채 등으로 거짓 행색을 꾸민 것은 전라도 땅 여산에 들어가서였다.

　박내겸은 어땠을까? 어사 명령을 받은 날의 일기에서 그가 모든 일을 던져두고 가족과 작별 인사도 못 한 채 떠나야 함을 걱정한 것을 보면, 마땅히 극비리에 출발해야 한다는 인식은 있었던 듯하다. 하지만 그는 결국 임명을 받은 지 닷새 만에 길을 나섰다. 긴

근대에 『옥중절대가인』으로 출판된 『춘향전』의 삽화. 영창서관, 1925년 초판, 아단문고. 조선시대 암행어사로 활동한 이몽룡의 모습이 잘 드러나 있다.

여행에 대비해 준비도 필요했겠지만, 그 사이에 가족을 찾아봤으리라고 짐작할 수 있다. 어쩌면 친구들과 송별상을 함께했을지도 모른다. 어사 명령을 받은 날부터 훗날 복명할 때까지의 일기에서 이때의 나흘치만 빠져 있다는 사실도 그간의 사정을 별로 밝히고 싶지 않았기 때문일 것이다.

박내겸은 행차 중 비밀이 드러날까 매우 조심했다. 활동 지역에 들어가서야 신분을 감춘 이몽룡과는 달리 윤3월 21일 서울을 처음 출발할 때부터 해진 도포와 망가진 갓으로 궁한 선비 모습을 꾸몄다. 서울에서 멀지 않은 길에서 아는 사람을 만났을 때는 부채로 얼굴을 가리고 지나쳐야 했고, 개성에서는 옛 도읍을 둘러보고 싶었지만 아는 사람을 만날까봐 돌아올 때로 미뤘다. 그러한 조심성은 어사로 활동하는 동안 계속되어야 했다. 여관이나 민가에 들어갈 때는 수행원들과 완전히 헤어져 홀로 들어가 묵기도 하고, 4월 11일 은산에서처럼 아전들이 알아채고 엿볼 것이 두려워서 머물 곳을 제대로 찾지 못하고 급히 관아 문 앞의 여관에 들어가기도 했다.

사람들과 좀더 자세한 이야기를 하려 할 때는 적극적으로 변장을 하여 신분을 속이기도 했다. 4월 14일 맹산의 향청에 들어갈 때는 붓 수십 자루를 보자기에 싸서 어깨에 걸고 들어가 거짓말을 둘러댔다. '해주에 사는데 묏자리 때문에 송사를 벌이다 자산에 귀양을 갔고, 다행히 풀려는 났으나 돌아갈 길의 양식을 마련하기가 어려워 함경도로 들어가 아는 사람에게 구걸할 계획인데, 읍의 수령이 헤아려주어 마침 붓과 먹을 얻었으므로 그것을 팔아서 여행 밑천으로 삼으려 한다'는 것이었다.

일단 출도를 하면 얼굴이 완전히 공개되므로, 그 뒤로는 신분을 감추는 일에 더욱 공을 들여야 했다. 우선 맡은 지역을 암행으로 모두 돌아 가능한 한 많은 정보를 얻은 다음에 출도를 했지만, 그 이후로도 많은 노력을 기울였다. 박내겸은 5월 13일 순안에서 처음으로 출도했는데, 그 후 3일 동안 머물며 조사를 계속하다가 밤에 불시에 말을 끌어내 길을 떠났다. 그는 관문을 나서자마자 앞뒤의 마부며 수행자들을 향해 모두 뒤로 떨어지라고 명령하고 마치 달아나듯이 사이길을 따라 '날아갔다.' 옆 군현인 강서를 지나 130리 떨어진 용강에 그다음 날 암행으로 들어갔는데, 아전들이 어사의 행차를 알아채고 무섭고 당황한 속에 이리저리 뛰어다니면서 미리 병풍이며 휘장을 치고 다과를 준비하느라 밤새도록 바빴다. 그러는 한편으로는 번갈아 어사 일행이 묵는 집 문에 와서 눈치를 살폈다. 그러나 어사는 짐짓 모른 척하고 자리에 들어 깊이 잔 후, 다음 날 첫닭이 울 때 길을 떠나 그 옆의 삼화에 가서 출도를 외쳐 아직 자리에서 일어나지도 않았던 아전들을 놀라게 했다.

어사 일행의 노력에 대응하여 지역 주민이 그에 걸맞은 행동으로 협조하기도 했다. 박내겸은 5월 1일 강서에 들어갔을 때 밤중에 관서의 뛰어난 인물로 알려진 진사 홍희규洪羲圭를 찾아갔다. 지역 사정을 듣기 위해서였을 텐데, 박내겸은 그가 자기 얼굴을 알지 못한다고 여긴 터였다. 홍희규는 불쑥 찾아온 손님을 몹시 냉대하다가 밤이 깊어진 후에야 등불을 걸고 무릎을 바싹 대더니 속삭였다. "어찌 이 누추한 곳에 오셨습니까? 귀인은 나를 알지 못할지라도 나는 일찍이 서울 평동平洞에 모인 자리에서 여러 번 뵈어 귀한 얼굴을 잘 알고 있습니다." 박내겸은 당황하여 비밀을 누설하지

順安縣　城郭無

民戶三千三百六十八戶
田二千四百七十四結三十卜
荅四百三十三結八十三卜
火田十六結八十四卜
軍總
監營軍二千四百二十五名
兵營軍一千四百九十一名
袞銀
會付番庫折米六千七百四十五石
未捧折米一百五十五石
別置晉庫折米一千四百九十六石
未捧折米一百五十三石

「순안부」, 종이에 채색, 47×30.5cm, 『해동지도』에 수록, 보물 제1591호, 1750년대, 규장각한국학연구원. 어사 박
버겸이 처음으로 출도한 순안지역의 지도.

말 것만 당부하고 그냥 돌아왔다.

"그놈들 하나하나가 모두 귀신같다"
어둠 속에서 빛나는 지방민의 감시

어사의 노력에도 불구하고 그 신분을 감추기는 참으로 힘이 들었다. 우선 지방민들은 낯선 나그네를 심히 경계하기 마련이었다. 맹산에 들어갔을 때는 다가가 이야기를 붙이기가 참 어려웠다고 한다. 박내겸은 산골짜기의 풍속이 어리석고 사납기 때문이라고 비판하고 있지만, 그런 속에서도 감시의 눈은 번뜩이고 있었을 것이다. 서울과 의주를 잇는 큰길 서관대로西關大路에 들어섰을 때는 의심을 품고 따져 묻는 사람도 있었고, 지나가던 역졸은 박내겸이 탄 말을 보더니 "이것은 청파역의 말인데 어떤 사람이기에 민간인 복장으로 타고 다니는가" 하면서 따져 물었다. 평양에 들어가느라 대동강에서 배를 탔을 때에는 뱃사람 또한 오고가는 사람들을 조사하는 직무를 띠어 어사가 괴로워할 정도로 앞서 걸어온 여정을 깊이 캐물었다. 평양에 들어갔을 때는 길에서 어떤 사람이 크게 외친 적도 있다. '관속들이 꽤나 수선스럽다. 내 생각에는 틀림없이 어사가 성에 들어온 것 같다'는 내용이었으니, 낯선 사람의 일거수일투족이 끊임없이 감시받고 있었다고 봐야 할 것이다.

암행어사는 관속뿐 아니라 일반 백성들에게도 관심의 대상이어서 가는 곳마다 어사 행차가 화제에 오를 정도였다. 박내겸이 길을 떠난 지 겨우 3일 후, 황해도 금천을 지나 가리탄加里灘이라는 곳에서의 일이다. 주막의 주인 노인이 일행을 끌어들여 마주 앉더니 "이른 봄에 전해온 소문에는 곧 암행어사 행차가 있을 것이라고 해서 사람들 마음에 두렵고 꺼림이 있었는데, 이때까지 오래도록 소식이 없으니 괴상한 일입니다" 하였다. 이 노인은 이어서 "나같이 어리석은 백성이야 비록 어사 행차의 소식을 잘 알지 못하지만, 관가와 이서들은 서울과 서로 통하니 암행어사가 오고 안 오는 것을 틀림없이 이미 환히 알고 있을 것입니다. 그래서 그전처럼 법을 계속 어기는 것입니다"라고 말했다. 정말로 어사 파견을 몰랐던 것인지, 의심하면서도 짐짓 꾸며 말한 것인지 알 수 없지만, 어사의 동향에 신경을 집중시키고 있었던 것만큼은 틀림없는 사실이다.

4월 12일 박내겸이 순천 땅의 가창槪솹에서 마을 노인들과 어울려 이야기를 나눌 때에도, 마을의 우두머리인 존위尊位가 그에게 어사 이야기를 꺼냈다. 암행어사가 내려왔다는 소문이 있는데, 그렇다면 반드시 그곳을 지나게 마련이었으므로 읍에서 비밀리에 지시하기를, 자취가 수상한 자가 지나가거든 즉시 달려와 고하라고 했다는 것이다. 그 노인은 어사로 보이는 사람이 아직 지나간 일이 없으니 괴상한 일이라고 말을 맺었지만, 실상 박내겸을 바라보는 눈길이 예사롭지 않았을 것임은 쉽게 짐작할 수 있다. 출도한 다음이지만, 어사가 신분을 감추고 순천 읍내의 여관에 묵었을 때는 실제로 여관 주인이 관리들에게 달려가 알리는 바람에 아전들이 몰려와 박내겸의 숙소를 밤새도록 엿보는 일도 있었다.

비록 허구이지만, 『춘향전』에는 현지의 관속들이 어사를 감시하는 장면이 더욱 극적으로 묘사되어 있다. 이도령이 어사로 내려와 옥에 갇힌 춘향이를 만나본 후 남원 읍내를 염탐할 때의 사정이다.

「대도도待渡圖」, 전 김득신, 11.5×65cm, 조선 후기, 국립중앙박물관. 암행어사는 말을 타고 가든, 나룻배를 타고 강을 건너든 떡쫄
사믕, 일반 백성들로부터 모무 의심의 눈길을 샀다.

어사또 춘향 집에서 나와서 그날 밤을 새우려 하고 문안 문밖 염문할 새, 질청에 가 들으니 이방吏房 승발承發 불러 하는 말이 "여보소, 들으니 수의또繡衣道(어사또)가 새문 밖 이씨라더니 아까 삼경에 등롱燈籠 불 켜들고 춘향 모 앞세우고 폐의파관弊衣破冠한 손님이 아마도 수상하니 내일 본관本官 잔치 끝에 일십一什을 구별하여 생탈生頉 없이 십분 조심하소." 어사 그 말 듣고, "그놈들, 알기는 아는데" 하고 또 장청將廳에 가 들으니 행수군관行首軍官 거동 보소. "여러 군관님네, 아까 옥거리 바장이던 걸인 실로 괴이하데, 아마도 분명 어사인 듯하니 용모파기容貌疤記 버려놓고 자세히 보소." 어사또 듣고 "그놈들 개개여신個個如神이로다" 하고 현사縣司에 가 들으니 호장戶長 역시 그러한다.

향리들의 근무처인 질청, 장교들의 근무처인 장청, 향리들 자치 기구의 전통을 지닌 현사에서 각기 그 우두머리들이 어사 감시를 지휘하고 있는데, 어사 행차 자체는 물론이고 어사의 신분에 대한 정보, 심지어 그 인상착의를 그린 그림인 용모파기까지 입수하여 감옥의 춘향이에게 나타났던 이몽룡과 맞춰보고 있다. 이몽룡이 "그놈들, 하나하나가 모두 귀신과 같다"라면서 감탄하는 것도 무리가 아니다. 텍스트를 그대로 따른다면, 앞부분에서 이몽룡이 춘향이를 만나볼 때는 감옥에 "인적이 고요하고 지키는 사람까지 간 곳이 없었는데" 이미 감시의 눈빛은 어둠 속에서 날카롭게 빛나고 있었던 것이다. 위 글은 어사를 감시하는 아전 무리를 어사가 감시하는 장면이지만, 실은 누가 다시 등 뒤에서 이몽룡을 쏘아보고 있었을지 모를 일이다.

한편, 박내겸이 어사 염탐을 하는 동안 여기저기서 어사의 수행원이나 친지를 사칭하고 사기 행각을 벌이는 자들이 나타났다. 이 것 역시 어사 행차에 대한 소문이 민간에 널리 퍼져서 그들이 준 동할 여지가 커졌기 때문이다. 평안도에 들어온 지 한 달이 안 되 던 시점인 4월 22일에 일어난 소동을 박내겸은 이렇게 기록했다.

내가 암행어사가 되어 서도西道(평안도)로 나온 이후로, 멀고 가까운 곳의 간교하고 자잘한 무리가 어사의 수행원이라고 거짓말을 하거나 어사와 친한 사이라고 칭하기도 하면서 아전과 백성들을 공갈 협박하 여 돈과 재물을 빼앗아갔다. 그 죄는 죽여도 시원치 않고 폐단 역시 적 지 않은 까닭에 일찍이 여러 읍에 공문서를 내려 보내 조사해 잡아들 이도록 한 바 있었다.

그런데 이곳에 들어오자 읍의 장교들이 오히려 내가 돌아다니는 것에 의심을 품어, 몰래 발자취를 더듬어 쫓아다니면서 떨어지지 않았으 므로 나는 몹시 힘이 들었다. 어떤 고개에 이르러 인마와 수행원을 먼 저 보내고 나무 아래에서 홀로 쉬노라니 추적하는 자가 도달했다. 마 주 앉아 이야기를 나누는데 먼저 엉뚱한 일을 말하면서 나를 살피느 라 내려보고 올려보고 하였다. 나는 얼굴색을 조금도 바꾸지 않고 묻 는 대로 대답했더니 그 사람은 암행어사가 다닌다는 이야기를 하고 또 가짜어사에 대한 이야기까지 하였다. 그리고 지금 남몰래 조사하러 다니는 중이라고 말하기도 하고 끝내 내 행동거지가 수상하다는 말 까지 하였다. 그러더니 민간에서 붉은 실紅絲이라고들 부르는 철사 포 승을 허리춤에서 꺼내어 보이며 말했다. "길손은 이 물건을 알아보겠 는가." 이 지경에 이르자 재앙의 조짐이 닥치는 터라 나도 대답 없이 가 슴에서 마패를 꺼내 보이며 말했다. "너는 이 물건을 알아보겠는가." 그

순간 그 사람은 얼굴색이 흙빛이 되고 입이 오그라들어 말을 못 하면서 쳐다보더니 곧 쓰러졌는데 판자 위의 작은 구슬처럼 언덕을 굴러가다가 평평한 곳에 이르러서야 멈췄다.

나는 마패를 들어 다시 가슴속에 감춘 후 밑으로 내려가 그를 부축해 일으키며 위로하였다. "너나 나나 모두 각자 나랏일을 하는 것이다. 너무 겁먹지 않아도 되니 힘을 버서 일어나 가거라." 말을 마친 후 먼저 출발하여 고개를 넘었다. 그 광경은 참으로 포복절도할 일이었다.

이때의 일만 해도 어사의 수행원이나 친지를 사칭하는 행위를 거론하였을 뿐 가짜어사 자체가 문제되었던 것은 아니다. 하지만 아주 이른 시기부터 문제가 되었던 가짜어사가 박내겸 때라고 나타나지 않았을 리 없다. 4월 28일 함종에 들어갔을 때 박내겸이 고을 연못에서 낚시꾼과 이야기를 하다가 시험삼아 암행어사 소식을 찔러본 것이 다음과 같은 대화로 이어졌다.

"암행어사 행차가 두세 번 지나갔는데 어제 오늘 또 왔다고 합니다. 남들이 이야기하는 것을 언뜻 들으니 오늘 온 사람은 가짜인 것 같다고 하던데 잘 알지는 못하겠습니다."
"어느 간 큰 녀석이 감히 어사 행세를 한다는 말이오?"
"근래 인심이 맑지 못하니 못된 무리가 가짜로 다니면서 재물을 빼앗는 폐단이 없으란 법이 있겠습니까."

박내겸은 함종에 이때 처음 들어갔다. 낚시꾼의 말대로라면 그보다 먼저 암행어사의 언행을 흉내낸 사람들이 지나갔다는 것인

데, 그 이야기가 사실이 아니라 해도 그곳 사람들이 암행어사 행
차, 또는 그것이 가짜냐 진짜냐 하는 데 온통 정신을 쏟고 있었던
것만은 틀림이 없다. 낚시꾼과 헤어진 박내겸이 여관에 들어오자
어떤 사람이 달려들어와 지나온 길을 따져 물을 뿐 아니라, 아전
과 장교들이 아래위 집집마다 터를 잡고 모여들어 어사 일행을 에
워싸고 조여들었다. 낚시꾼이 관속에게 밀고했던 것이다.

"손님은 결코 구걸하러 다닐 분이 아닙니다"
어사 신분의 탄로

결국 박내겸의 신분은 곳곳에서 드러날 수밖에 없었다. 앞서 언
급한 정원용이 개탄한 바에 의하면 암행어사의 비밀스러운 행차
가 공개 행차나 다를 바 없게 되고, 폐단을 살핀다는 것이 오히려
폐단을 더하게 되었던 이유 중 하나는 어사가 종자들을 시켜 편지
를 계속 주고받은 데 있었다. 박내겸도 수행원들을 통하여 본가와
편지를 주고받고 있었다. 그는 서울을 떠난 지 13일 만에 집안으
로부터 편지를 받았다. 이때는 뒤이어 출발한 수행원이 편지를 가
지고 왔기에 비밀 유지에 별 문제가 없었겠지만, 4월 21일에 받은
편지는 사람들의 손을 여러 번 거쳐, 헤어져 활동하고 있던 수행
원들을 통해 전달되었으므로 그만큼 비밀이 누설되었을 가능성
이 크다. 그는 이후 평양에서 두 차례 편지를 받았고, 출도한 다음
에는 은산과 성천에서 파발 편에 전달된 편지를 받아 보았다. 출도
한 날짜에 맞추어 편지가 그 고장으로 온 것을 보면 어사의 여행과

「평양도」 작가 미상. 종이에 채색. 125.0×386.0cm. 평양을 중심으로 중앙력사박물관. 어사 박내겸이 순찰했던 평양 지역의 풍광.

출도가 미리 정해진 계획에 의해 이루어지고 있었으며, 비록 수신자와 내용이 밝혀지지 않았다 해도 편지가 그의 일정을 따라 움직이고 있었음을 알 수 있다. 출도가 모두 이루어진 다음 평양에 머무를 때는 편지 왕래가 더욱 활발했다.

박내겸 스스로도 철두철미하게 신분을 감추기만 한 것은 아니었다. 우선 평양에 도착하는 첫날 평안도 관찰사를 바로 방문하여 인사를 했다. 지위가 훨씬 높을 뿐 아니라 암행활동을 하기 위해서는 그의 뒷받침이 필요했기 때문이었을 것이다. 그러나 "그의 수행원 조익렴이 감영의 장교였기에 남의 눈을 피할 수 있었고, 평소 잘 아는 사이여서 관찰사를 믿었다"라고 방문 이유를 일기에 적어놓은 것을 보면, 암행어사가 관찰사를 방문하는 일이 원래 당연한 일은 아니었음을 알 수 있다. 그보다 앞서 처음 성천에 도달했을 때는 공주 박서방이라고 남의 이목을 속이고 부사인 이기연을 만나 한방에서 잤다. 이기연과는 어릴 적부터 친구 사이인 데다 그의 다스림에 문제가 없었기 때문에 거리낌 없다고 스스로 합리화하고 있지만, 그 기록 자체가 자기 행동이 원칙에 들어맞지 않음을 보여주고 있다.

과연 많은 사람이 암행어사의 신분을 눈치채거나 알아보았다. 영원 근처 포탄에서는 좌수의 집에 묵었는데, 그 주인이 경험이 많고 세상일에 노련했다. 10여 년 전에 홍병철이 어사로 왔을 때도 그의 집에 3일 동안 머물렀다고 한다. 박내겸을 앉혀놓고 이런 이야기를 하고 있는 주인이라면, 앞에 앉은 어사의 신분도 이미 파악했거나 어느 정도 짐작하고 있었다고 봐야 할 것이다.

그중에서도 박내겸을 향해 거리낌 없이 자기 느낌을 밝힌 사람

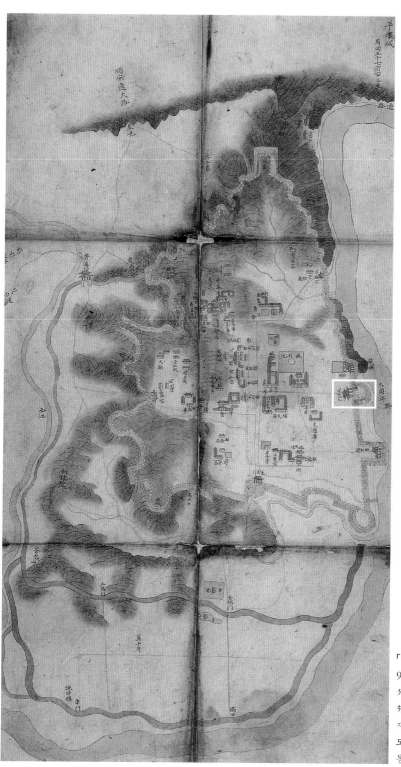

「평양성도」, 종이에 채색,
99.0×53.0cm, 19세기 초,
서울역사박물관. 평양에서
처음 출도할 때는 대동문의
자물쇠를 부수고 올라가 출
도를 외쳤다. 표시된 곳이 대
동문이다.

은 기생들이었다. 평안도에 들어간 직후 처음 만난 기생들부터 예사롭지 않은 이야기들을 했다. 성천에서 부사 이기연의 대접을 받던 날, 늙은 기생이 그를 바라보며 말했다. "손님께서는 말에 부끄러움이 없고 널리 통하는 기운이 빼어나니 이미 높은 자리에 오른 분 같습니다. 장차 오래지 않아 반드시 귀하게 드러나게 될 것입니다." 사람들이 암행어사 행차에 온통 신경을 쓰던 상황이었음을 고려한다면, 적어도 그 기생은 박내겸의 신분을 꿰뚫어보고 있었을 것이다.

박내겸이 맹산의 향청에 들어갔을 때 그곳에 불려와 있던 기생 중 하나는, 그가 붓이나 팔고 구걸이나 하는 선비로 변장했는데도, "손님 손놀림이 꽤나 익숙하고 말씀이 부드럽고 아름다우니 결코 곤궁하여 구걸하러 다니는 분이 아닙니다. (⋯) 제가 술과 안주를 마련해놓고 놀이꾼을 많이 모을 것이니 함께 내기 쌍륙이나 즐기면 좋겠습니다" 하였다. 박내겸이 자리를 뜨자 그녀 또한 일어나 나와 자기 집을 알려주며 적극적으로 유혹했다. 성천에 다시 갔을 때도 부용芙蓉이라는 젊은 기생 하나가 한참을 들여다보더니, "제가 겪어본 사람이 많습니다. 손님께서는 결코 궁하고 어려운 분이 아니신데 행색은 왜 이렇게 초라하신가요? 다시는 제가 선비님들 관상 볼 생각을 하지 말아야겠습니다"라며 시와 노래로 그를 성심껏 접대했다. 이레 뒤에 박내겸은 그녀의 동무 기생을 찾아갔다가 극진한 대접을 받았다. 이야기를 들어보니, 부용이 말하기를 "여러분이 무얼 알겠소마는 성천태수가 귀인이라는 것만은 알 것이오. 이 손님이 지금 비록 초췌하지만 야박하게 대하면 성천 태수를 위하는 길이 못 될 겁니다"라고 했다는 것이다. 이 말을 듣고

"그녀가 비밀을 알아챈 것을 알고서는 일어나 나왔다"라고 박내겸이 솔직히 기록했듯이, 성천의 기생들은 그가 누구인지 알아보고 있었다.

이런 가운데 박내겸이 암행하는 지역에 어사가 파견되었다는 소문이 파다했다. 평안도 땅에 들어와 약 20일이 지난 시점인 4월 15일에는 박내겸이 묵고 있는 집의 이웃 사람이 어사의 행차가 묘향산으로 행한다는 소문을 듣고 억울한 일을 호소하기 위해 급히 어사를 찾아 나서고 있었다. 비록 출도를 하기 시작한 다음이지만 여전히 신분을 감추고 암행하던 6월 5일, 순천의 어느 곳에서도 박내겸은 청원서를 올릴 목적으로 암행어사를 찾아 나선 사람을 만났다.

그런 가운데 박내겸 스스로 자신의 신분을 밝혀야 할 때도 있었다. 앞서 보았듯 4월 22일에는 자기를 뒤쫓던 포졸에게 신분을 밝혔을 뿐만 아니라, 이미 그전에 어사의 수행원이나 친지를 칭하는 사기꾼들을 잡아들이라는 공문을 각 읍에 보낸 바 있었다. 같은 달 28일 함종에서 아전들에게 포위당해 위급해졌을 때는 신분을 밝힌 정식 공문을 수령에게 보내 자기를 가짜어사로 지목한 사람을 잡아 가두게 하고 포위에서 벗어났다. 이 모든 소문은 빠르게 번져나갔을 것이다. 어사의 인상착의는 물론, 『춘향전』에서처럼 몽타주까지 고을에서 고을로 전달되었을 수도 있다.

125일간의 업무 수행
고양군수 등 59명 관원의 잘잘못을 캐내다

박내겸은 1822년 윤3월 21일 서울을 출발하여 닷새 뒤인 26일
에 양덕을 통해 자신의 염찰지역인 평안도로 들어갔다. 그 후 신
분을 감추고 곳곳을 다니며 정보를 입수하여 5월 13일, 즉 서울을
떠난 지 51일째 되는 날에 순안에서 최초의 출도를 했다. 그다음
에는 암행과 출도, 신분을 밝힌 채 이동하는 명행明行을 되풀이하
다가 6월 30일 평양에서 최종적으로 출도했다. 그 후 7월 17일까
지 평양에 머물며 문서를 조사하고 간간이 유흥을 즐기다 7월
18일 다시 신분을 감추고 평안도를 떠나 귀경길에 올랐다. 7월
24일부터 27일까지 양주의 맏형 집에 머물면서 보고서 작성의 마
무리 작업을 하고는, 28일 임금 앞에 나아가 임무를 마쳤음을 아
뢰고 보고서인 서계書契와 별단別單을 바침으로써 125일간의 임무
를 마감했다.

암행어사는 일반적으로 두 가지 보고서를 제출했다. 서계는 자
기가 돌아본 지역의 지방관과 관찰사에 대하여 업무 수행의 자세
와 잘잘못, 어사로서 급히 취한 조처들을 정리한 것이고, 별단은
해당 지역의 사회문제와 백성들이 겪는 고통에 대해 그 내용을 정
리하고 어사로서 모색한 해결 방안을 서술한 정책보고서였다.

박내겸의 보고서는 국왕의 일기 형식으로 작성된 국정 기록인
『일성록』에 실려 있다. 서계는 순한문으로 된, 『일성록』 원본의
34면에 달하는 장편으로서 평양서윤 한백연으로부터 고양군수
정연시에 이르는 59명의 관원에 대한 잘잘못을 담았다. 별단은 평

『서수일기』, 박내겸, 규장각한국학연구원.

안도의 토지세, 환곡, 국방, 권세가의 백성 침탈 등에 대해 문제를 진단하고 그 나름의 해결책을 제시했다. 분량은 『일성록』 원본으로 35면에 달한다. 여기에는 경제력을 바탕으로 성장한 새로운 세력에 의해 평안도 지방의 사회질서가 변화하고 있는 상황 등이 잘 나타나 있다. 박내겸은 이 서계와 별단을 작성하기 위해, 이동 중에도 수행원들이 조사해온 내용과 자신이 직접 조사한 것을 틈날 때마다 계속 정리했다. 그가 바친 서계와 별단은 홍경래의 난 이후 평안도 사회의 실상을 이해하는 데 없어서는 안 될 매우 중요한 자료다.

조선 후기에 국가의 엘리트 관원으로 성장한 인사들은 필히 문과에 급제해 홍문관·사헌부·사간원 등의 관원이 되어 국왕을 측근에서 섬기는 시종신侍從臣과 지방 군현에 나가 국왕을 대리하여 백성을 직접 통치하는 수령을 거치게 마련이었다. 여기에 더하여 중요한 경력이 되었던 것이 암행어사와 중국으로의 외교사절 경험이었다. 큰 나라를 방문하여 견문을 넓히고 국제질서를 익히는 것과 더불어, 눈높이를 파격적으로 낮추어 백성의 생활을 경험하고 지방 통치의 명암을 속속들이 파악하는 것이 국가 운영에 참여하는 데 매우 중요한 자산이 되었던 것이다. 암행어사로 나갈 때의 박내겸은 마흔세 살이었다. 문과에 급제한 후 13년 동안 그는 종5품 관직인 홍문관 부교리까지 승진해 있었다. 평안남도 암행어사 임무를 마친 후에는 여러 지방의 수령과 함경도의 북평사北評事를 지내고 외교사절로 청의 심양과 북경을 다녀오면서 최고 관직이 호조참판에 달하였다. 당시의 상황과 그의 집안으로 볼 때 아주 순조로운 출세였다고 할 수 있다. 1822년에 박내겸이 암행어사로서 평안도를 걸었던 길은 그와 같은 출세가도의 하나이기도 했던 것이다.

박내겸은 어사로 활동하면서 보통 말을 타고 다녔지만 신분을 감추는 데 꼭 필요하면 두 발로 걷기도 했는데, 그가 이동할 때 하루에 대개 70리에서 90리를 걸었다. 물론 비가 오거나 출도 후 문서를 조사할 때는 한곳에 머물러 있거나 20리나 30리만을 이동할 때도 많았다. 가장 먼 거리를 간 날은 120리를 이동했는데 그렇게 움직인 날은 모두 나흘이었고, 하루에 110리를 이동한 것이 모두 다섯 번이었다. 서울을 떠나 다시 돌아올 때까지 이동한 거리는 4915리로, 125일 동안 하루 평균 약 40리를 걸었다. 조선 후기에 10리가 정확히 얼마나 되는 거리인지 불명확하지만, 지금까지 제시된 의견 중에 4.2킬로미터로 계산하면 2064킬로미터가 된다.

길게는 경부고속도로의 여섯 배가 넘고, 적게 잡아도 다섯 배에 달하는 거리다. 이 먼 길을, 때로는 어깨가 잠기는 깊은 물을 남의 신세를 지면서 간신히 건너기도 하고, 한 필밖에 없는 말이 병이 났을 때는 그것을 끼고 여러 차례 고개를 넘고 내를 건너느라 발이 부르트고 숨이 헐떡이는 괴로운 모습을 연출해야만 했다.

산이 무너지고 바다가 밀려들 듯한 출도
기생의 유혹과 인연

박내겸은 임무를 수행하느라 많은 고통을 겪기도 했지만, 다른 한편으로는 큰 권력을 누렸다. 암행어사로서 지닌 권력은 평안도 관찰사가 그를 대하는 데서도 드러난다. 관찰사는 품계가 종2품인 고위관직으로, 당시 평안도에는 세도가문 출신인 김이교가 나가 있었다. 그런 그가 평양 출도 후 문서를 조사하고 있던 박내겸을 세 번씩이나 직접 찾아가 만나고, 배를 동원해 하루 종일, 그리고 밤까지 유흥을 베풀었다. 박내겸은 그때 겨우 종5품 관직에 올라 있을 뿐이었다.

하지만 암행어사로서 누리는 권한의 통쾌함은 무엇보다도 출도에 있었다. 『춘향전』에 묘사된 '강산이 무너지고 천지가 뒤눕는' 듯한 출도 장면은 현실에서도 사실이었던 것 같다. 5월 13일 순안에서 최초로 출도하던 장면을 박내겸은 이렇게 묘사했다.

역졸들이 빠른 소리로 암행어사 출도를 한 번 외치니 사람들이 무리

지어 놀라 피하는 것이 마치 바람이 날고 우박이 흩어지듯 하였다. 우선 문루에 올라가 바라보니 온 성안의 등불이 모두 꺼지고 바깥문들이 빠짐없이 닫혔다. 계속되는 소리로 빨리 외치는데 끝내 사람의 자취는 없었다. 내가 거느린 무리가 여기저기서 들어오는데 관아 건물들은 비어서 사람이 없었다. 나도 오래 서 있기가 어려워 천천히 동헌으로 들어갔는데 그곳 역시 빈집이었다. 암행어사의 위엄과 서슬은 과연 이와 같은 것이었다.

5월 28일 개천에서 두 번째 출도를 했을 때는 그날이 장날이었는데도 사람들이 모두 도망가버려 거리가 텅 비었다. 평양에서는 대동문에 올라가 출도를 외치려는데 누각 문이 닫혀 있자 역졸이 돌을 들어 문을 부쉈다. 박내겸은 "큰 소리로 한 번 외치니 성내가 온통 끓는 솥처럼 되어 사람과 말들이 놀라 피하는 것이 산이 무너지고 바닷물이 밀려드는 듯하였다. 평안도에 나온 이후로 으뜸가는 장관이었다"라고 기록해두었다.

출도 후 암행어사가 취한 조처는 즉각 효과가 나타났다. 안주에서 출도한 것은 6월 6일이었는데, 나흘 뒤에 암행을 할 때는 길에서 죄수의 칼枷을 쓴 사람을 여러 번 만났다. 그가 발행한 지시 공문을 따라 안주에서 다른 곳으로 이감되어가는 자들이었다. 서울로 돌아가느라 황해도의 동선령을 넘을 때는 자신의 조처로 자리에서 쫓겨난 순안 수령의 여종이 어사를 저주하더라는 소식을 전해 듣기도 했다. 박내겸의 표현대로 '세상에는 참으로 없는 일이 없다'고 할 만한 일도 벌어졌다. '관서에서 으뜸가는 집안' 출신이며 토호와 부자들을 끼고 변장邊將까지 역임한 황명조黃命祖라는 인물이, 그 사촌 형 겸조謙祖가 자기 죄상을 어사에게 일러바친 것으로 혼자 의심하여 밤중에 사촌 형을 찔러 죽이고 자기도 배를 찔러 자살했던 것이다.

그런 권력이 있었기에 암행을 하는 박내겸이, 청원서를 들고 어사를 찾아 헤매는 인물들과 거듭 부딪쳤던 것이다. 조선 후기에 의지할 데 없는 백성들이 암행어사에게 거는 기대가 매우 컸던 것이 사실인 듯하다. 변사또를 봉고파직하고 춘향이를 구해내는 이몽룡의 통쾌한 활약도 그렇지만, 수령의 무능과 그 주위의 기생·책객, 그리고 토호의 부패상을 실감나게 묘사한 우화소설 『까치전』에서도, 암행어사가 염탐 끝에 나서서 암까치의 원한을 명쾌하게 풀어주고 있다.

하지만 암행어사의 봉고파직 권한은 과장되어 잘못 전해지는 것이다. 창고를 봉하여 부정한 수령의 업무를 정지시키는 것은 어사의 직무에 속하는 일이었다. 그러나 어사가 독자적인 염탐과 조사만으로 수령을 직접 파직하는 것은 체제 운영 원리에 비춰볼 때 성립될 수 없는 일이었다. 백성 앞에서 수령의 권위를 직접 훼손하는 것도 용납할 수 없었는데, 많은 경우 수령이 어사보다 품계가 높았기 때문이다. 정조 연간에 전라도 안핵어사로 파견되었던 이희갑이 나주목사 조시순을 파출罷黜하고 그 죄상을 처벌할 것을 요청하는 장계를 올리자 정조는 이희갑의 죄상을 따져 보고하라고 명령했다. 암행어사의 할 일은 봉고와 사실 보고에 그칠 따름이며, 수령의 파출이나 처벌을 요청하는 것은 잘못이라는 뜻에서였다. 이 경우는 암행어사가 중앙 정부에 대해 수령의 파직을 청했을 뿐인데도 그 권한을 넘어선 일로 지적되었으니, 스스로 수령을 파직하는 것은 있을 수 없는 일이었다. 『춘향전』이나 『까치전』의 묘사는 조선의 지배체제가 붕괴되던 속에서 어사의 권한이 과장된 것이었다. 어사가 수령을 파직하는 예는 일반 사료에서도 찾기 힘들고, 박내겸 또한 여러 지역에서 출도했지만 수령의 파직을 명령한 일은 없었다.

한편 암행어사의 업무 수행이 항상 수고로움과 고통 속에서만 이루어진 것은 아니었다. 출도할 때의 짜릿함에 대해서는 박내겸 스스로도 여러 번 서술했으며, 그것 말고도 많은 즐거움이 있었다. 가는 곳마다 풍광을 감상하고 평가하는 것이야 심상한 일이라 하더라도, 평양에 처음 들어갔을 때는 남들이 볼까 두려워하는 중에도 배 하나를 세내어 대동강 절벽 아래로 가서 수행원이 마련해 온 술과 안주를 즐겼다. 출도를 한 다음에는 성천부사나 평안감사가 제공하는 대동강 유람과 잔치를 마음껏 누릴 수 있었다.

그러나 여행 기간 중 박내겸의 사생활에서 가장 큰 비중을 차지하는 것은 기생과의 인연이었다. 그는 출도도 하기 전에 이미 기생의 유혹을 받았다. 맹산 향청에서 만난 기생이 자기 집에 가서 놀이꾼을 불러 모아 함께 놀아보자고 적극적으로 권유했을 때는 말은 안 했어도 머리를 끄덕여 반승낙을 하였다. 하지만 밤에 이리저리 생각을 하면서도 감히 가지 못했다. 성천 관아에서 만난 경란鏡鸞이 평양에 열고 있는 기생집을 찾아간 적도 있는데, 그녀가 자기 신분을 알아챈 것을 느끼고는 일어서서 나왔다. 암행 염탐을 대개 끝내고 출도를 앞두고 있던 시점이라 적당히 신분을 감추고 기생집에 놀러 갔지만, 어사의 마음가짐을 아주 잃지는 않았으니 신분이 드러난 것을 느끼는 순간 술맛이 떨어졌을 것이다.

출도를 한 후에는 좀더 자유롭게 기생들과 어울렸다. 용강에서는 현령이 보낸 향염香艶과, 평양에서는 관찰사가 보낸 만홍晩紅과 동침했다. 강동에서 출도한 후 자리를 함께한 기생 부용으로부터는 "정자는 신선들의 거처로 이름을 얻어야지 죄인 다스리는 형구가 뜰에 가득 차고 짚신 신은 발이 높은 자리까지 올라온다면 품격을 잃게 됩니다" 하는 말을 듣고 동감을 표하기도 했다. 어사의 엄한 다스림으로부터 자기 고장을 보호하려는 기생의 재치가 돋보이는 장면이다.

그러나 가장 관심을 끄는 것은 성천 기생인 또 다른 부용과의 인연이었다. 박내겸은 출도 전에 영락한 선비로 변장하고 성천에 가서 친구 이기연의 대접을 받을 때 그녀와 더불어 시와 노래로 시간을 보냈고, 나중에 신분을 밝히고 그 고을에 들어갔을 때도 함께 시와 노래를 즐기고 뱃놀이도 했다. 그로부터 한 달 가까이 시간이 흐른 후, 박내겸이 평안도를 떠날 때가 다 되었을 때 부용이 그의 자취를 밟아 홀연히 중화에 나타났다. 박내겸은 그녀와 함께 달을 바라보고 「적벽부」

「기녀와 선비」, 작가 미상, 종이에 담채, 19.5×33cm, 19세기 초, 이종웅.

「주유청강선유도舟遊淸江船遊圖」, 작가 미상, 종이에 채색, 46.2×31.2cm, 조선 후기, 국립중앙박물관. 나룻배에서 양반들이 기녀들과 함께 즐기는 모습이다. 암행어사는 업무 수행 중에 유람과 잔치를 한껏 즐기기도 했다.

를 낭송하면서 인연을 신기해했다.

그 인연의 실상은 무엇이었을까? 부용은 자字를 추수秋水, 자호自號를 수일水一이라 했는데, 그전에 이미 서울에 드나들면서 이름을 날리던 기생이었다. '귀한 집 자제와 높은 자리의 명사들이 그를 끌어다 함께 앉아 시와 노래를 주거니 받거니 하지 않은 사람이 없었고, 박내겸 또한 그 이름을 많이 듣고 그녀가 지은 시를 익히 보았다'는 것이었다. 따라서 이때의 부용은 한창때를 넘긴 기생이었고, 박내겸의 행방을 수소문하여 성천에서 중화까지 먼 길을 찾아온 것은 앞날을 의탁하려는 필사적인 노력이 아니었을까? 그녀는 박내겸을 처음 보았을 때 이미 그 신분을 짐작하고 "진정 자기를 사랑하는 자가 있다면 비록 그 사람의 속옷이 된다 하더라도 사양하지 않을 것"이라고 하면서 그를 극진히 대접했다. 동료 기생 경란도 부용의 언행을 통해 박내겸의 신분을 알 수 있었다. 반면에 박내겸은 그녀와 더불어 시와 그림, 노래를 즐기면서도 일정한 거리를 두었던 것으로 보인다. 관기와의 동침 사실을 솔직히 기록한 그이지만 부용과 같이 잤다는 말은 없고, 멀리 자신을 찾아온 데 대해서도 더 이상의 언급을 하지 않았다.

어사의 시각으로 본
조선 민중과 지배층의 관계

박내겸은 암행어사로서 평안남도를 돌아보는 동안 지방관들의 다스림과 지역 폐단을 파악한다는 원래의 임무 외에, 사회의 밑바

닥을 들여다보고 관리로서 자신을 돌아보는 과정을 경험했다. 그
는 길 떠난 지 사흘 후 황해도 신계에서 사람들 틈에 섞여 관청으
로 들어가 굶주린 자들을 구제하기 위한 죽사발을 받아들었다.
평양에서는 관찰사가 벌이는 잔치를 대동문 누각에 올라가 멀리
서 구경하다가, 몽둥이를 들고 와서 구경하는 사람들을 내모는 감
영의 아전들에게 쫓겨 여러 차례 곤경을 겪으며 누각에서 내려와
야 했다. 엘리트 관원으로 하여금 그런 경험을 하도록 한 것이 암
행어사 제도의 진면목이었다고 할 수도 있을 것이다.

박내겸은 평안도의 경제적 번성과 뛰어난 풍광을 자기 눈으로
확인하며 기록으로 남겼다. 평안도와 함경도가 서로 통하는 곳인
양덕의 가창假倉은 "화물이 산처럼 쌓이고 마을은 넉넉하고 번성
하여서 산골짜기의 큰 도회"가 되어 있었다. 평양 연광정練光亭에
처음 올라갔을 때의 경험은 "하늘을 찌르는 누각, 나루에 어지러
운 커다란 배들, 땅 끝까지 가득한 동네, 강을 따라 계속되는 숲.
이리저리 둘러보느라 다른 겨를이 없고 무어라 이름붙일 수 없었
으니 진실로 평생토록 잊지 못할 장관이었다"고 기록했다. 평양의
별감으로부터 "아버지가 이익을 몰아 부를 쌓으면 아들이 방탕하
게 놀러다니며 남김없이 써버리고 손자는 굴러다니는 거지가 되어
의지할 곳이 없기 때문에 세상에서 가장 불쌍한 것은 부자의 손
자"라는 시중의 농담을 들으면서는 치부와 몰락이 무상한 평양의
경제 실상을 접할 수 있었다.

박내겸의 눈에도 지배층의 행태는 왕왕 어이없는 모습으로 나
타났다. 국령이라는 인물은 성천군수나 관찰사와도 가까운 사람
이었는데, 유람을 마친 후 평양을 떠나는 장면은 한 편의 소극笑劇

「부벽루연회도」, 전 김홍도, 종이에 채색, 71.2×196.6cm, 『평양감사향연도』에 수록, 18세기, 국립중앙박물관. 그림 오른쪽 가운데에 관찰사 부임을 축하하는 잔치를 구경하던 암행어사가 포졸들의 몽둥이에 쫓겨 버려오는 장면이 눈에 띈다.

에 지나지 않았다. 국령은 그림배 위에 단정히 앉았는데 그를 모시던 경란이라는 기생이 애틋한 미련에 이별을 참아내지 못했다. 국령은 손을 저어 들어가게 했지만 기생은 말도 못 하고 일어나지도 못하며 눈물만 비처럼 쏟아낼 뿐이었다. 배가 오래도록 떠나지 못하고 국령 또한 차마 정을 끊고 떠나지 못하더니, 마침내 함께 타게 하여 배를 출발시켰다. 박내겸의 말마따나 "크게 웃을 만한 일이었다."

한편 백성들은 지배층의 행태를 거침없이 비판하곤 했다. 가리탄 주막의 주인 노인이 정체 모를 선비들일 따름인 박내겸 일행을 끌어들여 마주 앉더니 전임 수령의 잘하고 못 한 일과 간사한 이서들이 민폐를 끼치는 상황을 이야기한 것이 그 한 예다. 은산에서 만난, 아기 보던 노파는 "요즘 세상에 어찌 죄 없는 자가 있겠습니까?" 하면서 관속과 토호들의 행태를 비난했다.

그렇게 여행을 하면서 박내겸은 지배층으로서의 자신을 되돌아보곤 했다. 어사에 대한 백성들의 기대를 접하면서 그 책임이 막중함을 여러 번 토로했고, 삼등에 갔을 때는 그곳 명승인 삼십육동천三十六洞天을 유람하는 지배층 때문에 백성들의 고통이 크다는 원망을 듣고 아랫사람들의 현실을 돌보아야 할 책임을 느꼈다. 일기에 담겨 있는 그의 행적에 왜곡이 있을 수 있겠지만, 하층민 앞에서도 그의 예절은 반듯했던 것으로 여겨진다. 상원군에서는 맨 밑바닥 신분인 관노官奴의 달팽이 같은 집에 묵어야 했다. 다음 날 새벽에 주인이 관청에 일하러 나가자 날이 아직 캄캄하고 비까지 오고 있었지만 박내겸 또한 바로 따라 나갔다. 집에 주인의 처인 젊은 여자만 남았기 때문이었다. 그는 길에서 나아가지도 물러나

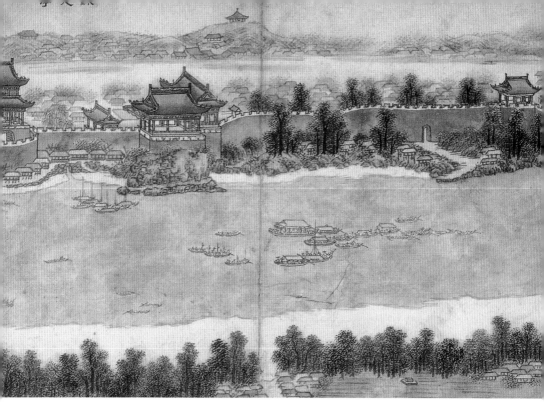

「평양 연광정」, 작가 미상, 종이에 담채, 41.7×59.3cm, 『관서명구첩』에 수록, 18세기, 개인.

지도 못하다가, 한 술집에서 등을 켜고 국을 끓이는 것을 찾아낸
후에야 뛰어들어가 부뚜막의 화롯불 앞에 앉을 수 있었다.

기자의 고장에서 탄식하다
여사가 보인 현실 기만

박내겸의 발길 닿는 곳곳에 전도된 현실이 펼쳐졌다. 함종에서
백성들에게 환곡을 나누어준다는 소식을 듣고 박내겸은 사람들
과 섞여 읍의 창고 마당으로 헤치고 들어갔다. 나누어주는 쌀의

품질이 거칠다고 몇몇 사람이 수령에게 나아가 고발하려는데 아전들이 말리니, "근래 암행어사가 내려왔다고 하는데도 이처럼 농간을 부리는가?" 하고 항의했다. 백성들은 암행어사가 자기편일 수 있다고 생각했지만, 아전들은 웃으며 대꾸하고 끝에 덧붙였다. "암행어사가 이 마당에 들어와 있거나 않은지 어떻게들 알고 이처럼 소란스럽게 구는가?" 아전들이 보기에 암행어사는 체제 쪽에 서서 백성들을 압도하는 존재일 따름이었다. 항의하던 몇 사람은 결국 더는 말하지 못하고 받은 것을 헤아려 흩어졌다. 백성들의 고통을 구하라고 파견된 암행어사를 도리어 아전들이 백성들을 협박하는 구실로 이용하는 것을 보며 박내겸도 "어리석은 백성은 호소할 곳도 없다니, 참 심하구나"라고 한탄하였다.

6월이 되어, 박내겸은 함께 암행어사에 임명되어 평안북도로 파견된 임준상이 강계에 도달하여 사망했다는 소식을 들었다. 그는 같은 암행어사로서 매우 참담해했다. 더욱이 온 도내에 소문이 분분하고 평안남도 암행어사인 자신이 그 지방에 들어가야 한다는 여론이 일어났다. 그런데 6월 26일 정부에 올라온 평안도 관찰사 김이교의 장계에 의하면 청북 암행어사 임준상은 강계에 도착해 갑자기 구토를 하더니 사망했다고 한다. 어찌된 일이었을까? 강계는 산삼의 대표적인 산지로서, 이때는 채취량이 줄어들었다지만 그래도 엄청난 재물이 오가는 곳이었다. 임준상은 그런 속에서 주민들에게 살해당한 것은 아닐까? 관찰사조차 진상을 파악하지 못했거나 일이 복잡해지는 것을 꺼려 적당히 허위 보고를 한 것은 아닐까? 실록에 따르면 국왕은 임준상이 고생을 무릅쓰고 어명을 수행하다 죽었다 하여 심히 애통해하면서, 그에게 동부승지를 증직하고 각별히 운구하여 장사지낼 것이며, 혹 아들이 있다면 나이 차기를 기다려 등용하라고 명령했다. 과연 관찰사 김이교가 국왕에게 허위 보고를 할 수 있었을까? 정확한 진상을 알기는 역시 어렵다. 그러나 조정의 인식과 민생 현장 사이에 엄청난 괴리가 빚어졌던 것이 19세기 세도정치의 특징이었음을 떠올릴 때 전혀 가능성 없는 일은 아니었다. 진상이 어떻든, 동료 암행어사의 탈법에 대해 박내겸은 분노했다. '온 도내'에 일어난 주민들의 주장처럼 자신이 청천강을 건너가 임준상을 다스려야 하는 것이 아닌가 고민도 했다.

하지만 그가 눈앞에 펼쳐지는 장면의 시대적·지역적 맥락을 읽을 수 있었는가 하는 것은 별개의 문제였다. 박내겸이 평양의 기자묘箕子墓를 둘러보니, 제도에 맞지 않을 뿐 아니라 무척 초라했다. 그는 "우리 동쪽 나라에서 군신과 부자의 윤리가 있음을 아는 것은 모두 성인 기자가 남기신 가르침인데, 높이고 보답하는 법식이 마음을 다하지 못하였음"을 슬퍼했다. 당시 조정에서든 평안도에서든, 평안도의 지역적 권위를 강조할 때는 언필칭 '기자의 고장'임을 내세웠다. 평양성 바깥쪽으로는 기자가 정전제井田制를 시행하던 유적이 완연하게 전해진다고도 했다. 하지만 "기자가 문명을 일으킨 땅"이라는 진술은, 평안도 인사들에 대한 격심한 차별 대우와 큰 충돌을 일으키지 않고 몇백 년을 공존해왔다. 궁색한 기자묘는 '기자의 고향 평안도'라는 화려한 명제가 실상은 그 지역에 대한 차별의 현실을 호도하는 허울일 뿐이라는 상황을 박내겸에게 웅변하고 있었지만, 박내겸은 그저 슬퍼할 뿐이었다.

박내겸은 평양에서 미친 사람을 만났다. 그 사람은 원래 그곳

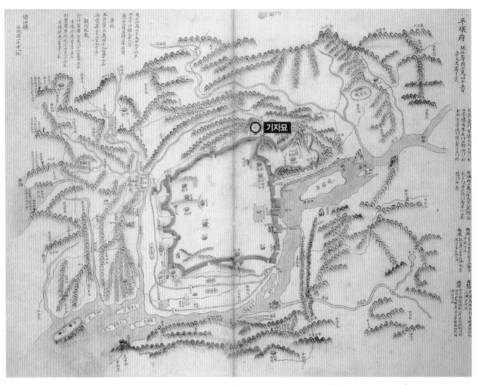

「평양부」, 『해동지도』, 종이에 채색, 47×30.5cm, 보물 제1591호, 1750년대, 규장각한국학연구원. 표시한 부분이 기자묘이다. 박
내겸은 평양을 돌아보면서 기자의 묘가 무척 초라하고 격식에 맞지 않음에 대한 문제의식을 가졌다.

지배층의 착실한 선비였는데 공부하는 괴로움이 지나쳐 광인이
되었다는 것이다. 박내겸은 그를 불러 밥을 함께 먹고 경전을 외워
보게 하면서 '마음이 상하고 불쌍해서 차마 볼 수 없을' 정도로 동
정했다. 이 사람의 개인적인 사정을 자세히 알 수는 없지만, 본래
단정하고 아취 있던 평양의 선비가 아이들에게 쫓기는 미친 사람
이 된 데는 장래 정치적 진출로를 찾을 수 없다는 사실이 작용했
을 수도 있다. 당시 평안도와 함경도의 인사들은 조정으로부터 관

직 진출에서 결정적 차별을 받고 있었던 것이다. 문과를 통과하면 분관分館이라 하여 승문원, 성균관, 교서관 중 한 곳에 소속되어 정해진 기간 업무를 익혀야 했는데, 승문원 출신들만이 국왕을 가까이 모시거나 정부 운영의 핵심 관직으로 나갈 수 있었다. 또 무과 급제자들이 나오면 선전관·부장·수문장 중 하나에 미리 추천하는 절차가 있었는데, 무장으로 순조롭게 진출하려면 반드시 선전관천宣傳官薦을 받아야만 했다. 그러나 평안도나 함경도 출신 인물들은 승문원에 분과되거나 선전관천을 받을 길이 19세기 들어서도 제도적으로 막혀 있었다. 평안도 인사들의 사정이 그러했던 만큼, 딱히 이 사람이 아니라 해도 수많은 서북의 인재가 부당한 차별 속에 울화를 쌓아가고 있었다. 하지만 박내겸이 그곳 인재를 등용하기 위해 별단에서 제시한 대책은 이른 시기부터 논의되고 있었던, 승문원 분관이나 선전관천을 허락하자는 원론에도 미치지 못했다.

　박내겸은 숨겨진 인재를 발굴해야 하는 임무를 위해, 개천의 참봉 현심목玄心穆을 찾아본 후 그를 조정에 천거했다. 하지만 박내겸이 격찬한 현심목의 학문 내용은 『중용』을 읽는 것, 학문 탐구의 성실한 자세, 가묘 참배 때의 엄숙함, 경전·역사서·제자백가서의 구비, 천문관측기의 제작, 시와 음악 등에 대한 조예, 예설에 대한 저술에 그쳤다. 17세기 이후 변화하는 현실에 조응하여 거세게 일어났던 새로운 학문 경향이나 그것을 현실에 적용하는 문제에 대한 고민은 찾아보기 어렵다. 박내겸의 현심목 추천은 별다른 문제의식이 없는 상투적인 행위였다. 현심목은 그전부터 기회 있을 때마다 조정에 추천되었지만 별다른 성과를 남길 수 없었던 인사로,

박내겸이 만나봤을 때는 이미 80대에 이른 노인이었다.

박내겸은 기자묘와 평양의 광인을 보면서 마음 깊이 우러난 슬픔을 느끼고 별단에서 그에 대한 대책을 건의했다. 또, 현심목을 만나보고 느낀 찬탄 그대로 그를 조정에 천거했다. 그러나 이것들은 모두 평안도의 현실에 아무런 변화를 가져올 수 없는 껍데기뿐인 대책이었다. 박내겸 개인의 마음가짐과는 별도로, 지배체제의 작동을 본다면 하나의 기만에 지나지 않았다.

나아가 박내겸 스스로도 궤변으로 지방민을 기만할 때가 있었다. 개천 향교에 들어갔을 때의 일이다. 선비들이 그 지역 인재를 등용하기 위한 회시會試의 문제점을 조심스럽게 지적했다. 부자들만 모두 합격하고 가난한 사람들은 불리했으니, 부정이 개입되지 않았겠느냐는 불만이었다. 처음에 그들의 주장에 동감하는 듯하던 박내겸이지만 끝에 가서는 이렇게 말했다.

요즘 세상에 옳고 그름을 가리는 데도 바른 도리가 없어져서, 가난한 사람들이 글을 파는 것은 허물하는 법이 없고 부자가 남에게 글을 짓게 하여 급제하는 것만 탓합니다. 시험관이 의심을 받지 않으려면, 글 잘하고 글씨 잘 쓰는 사람은 부자라 하여 밀어버리고, 가난한 자라는 이유로 글 못 하고 글씨 못 쓰는 사람을 뽑은 후에야 겨우 공정한 도리라고 할 것입니까?

이야기가 이상해졌다. 박내겸은 역시 철저히 조정의 관인인 것이다. 비록 궁색한 과객으로 변장했다 하더라도 시골 선비들에게 시험관이나 정부의 잘못을 인정할 수는 없는 노릇이었다. 되지도 않는 논리를 내세워 부자들로부터 돈을 받고 답안을 대신 작성해주는 가난한 선비들에게 전적인 책임을 돌려버렸다. 정체를 알 수 없는 사람에게 괜히 쓸데없는 말을 많이 할 필요는 없다고 느낀 그곳의 선비가 "정말 그렇습니다. 글을 파는 자의 죄입니다. 시험관에게 무엇을 탓하겠습니까" 하고 마무리를 지었다.

*

1822년 평안도 암행어사 박내겸이 밟은 길은 어사와 지방민, 지방의 관리들 사이에 속고 속이며, 감시하고 감시당하며, 진짜와 가짜가 어지럽게 엇갈리는 과정이었다. 우리는 박내겸의 일기와 보고서에서 성실하게 업무를 수행했던 19세기 전반기 한 관인의 모습을 읽을 수 있다. 그는 넉 달이 넘도록 2000킬로미터의 여정을 소화하면서 지방관의 잘잘못과 민간의 폐단을 조사했다. 그럼에도 불구하고 그의 행적은 암행어사의 이상과는 거리가 있었다. 비밀을 지키려 노력했으나, 그것은 이미 구조적으로 불가능한 일이었다.

어사는 고통과 쾌락을 번갈아 맛보며 임무를 수행하고 있었다. 먼 길에 발이 부르트기도 하고 가짜어사로 오인받아 위기에 처한 때도 있었지만, 출도할 때의 권력이나 기생과의 기이한 어울림은 어사로서만 누릴 수 있는 즐거움이었다. 그런 가운데 고전소설이나 설화에서 봐왔듯이, 의지할 곳 없는 백성들이 암행어사에게 기대를 걸고 있었던 상황은 박내겸의 행차에도 마찬가지였던 것 같다. 주막의 노인과 아기 돌보는 노파도 암행어사를 기다리고 있었으며, 억울한 일이 있는 사람들은 청원서를 써서 들고 어사를 찾아 헤매고 있었다.

암행어사는 낯선 고장의 풍광은 물론, 백성들의 시각에서 지배층의 행태를 관찰하고 자신을 돌아볼 수 있었다. 지역사회가 숨 가쁘게 돌아가는 현실을 접할 수도 있었고, 전도된 논리에 아연해하기도 했다. 상업적 축재와 몰락의 현실, 동료 암행어사의 부정행위 등이 그 대표적인 사례였다. 하지만 궁색한 기자묘나 평양의 광인에 대해서처럼, 스스로 동정하고 분노하고 의문을 가지는 문제에 대해서도 그 사회적 맥락을 파악하기란 쉽지 않았다. 나아가 80대에 달한, 현실과 괴리된 모습의 학자를 관서의 유명 인물로 천거하는 데에서처럼, 상투적인 정치 행위를 되풀이하는 일도 있었다. 박내겸 개인의 성실성에도 불구하고, 그것은 체제 유지의 자기 위안과 기만술에 불과했다. 때로는 박내겸 스스로 궤변을 동원해가면서 지방민을 기만했다.

부정행위를 일삼는 관리가 아니라, 오히려 성실하게 업무를 수행해가던 암행어사의 행적에서 드러나는 여러 수준의 자기 위안과 기만은 19세기 조선 사회가 유지하고 있었던 정치체제의 한 단면이었다.

9장

감시 속에서 즐긴
유배인의 여행길

⊙

이문건의 유배길과 해인사 유람

김경숙

　조선의 형벌은 태笞·장杖·도徒·유流·사死의 오형五刑 체제를 이루었다. 그중에서 유배형은 사형 다음으로 무거운 형벌이었는데, 죄인을 특정 지역으로 보내 사면령이 있지 않은 한 종신토록 유배지에서 강제로 살게 하는 벌이었다. 그런데 이것은 정치적인 이유로 내려질 때가 많아 조선의 관료들 중에 한두 차례 유배에 처해보지 않은 이가 드물 정도였다. 그리하여 오늘날 사람들이 빈번하게 접하는 것이 조선인들의 유배 이야기인데, 그러나 그 실상은 잘 알려져 있지 않거나 오해되곤 하며, 특히 유배인의 여행이 그러하다.

　국왕이 죄인에게 유배형을 명하면 담당 관청에서 유배지를 배정해 국왕에게 올려 윤허를 받은 뒤 죄인을 유배지로 압송하는 과정을 거친다. 그러므로 유배형은 자연히 유배인의 여행, 즉 유배길과 함께 시작된다. 유배길은 유배지의 원근에 따라 행정行程이 달라지는데, 『대명률大明律』에 의하면 2000리, 2500리, 3000리 등 세 등급으로 차등을 두었다. 이는 영토가 광대한 중국에서 규정해놓은 것이었기에 나라 땅이 좁은 조선이 이를 그대로 적용할 수는 없었다. 이 때문에 조선의 실정에 맞춰 거리를 조정한 결과

2000리는 600리(20식息, 1식=30리) 밖, 2500리는 750리(25식) 밖, 3000리는 900리(30식) 밖으로 정했다. 이에 따라 유배인은 유배살이를 위하여 먼저 유배지까지 수백 리의 여행길에 올라야 했다.

을사사화에 얽혀 떠난 여행 아닌 여행길

1545년(명종 즉위년) 을사사화에 휘말려 경상도 성주에 유배된 묵재默齋 이문건李文楗(1494~1567)은 9월 17일 서울에서 출발해 11일간의 유배길 여행 끝에 그달 28일 유배지에 다다랐다. 그가 남긴 『묵재일기默齋日記』의 기록을 따라 조선인들의 유배길 여행이 어떠했는지, 그 자취를 따라가보자.

그는 기묘사림의 영수인 조광조趙光祖의 문인으로 『기묘명현록己卯名賢錄』에 올라 있는 인물이다. 28세 때인 1521년(중종 16)에 형 충건忠楗과 함께 기묘사화에 연루되어 과거시험 응시 자격을 박탈당했다가 1527년(중종 22) 사면되어 문과에 급제한 뒤 중종대 후반에서 인종대에 걸쳐 중앙 정계에서 활약했다. 그러나 52세에 우승지로 재직하던 중 또다시 을사사화에 연루되어 성주로 유배되었고 그곳에서 일흔네 살의 나이로 삶을 마감했다. 그가 유배길에 오른 배경은 대윤·소윤의 정치적 대립 속에서 그가 대윤계의 정치적 성향을 띠고 있었기 때문이다. 직접적으로는 조카 이휘李煇가 인종의 후계에 대하여 서열이 아닌 어진 이를 국왕으로 모셔야 한다는 '택현설擇賢說'을 발설한 주모자로 지목되어 군기시軍器寺 앞에서 능지처참을 당하자 그 또한 이에 연루되었던 것이다.

9월 10일 조카가 능지처참을 당한 바로 그날 그는 관직에서 물러나 12일 청파동에 있는 큰누이 집으로 나아가 처분을 기다렸다. 결국 그에게 안치형安置刑이 내려졌고, 며칠 후인 16일 새벽 압송관으로 지정된 의금부 서리가 찾아왔다.

새벽에 의금부 서리 최세홍崔世泓이 찾아왔다. 불러들여 **만나**보니 유배지가 성주로 정해졌다고 한다. 오늘 마패가 **나**오면 내일 출발할 수 있다고 한다. 술을 대접해 보냈다. ○ 갈모 1개, 목면 1동, 솜고도襦古道 1개, 가죽신 1, 덧신 1, 귀덮개 1, 우비용 베옷 1개 등의 물품을 최세홍에게 보내주었다. 그의 요구가 극히 많아서 충족시킬 수 없었다.

죄인을 유배지까지 호송하는 압송관은 유배인의 관직이 무엇인가에 따라 차등을 두었는데, 정2품 이상의 대신은 의금부 도사, 종2품에서 정3품 당상관은 의금부 서리, 정3품 당하관 이하의 관료는 의금부 나장이 압송하고, 관직이 없는 이는 형조에서 역졸을 통해 압송했다. 이문건은 정3품 당상관인 우승지를 역임했기에 의금부 서리가 압송관으로 배정되었다.

그런데 압송관 최세홍은 유배길 여행에 필요한 여러 물품까지 요구했다. 이를 부비채浮費債라고 하는데, 이문건은 최세홍의 요구를 거부하지 못하고 내주었다. 그러면서 그의 요구가 너무 많아 충족시킬 수 없었다고 토로했다. 유배인은 자신의 유배길 비용을 스스로 해결해야 했던 터에 설상가상으로 압송관의 여행 경비까지 일부 짊어져야 했던 것이다.

17일 새벽 그는 재촉해서 식사를 하고 큰누이 및 처 안동 김씨와 작별했다. 해가 뜰 무렵 지인들이 찾아와 배웅하고 노비들이 통곡하는 가운데 그는 말을 타고 노비 몇 구를 거느리며 출발했다. 이종사촌 권길재權吉哉는 길을 따라나서 한강에서 배를 함께 타고 이별주를 나누었다. 한강은 서울에서 유배길에 오를 때 친지들이 배웅 나와 이별하는 곳이었다. 유배인을 차마 보내지 못하고 행차를 따르다가 강이라는 단절적인 자연물에 의지하여 마음을 추스르고 작별을 했던 것이다.

권길재가 한강을 건너 배웅하고 돌아가자 그는 본격적인 유배길에 올랐다. 점심 무렵 천천현穿川峴에 이르러 말을 먹이고 자신도 요기를 한 다음 다시 길을 재촉하여 열원烈院에 도착해 첫날밤을 맞았다. 그날 밤에는 조카 염爓이 숙소로 찾아와 하룻밤을 함께 지새웠다. 조카도 그 후 곧바로 함경도 경흥으로 유배길에 올랐으니 숙질간의 마음이 어떠했을까?

다음 날 18일은 새벽 일찍이 염의 누이가 떡, 과일과 술을 보내와서 염과 함께 요기를 하고 비가 오는 중에 출발했다. 갈림길에서 염과 작별하고 계속 길을 재촉해 김량역리金諒驛里에 도착해서야 비를 피해 겨우 아침식사를 할 수 있었다. 비가 잦아들기를 기다렸다가 다시 출발해 양지陽智 관아 앞 모정茅亭에서 잠시 쉬었다.

마침 전 충청감사 홍도원洪道原의 행차가 양지 고을에 와 있다는 소식을 듣고 편지 한 통을 써서 노비를 통해 전달했다. 죽은 조카 휘의 처자식들이 윤여옥尹汝沃이라는 사람에게 보내질 수 있도록 힘써달라는 내용이었다. 죄인의 처자식들은 공신들에게 노비로 분배해주는 까닭에 조카의 처자식들이 다소나마 편히 지낼 수 있도록 친분 있는 이에게 배정되길 바라는 마음이었을 것이다. 그러

「행려풍속도병 나룻배를 기다리
는 장면」, 김홍도, 종이에 채색,
1788, 국립중앙박물관.

나 홍감사는 쉽지 않다는 답장을 보내왔다. 모정을 출발한 그는 저녁에 좌찬역左贊驛에 이르러 역관驛館에서 숙박했다. 이날 처음으로 노비 야찰夜扎을 서울로 보내 별 탈 없이 길을 잘 가고 있다는 기별을 집에 보냈다. 19일은 새벽에 좌찬역을 떠나 천미천天尾川 가에서 아침식사를 하고 개울을 건너 하루 종일 길을 간 끝에 무극역無極驛에 다다랐다.

괴산에서 심신을 추스르다

그는 유배길에 오른 지 사흘째 되는 20일 충청도에 접어들어 점심 무렵 처가가 있는 괴산 땅에 들어섰다. 저물녘 사청射廳에 사는 숙모댁에 도착하니 김충갑金忠甲, 김효갑金孝甲 등 처남들이 그를 붙들고 통곡했다. 넷째 처남 김제갑金悌甲도 서울에서 내려와 기다리고 있었다. 괴산에 머무는 동안 많은 친지가 찾아와 위로했고, 괴산군수도 쌀, 콩, 술, 과일 등을 선물로 보냈다. 압송관인 최세홍은 이틀 뒤인 22일에야 도착했다.

압송관은 유배인을 호송해 일정을 함께하는 것이 원칙이었지만, 실제로는 유배인은 유배인대로 압송관은 압송관대로 길을 갔다. 정치적으로 유배길에 오른 사대부 죄인들은 도망갈 염려가 별로 없었기에 어느 정도 자율적인 노정이 보장됐던 것이다. 유배인의 유배길 여행은 흔히 사극에서 묘사되는 것처럼 온몸이 오랏줄로 묶여 끌려가거나 함거에 실려가는 모습과는 거리가 멀었다. 수일에서 십수 일 걸리는 먼 길을 오랏줄에 묶인 채 갈 순 없는 노릇이다. 사대부는 말을 타고 노비를 거느리며 가는 모습이었고, 죄인의 처지라는 것만 의식하지 않으면 일반 여행객과 다름없었다.

이러한 사정으로 이문건도 압송관과 동행하지 않고 노비를 데리고 홀로 괴산에 이르렀고 압송관은 이틀 뒤에야 도착했던 것이다. 최세홍은 괴산에 이른 후 술에 취해 찾아와 술주정을 하는 바람에 이문건이 상당한 곤란을 겪었다. 그러나 압송관을 박대하지못하고 아랫사람들에게 잘 접대할 것을 당부했다. 그가 유배인의처지임을 환기시켜주는 사건이었다.

괴산에서 이틀 동안 머물면서 지친 몸과 마음을 추스른 후 23일다시 길을 재촉했다. 그날은 새벽부터 비가 퍼붓고 천둥 번개가 쳤다. 비가 멈추길 기다렸다가 처가 식구들과 통곡 속에서 작별하고압송관 최세홍과 함께 괴산을 떠났다. 정오 무렵 동촌東村 천변에서 점심을 먹고 황혼 무렵 연풍延豊 동구불역東仇弗驛에 도착했다.이날 처음으로 압송관과 함께 하룻밤을 보냈다. 다음 날 24일은새벽에 일찍 출발해 아침나절에 험준한 새재鳥嶺를 넘어 경상도 땅에 들어섰다. 고개 남쪽에 있는 한 원우院宇에서 점심을 지어 먹고문경을 지나서 말을 먹이고 잠시 쉬었다가 다시 길을 재촉해 저물녘에 유곡역幽谷驛에 이르렀다. 이날 저녁에 최세홍이 지나는 길에들러 문경현감이 목면 두 필을 보냈다고 알려주었다. 이날 또다시압송관과 헤어져 각자 따로 길을 가고 있었음을 짐작할 수 있다.

25일에도 새벽 일찍이 길을 떠나 함창咸昌 갈통역乫通驛에서 아침식사를 하고 저녁에는 상주 낙양역洛陽驛에 이르렀다. 26일에는 압송관 최세홍과 함께 새벽 일찍이 출발하여 동행했다. 압송관과 전날 같은 곳에서 함께 숙박했음을 알 수 있다. 어떤 날은 압송관과 동행하고 어떤 날은 혼자서 길을 가기도 하는 등 그때그때의 상황에 따라 달랐던 것이다. 그날은 압송관과 함께하며 점심때에는 개령으로 향하던 중에 어느 개울가에서 밥도 함께 지어 먹고, 저녁은 선산 땅의 안곡역安谷驛에서 지어 먹었다. 27일은 부상역扶桑驛에 투숙했는데 마침 역관에 어느 부녀자의 행차가 들어 있던 참이라 대신 역인驛人의 집을 빌려 기숙했다. 이때 무릎만 간신히 움직일 정도로 방이 좁아 불편했지만 어쩔 수 없었다.

이문건은 그다음 날인 9월 28일 드디어 유배지 성주 땅에 들어섰다. 괴산을 출발한 지 5일 만이었고, 서울을 출발한 지는 꼭 11일 만이었다. 새벽 일찍 출발하여 점심 전에 성주 경계에 들어선 그는 한 개울가에서 잠시 쉬면서 점심을 먹고 노비 연동延同을 먼저 관아에 보내 기별했다. 뒤따라 읍내로 들어서니 향리 5, 6명이 길까지 나와 맞이하여 배소로 정해진 읍성 아래 김옥손金玉孫의 집으로 그를 안내했다.

배소에 도착한 다음 날 그는 괴산에서 데리고 온 노비 4구와 말 3필을 돌려보내고, 서울에서 따라온 노비는 잘 도착했음을 가족들에게 알리는 편지를 들려서 서울로 보냈다. 이로써 이문건은 11일에 걸친 유배길 여행을 모두 마무리했다. 한편, 배소에 도착한 이후 압송관 최세홍에 대한 기록은 보이지 않는다. 그는 향리들에게 유배인을 인계하고 도착 날짜를 확인한 후에 서울로 돌아갔을 것이다.

이처럼 이문건의 유배길 여행은 말을 타고 노비 몇 구와 짐말 몇 필을 거느린 번듯한 모양새를 갖춘 행렬이었다. 여행 도중의 숙박은 자체적으로 해결했고 주로 역관이나 역인의 집을 빌려 활용했

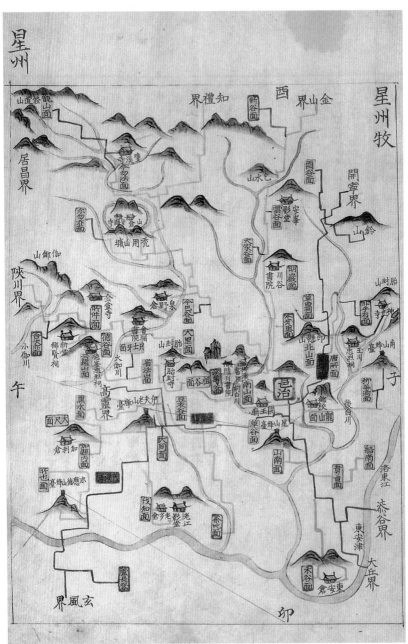

「영남지도 성주목」, 25.4×19.3cm, 18세기, 영남대박물관. 이문건의 유배지였던 성주의 지도.

다. 압송관도 동행하지 않고 자기 일정에 따라 자율적으로 길을 가니 겉으로는 보통의 여행객과 별반 다름없는 모습이었다.

또한 유배지 성주는 서울에서 630리이며 『의금부노정기』에 의하면 7일 반 일정이었다. 하루 평균 84리를 달려야 기한 내에 도달할 수 있는 거리였다. 그러나 그는 실제로 규정보다 3일이 더 지난 11일 만에 배소에 도착했으니, 하루 평균 57.8리의 길을 간 셈이었다. 괴산까지는 4일 만에 다다라 『의금부노정기』에서 규정하고 있는 3일 반 일정을 준수했지만, 괴산에서 이틀을 머물렀기 때문에 목적지까지 그만큼 일정이 지체되었다. 이처럼 3일의 일정이 늦어진 것은 규정에는 어긋났지만 추가적인 처벌을 당하지는 않았다.

이렇듯 자율적인 유배길은 이문건에게만 한정된 것은 아니었다. 다른 유배인들에게도 어느 정도의 유배길 지체는 묵인되었다. 광해군 대에 함경도 북청으로 유배길에 올랐던 백사 이항복은 1000리 길을 하루 평균 34~35리밖에 가지 않았다. 12일 내에 도착해야 하는 일정보다 17일이나 더 걸려서 29일 만에야 겨우 도착했다. 여행 수단이 제한적인 전통사회에서 어느 정도의 일정 차이는 흔히 일어날 수 있는 일이었으며, 한편으로는 유배인의 사회적 신분적 지위와 처지가 고려된 결과였을 것이다.

사대부 출신의 유배생활 풍경
지인과의 교유와 일상적 삶

조선시대 유배길은 죄인을 압송하는 강제적인 여행이었지만 실제로는 어느 정도 자율성이 허용되었다. 그렇다면 유배살이를 하는 동안에도 자율적인 여행이 가능했을까? 여행이라 함은 거주하는 곳을 벗어나 다른 곳으로 떠나는 상황을 전제로 한다. 때문에 유배인의 여행은 유배 죄인에게 거주지를 벗어나 다른 지역으로 이동할 수 있었는지가 관건일 것이다. 이를 알아보기 위해 먼저 유배인의 유배지 생활을 살펴보자.

유배형은 평생토록 유배지에서 살아야 하는 형벌이다. 도형徒刑과 달리 노역이 부과되지 않았기 때문에 유배지 경계를 벗어나지 않는 한 자유롭게 살 수 있었다. 관에서 거처할 집도 지정해주고 최저생계를 유지할 기본적인 식량도 제공해주었다. 가령 이항복은 북청 부사가 미리 집을 수리하고 살림도구를 완비해두었으며, 밥 짓고 잡일을 처리할 수 있도록 노비까지 마련해주었다. 숙종 대 안변에서 유배살이를 했던 이필익 또한 유생 출신이었음에도 관의 도움으로 경작할 전답을 마련하고 환곡까지 받았다. 고관대작이 아니더라도 사대부 출신 유배인들은 다양한 교유망을 바탕으로 유배 고을에서 여러 형태의 도움을 받을 수 있었다.

관에서는 유배인을 보수주인保授主人에게 위탁하여 생계를 지원하는 한편 도망가지 못하게 감시하는 역할을 맡겼다. 유배인이 거처하는 집 주인이 보수주인으로 배정되었다. 보수주인이 누구인가에 따라 유배인의 처지와 삶의 질이 달라지곤 했다. 각박한 보수주인을 만나면 끼니를 굶기까지 했다. 그러나 보수주인들은 사회적 지위와 경제력이 탄탄한 관료나 사대부 출신 유배인들을 후하게 접대하기 마련이었다. 유배인들도 지방관들과 각종 교유망을 바탕으로 보수주인 및 고을 백성들의 민원이나 개인 문제를 관에

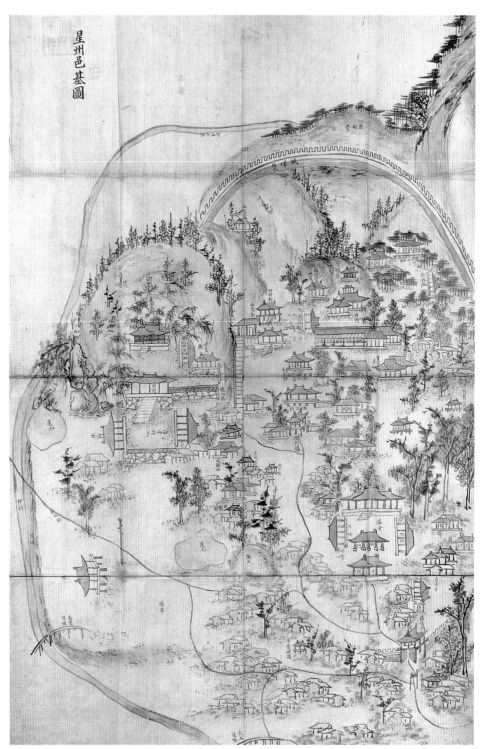

「성주읍기도」, 72.3×114.3cm, 조선 후기, 서울대 중앙도서관.

전달하고 중재하는 역할을 하곤 했다.

이렇듯 평소에는 보수주인을 통해 간접적으로 유배인을 관리했기 때문에 관에서는 매월 초하룻날 유배인들을 관에 불러 모아 점고點考하는 것으로 충분했다. 이마저도 생략하는 경우가 태반이었다. 아전이 필요에 따라 배소에 들러서 문안 인사를 하면서 동태를 살피는 정도에서 그쳤다. 관찰사의 순행길에 이루어지는 점고는 엄격하게 시행되었지만, 관찰사가 고을을 지나는 일은 극히 드물어서 1년에 한두 차례에 불과했다.

점고를 제외하면 유배인은 유배지에서 보통 사람들과 같이 자유롭게 생활했다. 보수주인의 눈길이 따르지만 일상생활을 통제하거나 행동을 구속하는 일은 드물어서 고을 경계를 벗어나지 않는 이상 보통의 백성들과 다름없는 삶을 살아갈 수 있었다. 유배지에서의 자유로운 생활은 유배인의 여행에도 그대로 적용되었다. 유배인은 유배지 고을 내에서 자율적인 활동과 여행을 할 수 있었다.

그렇다면 유배지 밖으로는 나갈 수 없었던 것일까? 유배형은 원칙적으로 유배지 고을 경계를 벗어날 수 없도록 했다. 그러나 역사 기록을 보면 유배인들 중 고을 경계를 넘어 인근 고을 명승지를 찾아 며칠씩 유람하는 이들을 찾을 수 있다. 성주에서 유배살이를 한 이문건 역시 인근 합천 고을에 있는 해인사海印寺를 자주 유람했다. 해인사는 통일신라시대에 창건된 유서 깊은 사찰로 가야산의 승경과 함께 팔만대장경 판목을 소장한 삼보三寶 사찰로 오늘날까지 명성을 떨치는 곳이다.

『묵재일기』에는 유배살이가 시작된 1545년부터 유배지에서 사망한 1567년까지 22년 동안 다음과 같이 여덟 차례의 해인사 유람 기록이 실려 있다.

• 이문건의 해인사 유람

횟수	유람 일정	기간	동행 및 교유인
1차	1546년(명종 원년) 9월 24~28일	4박5일	이몽진李夢辰
2차	1548년(명종 3) 3월 20~30일	10박11일	송백상宋百祥
3차	1552년(명종 7) 10월 2~4일	2박3일	성주판관, 이정중李靜中, 윤혼尹混, 이경명李景明, 이현李俔, 박봉거朴鵬擧, 황증黃憕, 여임종呂林鍾, 김자수金自粹, 유향소 및 사마소
4차	1554년(명종 9) 5월 16~20일	4박5일	고령현감 우옹愚翁, 합천군수 이증영李增榮
5차	1555년(명종 10) 4월 11일	1일	
6차	1558년(명종 13) 5월 2~3일	1박2일	고몽정高夢井
7차	1558년(명종 13) 8월 17~19일	2박3일	경상감사 경부敬夫, 합천군수 이창지李昌之, 찰방, 김내옹金乃雍, 권응인權應仁, 이득전李得全 3형제, 손자 숙길叔吉
8차	1561년(명종 16) 9월 3~5일	2박3일	성주목사, 상주목사, 합천군수, 박봉교朴奉敎, 박내한朴內翰, 권응인, 손자 숙길

이문건은 2~3년마다 한 번씩 해인사 유람길에 올랐다. 대개 길을 떠난 것은 봄가을 나들이하기 좋은 계절이었고, 집을 떠나 2박

3일 정도를 머물렀다. 혼자서 해인사를 찾아 주변 경치를 감상하고 돌아오는 때도 있었지만, 그보다는 지인들과 절에서 합류하여 술자리를 열고 시문을 읊고 바둑을 두고 밤을 지새우면서 담소를 하는 등 교유를 나누는 특성을 띤다. 실제로 해인사 유람 때마다 유배지나 인근 고을의 지인들 다수가 모였는데, 여기에는 지방관들도 포함되어 있었다. 오히려 지방관이 초대하여 유람길에 오르는 경우도 있었다. 일기 기록에 따르면 경상도 관찰사를 비롯하여 유배지인 성주목사와 판관, 인근 고을 수령인 합천군수, 고령현감, 상주목사 등이 해인사 유람에 함께 어울렸다. 지방관은 유배인의 여행을 금지하고 활동 영역을 철저하게 유배지로 제한해야 했지만, 이러한 상황들이 목격되는바 그런 규정은 잘 지켜지지 않았던 것이다.

단풍철, 해인사 유람길에 오르다

이문건이 해인사를 처음으로 찾은 것은 성주에서 내려온 지 꼭 1년이 되는 1546년 9월 24일이었다. 유배지에서의 삶에 점차 익숙해지면서 심적 안정과 여유를 찾아가던 때로 단풍이 무르익은 청명한 가을날이었다. 일기에서는 배소에서 출발하여 해인사에 이르는 여정을 이렇게 기록하고 있다.

맑음. 새벽에 일어나 자리끼를 먹고 해인사로 출발했다. 혜숭 스님과

『합천』, 53×35.5cm, 18세기
말~19세기 초, 『동국지도』에
수록, 국립중앙도서관. 이문건
은 유배생활 동안 합천 유람을
자주 했다. 특히 이웃 해인사
(표시 부분)를 지인들과 함께
찾곤 했다.

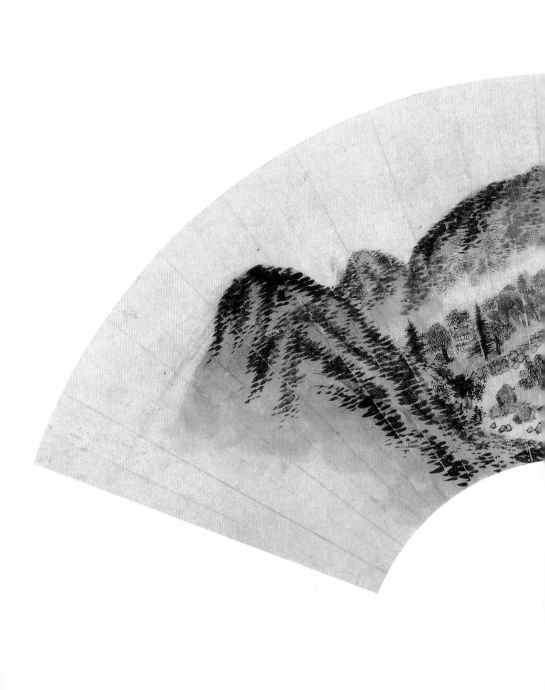

「해인사」, 정선, 종이에 채색, 67.5×21.8cm, 1734, 국립중앙박물관. 이문건은 유배생활 중에도 인근에 있는 해인사를 자주 찾아 유람하곤 했다.

사내종 만수, 경약의 종이 따랐다. 식량 두 말을 싸고 솜옷 하나를 챙겨서 갔다. 여우고개狐岾를 넘어 양장羊場에 이르러 가천伽川을 건너는데 물이 깊어 신발이 젖었다. 신당촌神堂村을 지나 밤고개栗岾를 넘어 법수法水에 도착하여 바위에서 쉬면서 점심 요기를 하고 말을 먹였다. 잣나무가 숲을 이룬 가을 산을 감상하니 극히 좋다. 다시 길에 올라 오동나무고개檟岾를 넘어 홍류동紅流洞에 이르러 계곡물이 바위에 부딪히며 흐르는 빼어난 경치를 감상했다. 여기서 절까지 몇십 리인데 산의 풍광과 물소리가 참으로 절경이었다. 날은 저물고 말은 지쳐 세세하게 즐기지 못하고 절 문에 들어서 말에서 내려 옷을 가볍게 하고 걸어 들어갔다. 혜숭 스님을 먼저 들여보내 행호 스님을 부르게 하니 전파하여 주지 스님에게 알렸다. 불이문不二門에 이르자 주지 성원 스님이 맞이하여 법당에 올랐다. 피곤하여 쌍운당雙運堂에서 쉬는데, 법주法主 현희 스님이 찾아왔다. 고단하여 밤에 깊은 잠이 들었다.

그의 유람 행차에는 세 사람이 따랐는데 해인사에서 온 혜숭 스님은 길잡이 역할을 하고 노비 만수와 최경약의 노비는 식량과 옷 등의 여행 짐을 지고 뒤따랐다. 경로는 여우고개-양장-가천-신당촌-밤고개-법수-오동나무고개를 지나 해인사가 있는 홍류동 계곡에 들어가는 것이었다. 지나는 곳마다 가을 정취가 무르익은 경치를 감상하느라 바빴고, 특히 홍류동 계곡에서는 기이할 정도로 빼어난 절경에 넋을 빼앗겼다. 새벽에 출발한 후 날이 저물어서야 절에 다다라 밤에는 온종일 지친 몸을 누이고 깊은 잠에 빠져들었다. 그가 숙소로 머문 쌍운당은 오늘날에는 해인사를 찾아도 확인할 수 없으니 조선 후기 수차례 화재를 겪던 중에 소실된 듯하다.

이튿날은 하루 종일 해인사에 머물면서 사찰 경내와 주변을 구경했다. 맑고 화창한 날이 계속되었다. 아침 식사 후 팔만대장경 목판을 보관해둔 장경판전에 올라가 살펴보고 탑당欛堂, 승상僧像, 무설당無說堂을 돌아보았다. 이들 전각도 오늘날에는 찾아볼 수 없다. 경내를 두루 살펴본 그는 현희 스님과 절 밖으로 나가 북쪽으로 향했다. 절 뒤편 언덕을 올라가 건너편 산을 바라보니 푸른 소나무, 붉은 단풍, 노란 오동나무 등이 한데 어울려 비단에 수를 놓은 듯했다. 화려하게 단풍으로 물든 가을 풍광에 매료되어 감탄사를 연발했다.

그러나 계절을 어쩔 수는 없듯, 가을바람에는 찬 기운이 감돌았다. 해를 등지고 소나무에 기대어 앉아 현희 스님이 준비해온 차와 과자를 함께 먹으며 담소를 나누었다. 또 홍하문紅霞門으로 나가 바위에 앉아서도 담소하고, 큰 나무에 기대서도 이야기를 나누는 등 주변을 돌면서 곳곳에서 스님과 단란한 한때를 보냈다. 그날 마침 산 아래 신당촌에 사는 이몽진이 찾아와 절에서 함께 밤을 지새웠다. 행호 스님은 식사와 두부부침을 차려서 이들 유람객과 수종인을 모두 접대했다.

3일째 되는 26일 해인사를 떠나 신당촌에 사는 이몽진씨 집으로 향했다. 단풍을 뒤로하고 차마 발길이 떨어지지 않는지 출발전에 다시 한번 북쪽 언덕에 올라가 가을 산을 감상했다. 성원, 행호 및 현희 스님과 함께 절을 떠나 홍류동 계곡으로 내려오는 길에도 유람은 계속되었다. 5리쯤 가다 낙화암에 이르러 말에서 내려 골짜기 계곡물이 포효하고 절벽이 우뚝 서 있는 풍경을 감상했다. 치원대致遠臺에 이르러 또다시 말에서 내렸다. 산봉우리가 사방에 겹겹이 둘러싸인 아래에 절벽이 깎아지르듯 골짜기를 이루고 계곡물이 세차게 굽이치는 모습에 넋을 빼앗겼던 것이다. 길옆 수십 길 절벽 위에 있는 누대에 올라 오래도록 절경을 감상한 후에 길에 올랐으나 또다시 자필암泚筆巖에서 발걸음을 멈추었다. 쏟아지는 폭포가 장관이었다. 손으로 물을 떠 마시며 갈증을 풀고 폭포수에 먼지로 더러워진 수염을 씻었다. 홍류동 계곡에 이르러서도 폭포 구경은 계속되었다. 이틀 전 해인사에 오를 때는 날이 저물고 길이 바빠서 자세히 구경하지 못했던 여한을 푸는 듯했다. 홍류동에서 스님들과 작별해 성원, 행호 스님은 절로 돌아가고 현희 스님은 계속 동행하여 저녁에 이몽진 집에 도착했다.

그날 밤부터 성주로 출발하는 날까지 연일 인근의 지인들이 모여들어 단란한 모임이 계속되었다. 집주인은 술과 음식을 성대히 차려 많은 손님을 접대했다. 이몽진 집에서 기력을 회복한 그는 28일 아침에 출발하여 성주 배소로 돌아왔다. 24일 출발하여 28일 돌아올 때까지 4박5일에 걸친 해인사 단풍 유람은 이렇게 막을 내렸다.

이문건의 해인사 1차 유람은 가을철 좋은 때를 만나 단풍을 즐기기 위하여 길을 나선 단독 여행이었다. 혼자 나선 길이었기에 오고가는 동안, 그리고 절에서 이틀 밤을 지내는 동안 승려들의 접대를 받으며 조용하고 여유 있게 주변 승경을 감상할 수 있었다. 또한 인근 마을에 사는 이몽인이 절로 찾아와 하룻밤 같이 자면서 초대한 결과 돌아오는 길에 그의 집에 들러서 이틀 밤을 보내면서 많은 방문객과 교유할 기회를 가질 수 있었다. 이러한 해인사 유람 길 어디에도 그가 유배인으로서 여행 범위에 제약을 받거나 곤궁에 처하는 모습은 찾아볼 수 없다. 조선시대 일반 사대부의 유람 길과 다름없이 승경 유람과 교유활동이 중심을 이루는 평범한 여행이었다.

봄 꽃철, 해인사에서 초대하다

이문건은 단풍철에 해인사를 다녀온 지 2년 후인 1548년(명종 3) 3월 봄날에 다시 해인사를 찾았다. 3월 17일에 해인사에서 신묵 스님이 찾아와서 봄꽃이 한창이므로 한번 찾아올 것을 청했기 때문이다. 그는 그날 바로 관에 들어가 성주목사를 만났다. 일기에서는 그 이유에 대해 밝히지 않았지만 해인사 유람에 대해 알리고 허락을 얻기 위한 절차가 아니었을까 추정된다. 이문건은 유배인의 처지였기에 고을 경계를 벗어나 유람길에 오르기 위해서는 관의 허락을 얻어야 했을 것이다. 목사는 그의 해인사 유람길을 허락했을 것이다. 평소 자주 왕래하는 송백상이 다음 날 할머니 병환 때문에 약을 구하러 찾아왔을 때 20일 해인사에 함께 갈 것을 약속하고 있기 때문이다.

출발 전날 송백상에게 다시 한번 약속을 확인했더니 그는 꼭 가

이문건이 유람했던 해인사에는 대장경판이 수장되어 있다.

고 싶다면서 미리 말까지 보내왔다. 이에 그는 밤에 행장을 꾸리고 해인사에 갈 만반의 준비를 했다. 성주목사도 해인사에 가고 싶지만 못 가게 되었다는 편지를 보내왔다. 목사는 치질이 심해서 하혈까지 하던 터였기에 여행길에 오를 형편이 아니었다. 이문건의 해인사 유람을 미리 알고 있었던 목사는 출발 전날 잘 다녀오라는 안부를 전하면서 동행하지 못하는 아쉬운 마음을 보였던 것이다.

그는 20일 송백상과 나란히 고삐를 잡고 해인사로 향하여 24일까지 5일 동안 절에 머물면서 한창 무르익은 봄 정취를 만끽했다. 목사가 벼 3석을 선물로 보내왔고, 대구에서도 구휼미를 보내왔다. 절에서 외조부 기일을 맞아 소식素食하며 재계하기도 했다. 그는 해인사를 떠난 후 합천으로 향하여 군수 구수연을 만나고 가천伽川을 들러 30일 배소로 돌아왔다. 배소에서 출발한 지 꼭 11일 만이었다.

이문건은 2차 유람을 통하여 가을 단풍뿐만 아니라 봄꽃 놀이까지 해인사의 승경을 모두 경험할 수 있었다. 2차 유람도 1차와 마찬가지로 사대부의 유람길과 다름없는 모습을 보이지만, 출발 전에 목사의 허락을 얻는 과정을 보면 그가 유배인의 처지임이 곧 드러난다. 그렇더라도 목사는 해인사로 풍성한 선물을 보내는 등 그의 유람길을 적극 지원하는 모습을 보이고 있다.

지방관, 해인사 유람을 청하다

3차 유람은 1552년(명종 7) 10월 단풍철에 맞춰 성사되었다. 이번에는 그의 개인적인 유람길이 아니라 성주판관이 주도하고 유향소, 사마소 등 향촌의 주도층이 대거 참여하는 성대한 모임이었다. 유배인이었음에도 이문건은 판관의 초대를 받았던 것이다.

10월 초하룻날 목사와 판관에게 문안하려고 관에 들어갔더니 판관이 내일 해인사에 가려는데 함께 갈 것을 청했다. 매월 초하루는 점고일이었으므로 관에 안부를 묻기 위해 들어갔다지만 실제로는 점고를 위해 관에 들어간 듯하다. 판관의 초대를 받은 그는 집에 돌아와 곧바로 행장을 꾸려 다음 날 새벽 일찍이 이정중과 해인사로 출발했다. 도중에 윤혼을 만나 함께 해인사에 이르니 이경명, 이현, 박붕거, 황증 등 여러 사람이 이미 도착해 있었다. 정오가 지날 무렵 판관이 도착했고, 배진강과 이사익이 뒤따라 이르렀다. 성주의 유력 사족들이 한자리에 모인 것이다.

저물녘이 되자 모두 말을 몰아 홍류동으로 내려가 바위 위에 빙 둘러 앉아 산천을 즐기면서 술잔 가득 넘치게 따르며 어두워지도록 한껏 취했다. 그는 피로하여 먼저 자리에서 일어나 절로 돌아가 승당僧堂에서 쉬고 있었는데, 판관이 절에 들어와 취해 쓰러졌다가 밤에 술에서 깨어 그를 찾아 불렀다. 가보니 여러 객이 모두 모여 다시 밤 술자리로 이어졌다. 모두 취해 노래를 부르는데, 곽개가 일어나 춤을 추었다. 한밤중에 자리를 파하고 잠자리에 드는데 고을 기생이 옆에 있었다.

다음 날 초3일은 해인사에 머물렀다. 판관과 아침식사를 하고 대장판각을 들러서 서대西臺에 올라 단풍을 감상했다. 단풍은 이미 지고 있었지만 나무 사이에 아직 남아 있는 붉은 잎을 꺾어서 법당에 들어가 또다시 술자리를 열었다. 유향소와 사마소에서 각

아들권이 유배지에서 유람을 떠나곤 했던 해인사의 근대 시기 풍경.

각 연회상을 준비했다. 사마소 사람이 시를 지어 보내자 그도 한 수 지었다. 그날 밤 객들이 모두 흩어진 뒤에도 그는 취해 쓰러져 하루를 더 묵고 초4일 배소로 돌아왔다. 그날 잠자리도 고을 기생과 방승房僧 두 명이 지켰다.

그런데 집에 돌아온 다음 날 문제가 생겼다. 밤중에 부인이 해인사의 숙소에 대해서 꼬치꼬치 캐물었던 것이다. 마지못해 기생이 옆에 있었던 연고를 말했다. 관에서 주도하는 모임 자리에 기생이 따르는 것은 자연스러운 일이었다. 그러나 부인은 크게 화를 내고 아침이 밝기를 기다려서 해인사에서 가져온 이부자리를 가져다 칼로 조각내어 불에 태워버렸다. 식사도 두 끼나 거르면서 온종일 불만을 토로했다. 부인의 노기怒氣는 다음 날까지 계속되다가 점차 기력이 소진되어 탄식으로 잦아들었다. 이 사건으로 심한 후유증을 겪었으나 이후로도 이문건이 해인사 유람을 계속했음을 일기를 통해 확인할 수 있다.

이문건의 유배길과 유배지 여행은 조선시대 사대부 유배인의 실상을 그대로 반영하고 있다. 유배형은 무거운 형벌이었지만 실제로는 강압적인 규제보다는 자율적인 생활이 보장되었고, 이러한 특성은 유배인의 여행에도 그대로 반영되어 있었다. 평생 동안 유배지에서 살아가야 하는 유배인의 처지에서 볼 때 유배지는 그들에게 새로운 삶의 무대였으며 유배살이는 그들의 생활 그 자체였던 것이다.

10장

돌고 돌았던 순회상인의
길 위에 펼쳐진 삶

◉

장돌림과 장삿길에 대한 오해와 진실

조영준

보부상 생활 30년이면 얼마나 걸을까? 충남에서 모시 생산으로 유명했던 저산팔구苧産八區 지역의 보부상이 1800년대에 각 마을의 5일장을 돌아다녔던 거리를 계산해보면, 한 달 동안 약 400킬로미터를 걸었고, 1년이면 약 4800킬로미터를 걸었다는 결과가 나온다. 한 사람이 30년 동안 보부상 생활을 한다면 지구 3.6바퀴를 도는 셈이다. 이 때문에 우리는 보부상을 설명할 때 '길 위의 삶'이라 표현한다. 그들의 생활에는 누을 거처도 없이, 가족도 없이 떠도는 고단함이 깃들어 있지만 활성화된 유통과 발전된 지역 장시의 밑거름이 되기도 하였다.

위의 글은 2010년에 관련 전시를 기획한 서울의 한 박물관에서 보부상의 여행과 그들의 삶을 소개한 내용을 다시 편집해본 것이다. 그럴듯한 시뮬레이션이지만, 어딘가 의아한 점도 있다. 조선시대 상인의 장삿길을 이해하는 것이 그리 단순하지만은 않기 때문이다. 이야기를 풀어나가기에 앞서, 조금은 딱딱하겠지만 이론적인 이야기를 먼저 할 필요가 있다. 상인 개인의 여행길을 따라가기 위해 조선시대 상인이 과연 어떤 존재였는지를 먼저 확인해보자.

상인은 원래부터 돌아다니는 존재였나

조선시대뿐 아니라 오늘날도 그렇지만, 일반적으로 상인의 역할은 생산자와 소비자를 연결해주는 것으로 이해된다. 그런데 산지産地의 가격과 최종 판매지의 가격에는 차이가 있게 마련이다. 예를 들어서 2011년 가을 현재 배추 한 포기의 가격은 3000원쯤 되는데, 그 가격은 소비자가 상인에게 지불하는 것이다. 반면 생산자가 상인에게 판매하는 출하 가격은 1000원 정도 된다. 따라서 차액이 2000원가량 발생한다. 이렇게 우리가 흔히 '유통 마진'이라고 부르는 소매가와 도매가의 차액이 유통을 담당하는 상인의 몫이 되며, 때로는 생산자가 누리는 이익보다 훨씬 크다. 따라서 어떤 시점과 시점 사이 또는 어떤 지역과 지역 사이에 가격차가 있을 때, 그것이 저장 비용이나 운송비용보다 크다면, 상인은 차익거래, 즉 아비트리지arbitrage를 시도하게 된다. 아비트리지를 통해 상품을 유통시키고 차익을 얻는 것이 바로 상인의 본질이다.

상업은 고대부터 현대까지 지역과 시기를 초월해 있어왔다. 상인은 언제나 스스로의 이익을 위해서 행동하지만, 그것은 결국 파는 사람과 사는 사람을 포함한 모든 사람에게 만족을 가져다준다. 또한 상인들은 높은 이익을 얻는 대신 큰 위험을 감수해야 할때가 많다. 마치 금융시장에서처럼 '고위험 고수익'이라고 표현할수 있는데, 역사적으로 보면 아무리 큰 난관이 있어도 상인들은 자신의 이익을 실현하기 위해 이를 헤쳐나갔음이 동서양을 막론하고 확인된다. 그 이유는 역사 속의 상인들 역시 아비트리지를 추구했기 때문이다.

10장
돌고 돌았던
순회상인의
길 위에
펼쳐진 삶

321

대표적인 예가 바로 먼 거리를 오가는 상업인 '원격지 교역'이다. 이를테면 사막을 횡단하여 여행하는 대상隊商, 즉 카라반이 낙타에 짐을 싣고 떠나는 장면을 떠올려보자. 이들의 여정이 멀고도 험난하리라는 것은 누구나 짐작할 수 있다. 원거리뿐만 아니라 근거리를 포함하여, 한곳에 머무르지 않고 돌아다니면서 물건을 파는 사람들을 이른바 이동 상인, 즉 "행상行商"이라고 한다. 언제부터 이 행상이라는 말을 썼는지는 정확하게 알 수 없지만, 중국 고전의 글자 풀이를 보면 '행行'을 떼어낸 '상商'이라는 글자 자체에 행상이라는 의미가 들어 있음을 알 수 있다. '상고商賈'라는 용어를 "돌아다니며 파는 것을 '상商', 자리를 잡고 파는 것을 '고賈'라 한다行貨曰商, 居貨曰賈"고 설명했기 때문이다. 결국 행상이나 좌고坐賈라는 말은 보다 친절한 표현으로 진화한 언어일 뿐이다. 요컨대 '상商'에는 물건을 팔기 위한 이동, 즉 여행이 내재되어 있다.

조선 후기, 장시·포구·시전의 3층 구조
전통 시대 장날의 풍경

그렇다면 조선시대에는 어땠을까? 조선 전기에 비해 후기로 접어들면서 상업이 훨씬 발달했음은 널리 알려진 사실이다. 조선 후기의 국내 시장은 크게 세 차원에서 중첩적으로 형성되어 있었다. 가장 아래에는 농촌의 장시場市가, 그 위에는 해안이나 강가의 포구浦口가, 대도시 서울에는 시전市廛이 마치 피라미드와 같은 위계를 형성하고 있었다.

「시장」, 김준근, 구한말, 독일 함부르크 민족학박물관.

조선 후기 각 지역에서는 주기적으로 장場이 들어섰다. 예외가 있긴 하나 보통 5일마다 섰는데, 그 장과 장을 오가는 행상이 전체 시장에서 가장 하층의 상행위 담당자였다. 조금 더 넓은 지역과 지역을 오가는 상인이 그 위에 있었는데, 그들은 위탁판매와 숙박을 담당한 여객주인旅客主人과 관계하며 상업활동을 했다. 그런데 먼 거리를 이동하는 데에는 아무래도 도보보다는 수운水運이 비용 면에서 유리했기 때문에 여객주인은 주로 포구 지역에 위치해 있었다. 특히 서울과의 연결을 위해서는 포구라는 입지가 더욱더 중요했고, 그렇게 지역별로 거래되는 물품들은 서울로 집결되었다. 서울에서의 물자 판매는 행상이 아닌 좌고에 해당되는 시전에 의해서 이루어졌다. 상인이 자리를 잡고 점포를 개설하여 영업하는 수준의 상행위는, 조선시대에는 서울과 같은 대도시에서나 가능한 일이었다. 즉, 서울의 상인에게는 장사 여행의 필요성이 없었던 반면, 지방 상인들, 그중에서도 가장 하층의 행상이 여행의 주역이 되곤 했던 것이다.

행상이 장과 장을 돌아다니면서 물건을 팔았다고 하지만, 이 장이라는 것, 특히 우리가 잘 알고 있는 5일장은 조선시대 전 시기에 걸쳐 있었던 것이 아니다. 장시는 임진왜란 이후 조선 후기 들어서 하나둘씩 생겨나면서 조선만의 독특한 문화로 정착했다. 또한 장시는 5일장이나 10일장과 같은 형태로 주기적으로 개설되는 시장이었기 때문에 정기시定期市에 해당된다. 이런 정기 시장이 조선 후기를 특징지었으며, 한 군데에 점포를 개설해놓고 매일 문을 열어서 장사를 하는 소위 정주상업定住商業은 근대가 태동하고 나서야 형성되었다. 장시는 18, 19, 20세기를 거치면서 그 숫자나 규모에

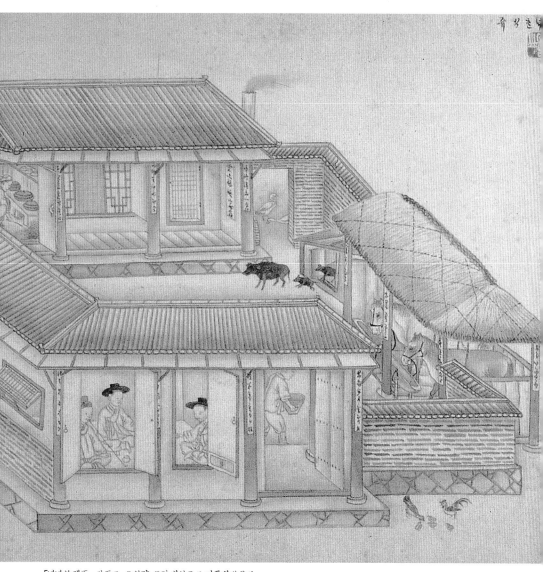

「넉넉한 객주」, 김준근, 구한말, 독일 함부르크 민족학박물관.

약간 변동이 있긴 했지만, 전국적으로 1000개 이상 유지되고 있었던 것은 분명하다.

다시 말해 17세기 말 즈음이면 이미 전국적으로 5일장 체제가 형성되었고, 이들 장을 오가면서 장사를 한 이들이 바로 행상이다. 5일장이니까 대부분의 장은 1·6장, 2·7장, 3·8장, 4·9장, 5·10장 중 하나였으며, 1·6장이라면 1·6·11·16·21·26일을 개시일로 하여 월 6회 개설開設되었다. 각 행상은 여러 장을 돌았는데, 1일에는 특정 장에서 장사를 하고, 밤 동안 이동해서 2일에는 다른 장에서 장사를 하고, 또 밤에 이동해서 3일에는 또다른 장, 4일에는 또다른 장, 그렇게 장사를 한 다음 5일째는 쉬거나 하는 식으로 돌아다닌 것이다. 행상의 이동 경로와의 상호 작용을 통해 각 장의 장시권場市圈이 형성됨과 동시에 전국의 장시망場市網이 갖추어졌고, 이는 1970년대까지 이어졌다.

20세기 초 조선에 체류한 일본인들의 눈에 장날 풍경은 꽤나 낯선 것이었다. 현존하는 다수의 사진엽서에서 장시 풍경이 조선 풍속의 한 소재로 활용되었음은 쉽게 확인된다. 그런데 전통 시대의 장은 장대場垈 또는 장기場基라 한 데에서 알 수 있듯이, 상설시장에서와 같은 점포를 찾아보기 어려운 '장터'였다. 5일에 한 번씩 열리는 장이었기에, 장이 열리지 않는 나머지 4일 동안은 상품도 상인도 소비자도 찾아볼 수 없는 '터'만 남게 된다. 즉, 장이 파한 뒤에는 빈터가 되었기에 허시墟市라고 불렀다. 장날에 설치된 설비는 비나 햇빛을 막아 노점을 펼 수 있는 차양이나 휘장 또는 임시적인 가가假家 수준이었다.

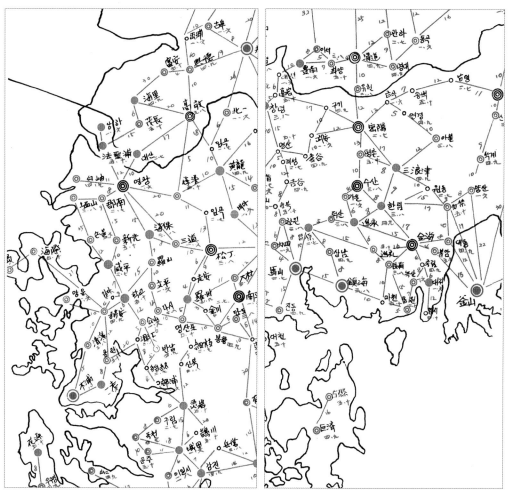

1970년대에 작성된 5일장 상호간의 관계도. 왼쪽은 전라남도이고, 오른쪽은 경상남도이다. 동그라미 크기와 색깔에 따라서 시장의 규모가 다르게 표시되어 있다. 각 장에 한자로 "一·六"이나 "二·七" 등으로 적어 놓은 것은 장날을 가리키고, 장과 장 사이에 연결되어 있는 선에 기재된 아라비아 숫자는 거리(킬로미터)를 나타낸다. 거미줄처럼 조밀하게 연결되어 있다는 것을 알 수 있으며, 특히 목포, 마산, 진해, 부산 등 해안 지역에서 큰 장이 확인된다.

한국 강경江景의 웃시장上市場. 강경의 가지쇼텐梶商店에서 발행한 사진엽서, 1900년대.

옛 그림이 담아낸 행상
결혼도 못 하고 여기저기 떠돌다

그렇다면 장과 장을 오갔던 행상들은 어떤 사람이었으며, 그들의 모습은 어떠했을까? 행상이 남긴 기록은 거의 전하지 않기에 풍속화를 통해 유추해볼 수밖에 없다. 하지만 현존하는 풍속화에 대한 기존의 해설에서는 받아들이기 어려운 내용들도 있다. 하나하나 되짚어보며 행상의 실체에 다가가보자.

단원 김홍도(1745~?)가 그린 「부상도負商圖」에는 "돈 꾸러미를 지고 성벽 밑을 지나가는 상인의 모습"이라는 설명이 덧붙여져 있다. '부상負商'이라는 말은 등짐장수를 가리키는데, 뭔가 짊어지고

「부상도負商圖」, 김홍도, 18세기, 삼성미술관 리움.

가는 모습 때문에 제목을 그렇게 단 듯하다. 하지만 짊어진 것이 돈꿰미인지 아닌지, 또 그들이 상인인지 다른 직업을 가졌는지 그림만으로는 확신하기 어렵다. 다만 성벽을 따라서 등에 뭔가 메고 가는 두 남자의 모습만 보일 뿐이다. 이들이 부상이라면, 그들이 취급한 상품은 어떤 종류였을까?

역시 단원 김홍도가 그린 「행상行商」을 보면 남자는 지게를 지고, 여자는 아기를 업은 채 머리 위에 광주리를 이고 있다. 남자의 행색이나 여자의 머리 모양 등으로 미루어보건대, 양반이 아니라 하층민임을 쉽게 알아챌 수 있다. 이 그림에서 찾아지는 가장 큰 특징은 부부가 함께 장삿길에 나서고 있다는 점이다. 이런 유형의 상인은 앞서 소개한 장과 장을 오가는 전업적 상인이라기보다는

10장
돌고 돌았던
순회상인의
길 위에
펼쳐진 삶

329

「행상行商」, 김홍도, 종이에 담채, 27.0×22.7cm, 『풍속화첩』에 수록, 국립중앙박물관.

자신의 농가와 인근의 장을 오가는 반농반상半農半商으로 봐야 할 것이다. 아이까지 데리고 부부가 이 장 저 장 5일장을 전전하는 것은 고역이었을 것이기 때문이다. 즉, 가족 단위의 행상은 장과 장을 연결하는 기능을 했다기보다 자가 소비분을 제외한 잉여생산물을 장에 가져와 교환하는 수준이었다. 조선 후기 삼남三南의 경우, 장시의 평균 반경이 대체로 6킬로미터를 밑돌았던 까닭에 농민들은 장을 본 그날 곧 집으로 돌아올 수 있었다.

기산 김준근(?~?)의 「부상」에서도 비슷한 모습이 보이는데, "옹기를 지고 가는 등짐장수 부부의 행상 모습"이라고 설명되어 있다. 김홍도가 18세기 후반을 그렸다면, 김준근은 19세기 후반을 묘사했는데, 남편은 지고, 아내는 이고 있는 모습은 마찬가지다. 아이가 걷고 있다는 점은 다른데, 그보다 더 큰 차이점이 한 가지 더 있다. 바로 남편이 지고 있는 물건과 아내가 이고 있는 물건의 종류가 옹기로 같다는 점이다. 그래서 아마도 이들은 '상인'이라기보다는 옹기를 만드는 사람이었을 가능성이 더 크다. 자가에서 생산한 옹기를 장에 내다 팔기 위해서 떠나는 옹기장의 가족일 것이다. 또한 옹기 외에 여행에 필요한 봇짐조차 하나 없다는 점에도 주목할 수 있겠다. 이런 경우에도 전업 상인이라기보다는 반공반상이라고 해야겠다. 작품의 제목이 '부상'이라고 해서 전형적인 부상으로 판정해서는 곤란하다는 의미다.

어린이 혼자서 장사를 하는 경우도 마찬가지다. 김홍도의 「씨름」에서처럼 장터에서 엿을 파는 일은 어린이의 몫이기도 했다. 어린아이가 장과 장을 오가며 엿을 팔았을 가능성은 낮다. 어린아이들이 엿을 팔 때는 엿도가飴都家에서 받아온 것을 자기 동네의

10장
돌고 돌았던
순회상인의
길 위에
펼쳐진 삶

331

「부샹負商」, 김준근, 조선 말기, 한국기독교박물관.

「씨름」, 김홍도, 종이에 담채, 27.9×22.7cm, 『풍속화첩』에 수록, 국립중앙박물관. 살으로 표시된 엿장수는 어린아이로 추측된다.

「매염파행賣塩婆行」, 김홍도, 비단
에 담채, 90.9×42.7cm, 『행려
풍속도병』에 수록, 1778, 국립중
앙박물관.

장 한곳에서만 팔았을 것이다.

가족이나 어린아이뿐만 아니라 여자들도 마찬가지다. 김홍도의 「매염파행賣鹽婆行」이라는 그림을 보면, 소금을 팔러 가는 아낙네들의 행차가 보인다. "포구에서 항아리와 광주리를 머리에 인 아낙네들의 모습"이라는 해설은 적절한 듯하다. 그림 윗부분에는 다음과 같은 글귀가 씌어 있다.

栗蟹蝦塩滿筐盈缸   밤, 게, 새우, 소금. 광주리와 항아리에 가득 채우고
曉發浦口鷗鷺驚飛   동틀 무렵 포구를 떠나는데, 갈매기와 해오라기가
　　　　　　　　　　놀라서 날아올라
一展看覺腥風觸鼻   한 번 퍼덕이니, 비린 바람이 코를 찌르는 듯하구나.
豹菴評   표암(강세황)이 평하다.

제목에서 "소금 파는 할머니들의 행차"라고 했어도 소금만 팔러 가는 사람들은 아니었다. 소금을 팔았다고 해도 장과 장을 오가며 소금을 팔러 다니는 소매상으로서의 염상塩商이라기보다 이들은 염분塩盆이나 염부塩釜에서 생산된 소금을 장의 상인에게 파는 도매상이라 할 수 있으므로 반염반상半塩半商이라 해야 할 것이다. 즉, 이 그림의 여인들도 순수한 의미에서의 장사꾼 또는 장사치라고 보기는 어렵다.

혜원 신윤복(1758~?)의 「저잣길」도 마찬가지다. 장에 다녀오는 아낙네의 모습이라고 보면 틀리지 않을 듯하다. 그런데 이 그림에다 어떤 사람들이 "어물魚物장수"라는 제목을 붙이기도 했는데, 아마 머리 위에 이고 있는 것 중에서 물고기 지느러미가 보여서 그

10장
돌고 돌았던
순회상인의
길 위에
펼쳐진 삶

335

「저잣길」, 신윤복; 비단에 담채, 26.2×19.1cm, 국립중앙박물관.

「등짐장수」, 천용정, 비단에 담채, 13.3×16.5cm, 간송미술관.

런 듯하다. 하지만 어깨에 둘러멘 광주리에는 채소가 있다. 어물을 팔러 다니는 장수라기보다는 장에 갔다가 이것저것 사가지고 집으로 돌아오는 사람이 아닐까?

지금까지 살펴본 그림의 행상들은 전업적인 상인이 아니라는 점에서 전형적인 행상이라고 보기 어렵다. 그렇다면 행상을 업으로 삼아 살아갔던 전형적인 부상의 모습은 어떠했을까? 소유 권용정(1801~?)의 「등짐장수」를 보자. 지게 위에 옹기를 싣고 앉아서 쉬고 있는 모습이다. "각력脚力과 부력負力만으로 전국의 산야를 누비며 평생을 지낸 이 영감도 이제는 십 리만 짐을 져도 다리가 떨리고 허리가 저려온다"라는 해설이 어색하지 않다. 나이가 들어도 행상 생활을 접을 수 없다는 것, 결혼도 못 하고 여기저기 떠돌기 일쑤라는 것. 바로 이런 점이 부상으로 대표되는 행상의 실체에 가까울 것이다. 모자 위의 담뱃대도 하나의 상징이자 필수품이었다.

지금은 흡연이 준범죄 정도로 치부되는 현실이지만, 예전에는 장삿길을 가다가 쉬어갈 때 담배 한 대 피우고 가는 것이 어쩌면 당연하고도 자연스러운 절차였다. 작가미상의 「담뱃불 붙이기」를 보면, 어떤 장사치가 폭포 옆 물가에서 휴식을 취하고 있다. 어딘가 먼 길을 가는 사람인 듯하다. 담배에 불을 붙이려고 지게를 옆에 세워둔 채 부시와 부싯돌을 이용하고 있다. 지게 위에는 독이 놓여 있고, 독은 천으로 덮여 있다. 독 안에는 뭐가 들었을까? 이 사람이 상인이라면 뭘 팔러 다녔을까? 가장 가능성이 높은 것은 아마도 젓갈醢이 아닐까 싶다. 물론 젓갈장수 말고도 이런 옹기를 이렇게 덮어서 돌아다닐 수도 있겠지만……

「담뱃불 붙이기」, 작가미상, 종이에 담채, 56.4×36.5cm, 18세기, 국립중앙박물관.

장돌림의 대명사, 보부상
길 위의 고단한 삶이었을까?

장을 도는 것은 쉬운 일이 아니었다. 길이 멀고 험한 것은 기본이고, 밤중에 이동해야 하는 데다 산적을 만날 수도 있고 호랑이와 같은 맹수가 나타나기도 했다. 그래서 장을 도는 상인들은 혼자 다니는 경우가 드물었다. 삼삼오오 모여서 안전을 도모하곤 했던 것이다. 20세기 소설이긴 하나 이효석의 「메밀 꽃 필 무렵」에 나오는 허생원도 조선달과 동이와 함께 혼자가 아닌 셋이서 평창의 대화장大化場으로 향하는 밤길을 걸었다.

이즈러는 졌으나 보름 가제지난달은 부드러운빛을 흔붓이흘너고있다. 대화까지는 칠십리의밤길 고개를들이나넘고 개울을하나건너고 벌판과산길을걸어야된다. 길은 지금 긴 산허리에걸녀있다. 밤중을 지난무렵인지 죽은듯이고요한속에서 즘생갈은 달의숨소리가 손에잡힐듯 이들니며 콩포기와 옥수수닢새가 한층 달에푸르게젖었다. 산허리는 왼통모밀밭이여서 피기시작한꽃이 소금을뿌린듯이 흠읏한달빛에 숨이막켜하양었다. 붉은대궁이 향기갈이애잔하고 나귀들의걸음도 시원하다. 길이좁은까닭에 새사람은 나귀를타고 외줄로늘어섰다. 방울소리가 시원스럽게 딸낭딸낭 모밀밭게로 흘너간다.(『조광朝光』, 1936년 10월호)

그러한 동행의 필요성은 보부상이라는 조선 특유의 행상을 낳았다. 즉, 행상 중에서 일부가 보부상이었으므로 보부상만 행상이었던 것은 아니지만, 먼 길을 여행한 행상이라면 보부상이었다고 봐야 할 것이다. 흔히 말하는 장돌뱅이 또는 장돌림은 대체로 보부상을 가리킨다. 그들의 상행위를 '도부到付'라 했기에 도부꾼 또는 도붓장수라고도 불렀다.

보부상이란 본래적 의미로 봇짐장수褓商와 등짐장수負商를 통칭하는 말에 불과하다. 하지만 19세기 후반부터는 지역별로 단체가 조직되었던 것으로 보이며, 그러한 현상은 전국적이었다. 보상단褓商團, 부상단負商團 등이 중앙 조직으로 통합되고 나서는 상무사商務社라는 이름으로 '근대화'되었다. 현존하는 기록의 분량 때문인지 충청남도의 몇몇 지역과 경상북도 고령, 경상남도 창녕 등에서 활동했던 보부상단의 존재가 널리 알려져 있다.

물장수로 유명한 함경도 북청에도 부상 조직이 생겨났던 것으로 보인다. 규장각에는 1900년의 임명장差帖이 총 9개의 묶음으로 현존하고 있다. 명사원明査員 89매枚, 재무원財務員 70매, 장무원掌務員 28매, 서기원書記員 11매 등 네 개 직책에 대해 총 198매가 확인된다. 북청 상무사의 부상단에 해당되는 좌지사左支社의 분사무장分司務長 명의로 발행된 이들 문서에는 그 임명의 대상자가 누구인지 명기되어 있지 않다. 일종의 공명첩空名帖인 셈이다. 한말에 보부상 조직이 정치 세력화하는 과정에서 조직에의 가입 여부를 차첩 발행을 통해 증빙해주면서 지가紙價를 받아 챙기는 관행이 있었는데, 그러한 정황을 고스란히 보여준다.

문서의 맨 끝에는 실무를 담당한 공사원公事員과 장무원掌務員의 성명과 날인이 보인다. 바로 이들이 부상단원負商團員의 모집, 즉 자금의 확보를 담당한 자들이었던 것으로 추정된다. 이들은 중앙

10장
돌고 돌았던
순회상인의
길 위에
펼쳐진 삶

341

의 정치권력과 결탁되어 있었기 때문에 지역에서 무소불위의 폭력을 행사하기도 했다. 규장각에 소장되어 있는 살인 사건의 검험문안檢驗文案에서 일례를 쉽게 확인할 수 있다.

1903년 음력 11월 26일 아침, 경기도 광주부 동부면의 샘재泉峴에 살던 참봉 정구갑鄭九甲이 40세의 젊은 나이에 사망했다. 당시의 검시 기록에 따르면, 이틀 전인 24일 저녁에 임춘화와 곽명운 두 사람에게 두들겨 맞은 것, 즉 피타被打가 죽음의 실인實因이었다. 37세 미망인 이조이李召史는, 이 두 사람이 "체장을 받고 부상에 들라受帖狀入負商"고 하였으나 정구갑이 이를 거부했고, 억지로 동경주東京廚 주점酒店까지 끌려갔다가 돌아와서는 이틀을 앓다가 죽었다고 진술했다. 임춘화는 45세로 신평리 부상 처소의 공원公

「차첩差帖」, 북청상무좌지사北青商務左支社, 규장각 한국학연구원.

員이었고, 곽명운은 35세로 역시 같은 처소의 집사執事였다. 이런 직책을 맡은 자들이 '조직'에의 가입을 강권하는 '행동대원'들이었고, 그들의 무모한 행동이 폭행치사에 따른 종신형으로 귀결되기도 했던 것이다.

순수한 상인 조직과는 달리 정치적으로 변질되어버린 터였기에 아무리 신분제가 폐지된 상황이라 해도 명목상의 양반인 종9품 참봉에게까지 체장帖狀의 구입이 강요되었으며, 여기서의 체장이 바로 앞서 살펴본 차첩에 해당된다. 충청도나 경상도 등 다른 지역을 보더라도 양반이 보부상 조직의 일부를 구성하고 있었음은 쉽게 확인된다. 이쯤 되면 보부상 조직은 상거래의 질서를 확립하고 상품 유통의 확대와 시장의 발달을 견인하는 것과는 거리가 멀어

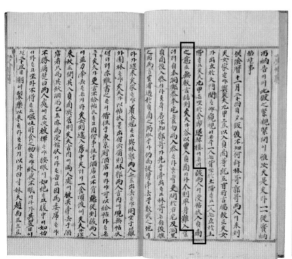

『광무 8년 광주부동부면장례촌村사남인정구갑옥사초검문안光武八年廣州府東部面長禮村致死男人鄭九甲獄事初檢文案』, 규장각한국학연구원. 죽은 정구갑의 부인인 이조이는 "임가와 곽가 두 사람이 체장을 받고 부상에 들라는 뜻으로 무수히 말로 꾸짖으며 따져서 저의 남편이 답하기를 일찍이 부상에 들었었지만 지금은 혼자 들어가기 어렵다"고 말한 것으로 진술하고 있다.

진다. 나아가 보부상 조직에 가담한 자들의 일상은 이 글 첫머리에서 살펴본 "길 위의 고단한 삶"과는 거리가 있다.

물론 도적과의 조우, 가난이나 질병 등 수시로 닥쳐오는 곤경에 대처하기 위해, 또 때로는 고독으로부터 벗어나기 위해, 보부상의 조직이 갖는 상호부조의 전통은 충분한 의미를 지닐 것이다. 어렵고 힘든 생활을 이겨내기 위해 서로 의지하는 것은 비단 상인만의 속성이 아닌 인류 보편의 행동 양식이기 때문이다.

"신세가 부평초 같고 종적이 바람 같고"

그렇다면 조직에 가담하지 않았거나 조직이 만들어지기 전의 보

「설중향시雪中向市」, 전 이형록, 종이에 담채, 28.2×38.8cm, 19세기, 국립중앙박물관.

부상이 떠난 여행길은 어떤 모습이었을까? 조선시대의 장삿길 풍경을, 앞에서와 마찬가지로 현존하는 풍속도를 통해 엿보자.

송석 이형록(1808~?)의 작품으로 전해지는 「설중향시雪中向市」는 눈 쌓인 겨울 어느 날 행상단이 물건을 팔기 위해 시장으로 가는 길을 묘사한 것으로 알려져 있다. 김홍도의 「장터길向市」에는 판매할 물품이나 꾸러미가 보이지 않지만 장터로 향하는 모습이라고 전해진다. 긍재 김득신(1754~1822)의 「귀시도歸市圖」는 장을 보고 돌아오는 사람들을 그린 것으로 알려져 있다. 그런데 이들 그림에서 나타나는 공통된 특징이 몇 가지 포착된다. 우선 사람들이 떼를 지어 이동한다는 점인데, 갓을 쓴 양반이나 어린아이 또는 여성까지 보인다. 그런데 이런 식으로 몰려다니며 장과 장을 오가는 행상생활을 했다고 보기는 어려울 것 같다. 더군다나 이들

「귀시도歸市圖」, 김득신, 종이에 수묵담채, 18~19세기, 개인.

「장터길向市」, 김홍도, 종이에 담채, 27.0×45.4cm, 『풍속화첩』에 수록, 국립중앙박물관.

「나룻배渡船圖」, 김홍도, 종이에 담채, 27.0×22.7cm, 『풍속화첩』에 수록, 국립중앙박물관

「나룻배渡船圖」, 전 이형록, 종이에 채색, 28.2×58.8cm, 19세기, 국립중앙박물관.

그림에서는 전형적인 보부상은 찾아볼 수 없다.

잘 알려진 바와 같이 보부상, 특히 부상의 상징적 소품으로는 세 가지가 있다. 첫째는 등짐을 질 때 사용한 지게다. 개항기에 조선을 찾은 외국인들이 하나같이 신기하고도 효율적이라고 지적했던 것이 바로 지게였다. 일본인들도 조선의 풍습을 알리며 지게를 자국인들에게 'チゲ[지게]' 등으로 소

충남 예덕상무사禮德商務社의 고故 유진룡 씨가 생전에 보부상 행색을 재현한 모습. 지게와 목화솜을 얹은 패랭이가 보이고, 오른손에는 물미장으로 추정되는 작대기를 쥐고 있다.

개한 바 있고, 서양인들은 지게의 개형을 따서 'A-frame'이라고 부르기도 했다. 둘째는 그들이 쓰고 다닌 모자다. 양반들이 갓을 쓰고 다녔다면, 보부상은 초립草笠도 아닌 댓개비로 만든 패랭이平涼子를 쓰고 다녔다. 패랭이 위에는 으레 목화로 만든 솜방망이를 얹고 다녔는데, 구급처치 등의 용도로 활용되었다고도 한다. 셋째는 지게의 받침대로도 쓰곤 했던 물미작대기勿尾杖다. 보통의 지게 작대기 윗부분이 Y자 형태로 생겼다면, 물미장은 Y자처럼 분기된 부분이 없고 아래쪽이 뾰족한 쇠로 되어 있어서 '촉鏃작대'라고도 했다. 이러한 보부상의 전유물이 시장을 오가는 그림에서는 거의 보이지 않는다.

물미작대기勿尾杖 또는 촉작대.

하지만 행상의 여행길은 이들 그림에서 보이는 행차와 크게 다르지 않았을 것이다. 특히 이들 그림에서 공통되게 나타나는 두 번째 특징으로서 소나 말을 이용하고 있다는 점을 들 수 있다. 앞서 살펴본 「메밀꽃 필 무렵」에서도 나귀로 이동하는 모습이 있었음을 떠올려보자. 또한 나룻배를 그린 풍속화에서도 확인되는 것처럼 행상의 여행길에는 도강渡江도 예사였으며 짐과 사람, 그리고 소와 말이 모두 나룻배를 타고 강을 건너기도 했다.

이렇게, 조선 후기 장돌림의 장삿길, 즉 장사 여행business trip은 "산 넘고 물 건너 들판을 지나" "봄 여름 가을 겨울 언제나" "말과 소를 끌고" 다니는 것이었다. 작가 황석영은 "보부상은 사농공상 중에서도 가장 가난하고 외로워서 그 신세가 부평초와 같고, 종적이 바람 같다. 집도 없고 처도 없는 것은 물론이요, 동에서 먹고 서에서 자다가 길에서 병이 나도 구해줄 이가 없으니"라고 묘사하며 보부상, 즉 장돌림을 부평초浮萍草에 비유한 바 있다. 그들의 장삿길 여행은 관광이 아닌 생업이었기에 여느 조선 사람들의 여행과는 차원을 달리한다. 'travel' 'trip' 또는 'tour'라고 부를 수 있는 '여행旅行'이라기보다 오히려 'journey'에 해당되는 '편력遍歷'에 가까운 것이었다.

정처 없이 떠도는 상인들의 여정에 또 하나의 장애로 작용한 것은 세금이었다. 조선시대의 세금은 주로 지세地稅였지만 조선 전기에도 이미 상업세가 있었다. 『경국대전』에 따르면 조선 전기 행상에게는 일종의 통행 허가증, 즉 여권이었던 노인路引을 발급해주는 대신 그 대가로 저화라는 지폐를 수취하게 하는 규정이 있었다. 육상陸商과 수상水商 모두에 적용되는 것이었지만, 수취의 실

10장
돌고 돌았던
순회상인의
길 위에
펼쳐진 삶

353

태를 확인할 길은 없다. 다만 장시가 발달하기 전의 상황이었으므로 소규모 행상이 아닌 거상巨商을 위주로 했을 것으로 추측해볼 수는 있겠다.

조선 후기에는 이와 같은 행상세가 폐지되어 있었는데, 대신 각 장에서 거두어들이는 장세場稅가 신설되었다. 장세는 법전에서 규정하는 국세國稅로서의 세목은 아니었지만, 지방 관아에서 필요에 의해 거두는 것이 관행처럼 되어 있었으며, 각종 읍지나 『부역실총賦役實摠』 등의 자료에서 쉽게 확인된다. 요컨대 장돌림의 아비트리

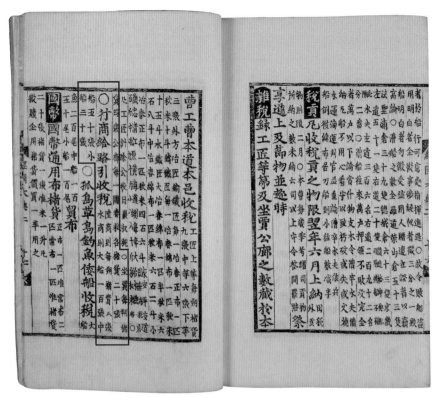

『경국대전』 호전戶典 잡세雜稅, 규장각한국학연구원.
○ 좌고坐賈에게는 매달 저화 4장을 받고, 공랑公廊에게는 1칸마다 봄·가을 각각 저화 20장을 받는다. ○ 행상行商에게는 통행증路引을 발급하고 세를 받는다. 육상陸商이면 매달 저화 8장을, 수상水商이면 대선大船은 100장, 중선中船은 50장, 소선小船은 30장을 받는다.

지는 상품의 구입가에 세금을 더한 후 자기 노동을 통한 운반의 기회비용까지 고려한 판매가가 확보된 후, 맹수를 만난다거나 봉적逢賊하게 될 위험까지 감수하고서야 가까스로 유지될 수 있는 것이었다.

　장과 장을 오가는 행상이 다니는 길목에는 주린 배를 채우고 노곤한 몸을 누일 수 있는 점막店幕이 있게 마련이었는데, 규장각에 소장되어 있는 1872년 지방 지도에서는 여러 지역에서 장시와 점막을 동시에 그려 넣고 있음을 확인할 수 있다.

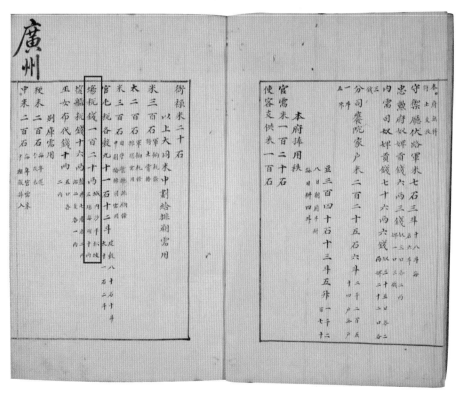

『부역실총賦役實摠』, 경기 광주 본부봉용질本府捧用秩, 규장각한국학연구원.
18세기 후반 경기 광주에서는 성내장, 사평장, 송파장의 세 곳으로부터 매달 10냥씩, 1년간 총 120냥을 장세로 수취했다.

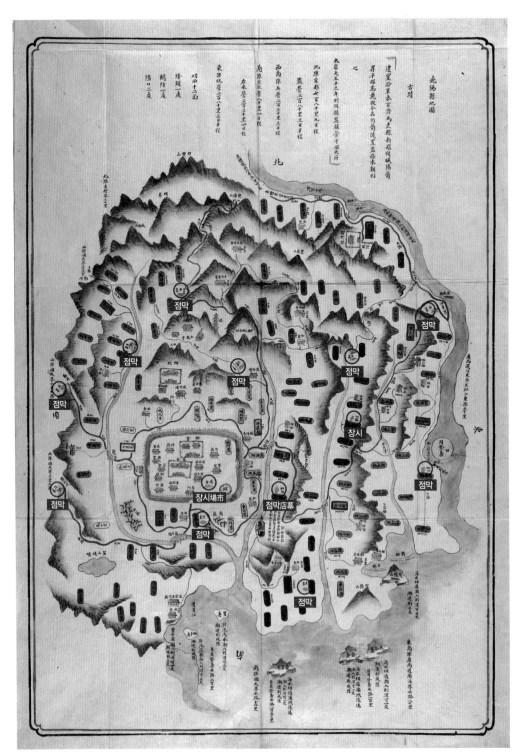

「광양현지도光陽縣地圖」, 규장각한국학연구원.

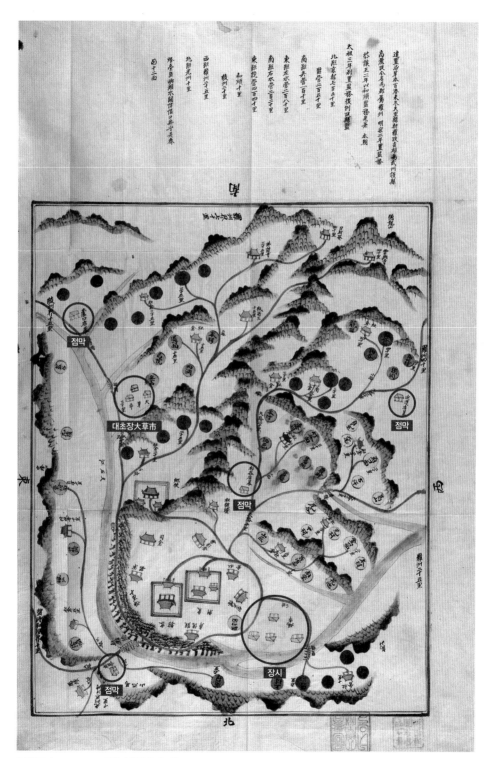

「남평현지도南平縣地圖」, 규장각 한국학연구원.

여행길에 들르는 주막의 풍경은 풍속화의 소재로도 자주 등장했다. 이형록의 작품으로 전해지는 「설일주막雪日酒幕」이나 김홍도의 「주막」에서처럼 힘든 여정에서 만나는 따뜻한 밥과 술, 그리고 안락한 잠자리는 내일을 기약하는 재충전의 시간을 갖는 데 충분한 공간이었을 것이다. 하지만 그러한 '사치'를 누릴 수 있었던 행상이 얼마나 되었을지는 알 수 없다.

조선시대 상인 중에서도 최하층에 속했던 장돌뱅이에게 글을 읽고 쓰는 것은 꿈도 꾸기 어려운 일이었다. 그렇기에 그들이 남긴 여행의 기록은 찾아보기 어렵다. 구전이나 야화野話가 있긴 하지만 어디까지 믿어야 할지는 알 수 없다. 이 글에서는 글로 남겨진 기록의 부재를 대신하기 위하여 간략하나마 그림이나 지도와 같은 또다른 기록 형태를 두루 활용해보았다. 그 결과 우리가 현재 그리고 있는 장돌림의 이미지에는 행상, 보부상, 상무사 등이 일반 여행자와 더불어 마구 뒤섞여 있음을 알 수 있었고, 이에 각각을 분리하여 이해하고자 할 때에야 비로소 우리나라 상업의 역사에서 행상의 위상이 제대로 정립될 가능성이 있음을 확인하였다. 우리의 상상 속에서 전통 시대 행상의 여행길로부터 자연스럽게 느껴지는 고단함은 현대인이 걷고 있는 삶의 길 위에서의 그것과 별반 다르지 않았을 것이다. 그래서 행상이나 보부상이 현대의 문학 작품에서도 단골 소재가 되지 않았을까?

11장

머리에 천지를 이고
몸에 천하를 두르다

◉

최남선의 『백두산근참기』를 따라가다

윤대원

언제부터 '백두산'이었을까

우리 민족은 언제부터 백두산을 '민족의 영산靈山' '조종산祖宗山'으로 인식했을까? 사료를 볼 때 현재까지 확인할 수 있는 최초의 백두산 명칭은 통일신라시대인 성덕왕 대이다. 하지만 고구려 동명왕 설화 중에 "홀연히 군마가 출현하자 주몽이 그 지역을 마다산馬多山이라 명명했다"는 기록에서 마다산이 지금의 백두산일 것으로 추정된다. 또 고구려, 동예 등이 산천제를 중시했고 이들의 활동 지역이 백두산 주변이라는 점에서 이때부터 백두산에 대한 산천숭배 신앙이 존재했을 가능성이 있다.

고대의 산천숭배 사상은 신라에 와서 불교적으로 윤색되었다. 『삼국유사』에서 "오대산은 백두산에 근원을 두고 있다"고 했듯이 경북 동북쪽에 있던 오대산은 문수보살이 머무는 성스러운 땅으로 존숭받던 곳이다. 신라 승 자장이 643년(선덕여왕 12) 중국에서 귀국할 때 불교의 화엄경을 근거로 발원한 오대산 신앙, 즉 문수신앙을 도입했다. 자장은 오대산에 적멸보궁寂滅寶宮을 세워 문수신앙의 중심 도량으로 삼았는데, 이 오대산이 백두산에 뿌리를 두고 있다고 한 데서 당시 백두산을 한반도 산악의 근원으로 인식했었음을 알 수 있다.

고려시대에도 산악숭배 신앙이 발달해 전국 각지의 명산을 치제 대상으로 삼았고 고려 중기 이후 각 산악의 근원을 백두산으로 여기는 인식이 널리 퍼졌다. 때문에 백두산도 중요한 치제의 대상이었다. 그 중요한 흔적이 1131년(인종 9) 묘청이 서경 임원궁성에 설치한 팔성당이다. 서경 주위의 명당과 신령한 곳의 산신 및 지신을 한곳에 모셔놓은 팔성당의 첫 번째 성인이 '호국백두악태백선인실덕문수사리보살護國白頭嶽太白仙人實德文殊師利菩薩'이다. 여기서 백두악이 곧 백두산이다.

그러나 묘청난 이후 팔성당이 자취를 감추면서 백두산 숭배 관련 기록도 사라졌다가 조선 태종 대인 1414년 고려시대처럼 영길도(지금의 함경도)의 영흥에서 봄, 가을 두 차례 국가 차원의 백두산 치제를 다시 지냈다. 그러나 이 행사도 세종 대에 와서 폐지되었다. 세종은 '천자는 천하의 명산대천에 제사를 지내고 제후는 경내에 있는 명산대천에 제사를 지낸다'는 『예기』의 이념에 따라 국가의례를 정비하면서 백두산이 경외에 있다는 이유로 백두산 치제를 폐지했던 것이다.

오랫동안 폐지되었던 백두산 치제는 1767년 영조 대에 복설되었다. 영조는 함경도 갑산부 80리 지점 운총보 북쪽 망덕평에 정각을 세우고 백두산에 치제하도록 했다. 이것은 조선의 발상지인 경흥 지역이 백두산과 밀접한 관련이 있다는 점에서 왕실과 왕권의 위상을 높일 수 있는 계기이자 1712년 백두산정계 사건 이후 국가의

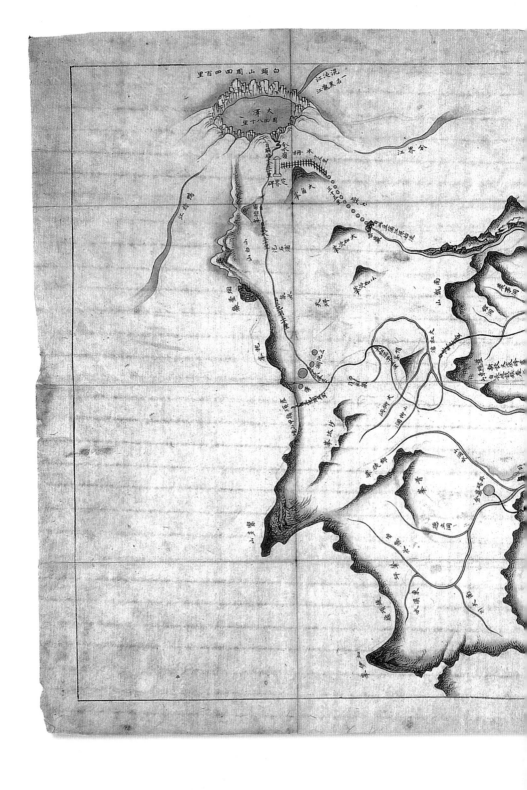

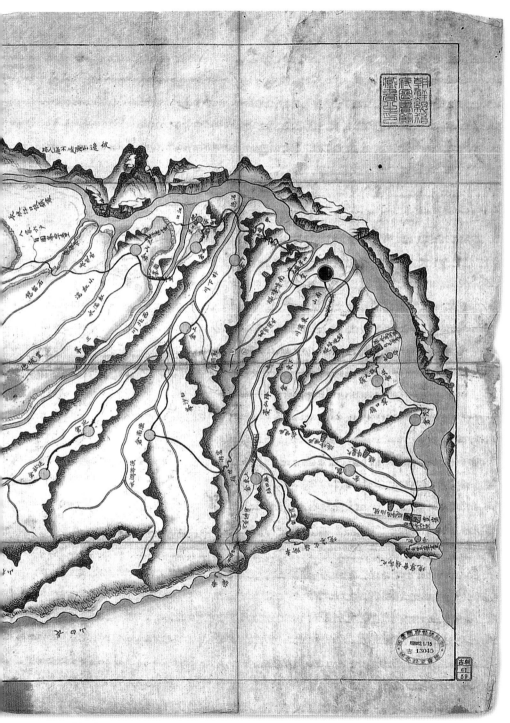

「북관장파지도」, 71.5×109.7cm, 18세기 중반, 국립중앙도서관. 백두산 지역과 1712년 정계定界 때 정한 경계를 보여준다. 왼쪽 윗부분에 1712년에 세워진 정계비가 있다.

조종산으로서 백두산의 위치를 확고히 하려던 의지가 반영된 것이었다. 이 시기 고지도에서 백두산을 여느 산과 달리 크고 두드러지게 그렸으며, 백색 또는 황금색 등으로 채색해 마치 속세와 분리된 듯 신성함을 표현한 것도 이런 인식에서 비롯된 것이었다.

이렇게 형성된 백두산에 대한 인식은 나라가 일제에 강점되면서 민족의식을 앙양하고 조선 민족을 상징하는 성지로 더욱 추앙되기 시작했다.

불함문화론의 출발지 백두산
민족 고대사의 기원을 찾아 나서다

최남선은 1926년 7월 백두산과 압록강 유역에 대한 박물 탐사를 목적으로 조선교육회가 주관한 백두산탐험대에 『동아일보』가 위촉하여 박영선과 함께 참여했다. 이들의 기행은 7월 24일 시작되어 8월 7일까지 이어졌다. 그는 이 탐험대에 참여하기 직전 『동아일보』에 「단군론」을 연재하고 있었는데 이를 그만두고 백두산 기행에 나선 데에는 남다른 이유가 있었다.

1920년대 최남선은 단군의 실재성과 역사성을 증명하는 역사 연구에 몰두하던 중이었다. 그 이유는 단군을 부정하고 한국 고대사를 왜곡하는 일본 역사학자들의 논리를 반박하기 위해서였다. 「단군론」은 바로 이 일의 시작이었다. 그러나 한국 고대사의 경우 문헌 자료가 거의 없었기 때문에 그는 국토 순례를 통해 우리 국토에 남아 있는 고대의 흔적을 찾아 나섰고 이를 통해 얻은 민속

백두산근참행로

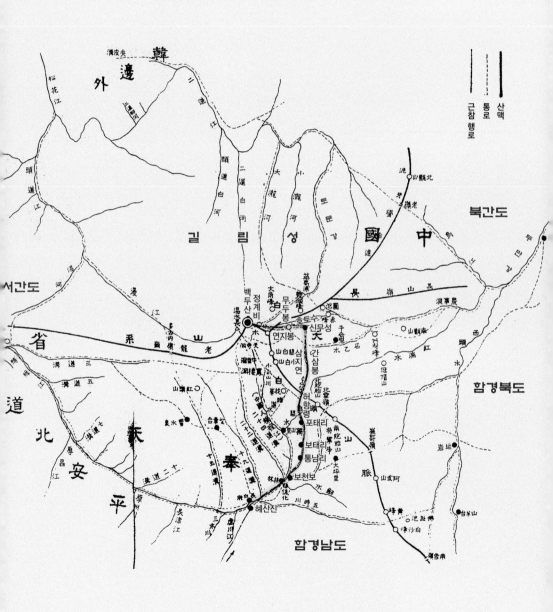

학적 지식을 바탕으로 단군 연구를 진전시켜 나갔다. 그가 1924년에 금강산을, 1925년에는 백암산과 변산, 무등산, 조계산 등 지리산 기행을 한 것도 국토 곳곳에 감추어져 있는 고대의 흔적을 찾기 위함이었다.

그는 자신의 백두산 기행을 "크게는 조선인에게 백두산 의식의 일전환기를 만들고 작게는 사사로이 적년積年 학구學究하는 바의 실험實驗 임증臨證할 기회를 얻"기 위함이라고 했다. 이 말은 무슨 뜻일까? 당시 그가 연구하던 「단군론」은 '불함문화론不咸文化論'의 전제였고 그 출발지가 백두산이었기 때문에 백두산 기행은 그에게 매우 절실하고 중요한 것이었다.

최남선은 불함문화론에서 하늘과 태양을 숭배하여 지역마다 가장 높은 신령한 산에서 하늘에 제사를 지내고, 그 산 역시 존숭하는 것을 인도나 중국 문화권과는 구분되는 중요한 특징으로 주장했다. 특히 불함문화권의 고대인들이 존숭한 그 산을 일컬어 '붉산'이라 했고 백산白山은 그것의 한자식 표기라 했다. 따라서 '백산'은 불함문화론의 핵심적 전거였다. 또한 불함문화권은 좁게는 몽고·만주·조선·일본을, 넓게는 동북 중국을 포함하여 중앙 아시아를 거쳐 발칸 반도에 이르는 지역을 포괄한다고 했다. 이런 구도 속에서 조선은 불함문화권의 중심지였고, 백두산은 불함문화의 표지가 되는 모든 '붉산'의 총수였다.

때문에 최남선에게 백두산 기행은 "머리에는 천지를 이고 몸에는 천하를 드리우며 허리에는 천평을 두르고" 있는 불함문화의 으뜸 성지인 백두산을 향해 가는 길이었다. 그 길은 민족 감정이 물신화된 백두산을 '근참'하는 것임과 동시에 민족 고대사의 기원에 접근하려는 답사였다.

"머리에 천지를 이고 허리에 천평을 두르고"

오랜 장맛비가 그치고 다시 더위가 기승을 부리던 7월 24일 밤 남대문역(지금의 서울역), 드디어 백두산을 향한 여정이 시작되었다. 첫 여정은 서울에서 원산을 거쳐 함흥 속후까지 기차를 이용했다. 밤기차이지만 기차 안은 찌는 듯한 날씨에 사람의 열기로 에누리 없는 찜통이었다. 밤새 달린 기차는 이튿날 함경선의 종점인 속후에 도착했다.

역을 나선 일행은 백두산 등정의 출발지인 혜산진까지 자동차로 이동했다. 자동차는 쏜살같이 수없는 산과 강을 가로질러 동북 15읍의 요충지인 북청에 도착했다. 함경도 구경은 처음이기에 숙소에 짐을 부리자마자 시내 구경에 나섰다. 북청에 있던 남병영의 정문인 관남대원문關南大轅門을 돌아보면서는 '병합 후 일본 수비대가 들어와서는 대원문大轅門을 대한문大韓門으로 잘못 알고 급히 현판을 철거했는데 그때 마을에 질병이 돌자 도로 걸어두었다'는 이야기를 듣고 쓴웃음을 지었다.

7월 26일 아침 8시 반 다시 자동차를 타고 풍산을 향했다. 북으로 북으로 오르막길을 달려 후치령을 지나자 '하늘 아래 첫 동네'인 풍산이 그 모습을 드러냈다. 오후 2시 반, 풍산읍에 도착해 풍일여관에서 짐을 풀었다. 이 지방에서는 제사를 매우 숭상해 공적인 제사인 예신 외에 개인이 예신당에서 제를 드렸으며, 이를 일컬어 산제를 지낸다고 했다. 이때 제사일이 되면 먼저 정반精飯만으로 '백산제'를 거행하고 그다음 잡식雜食으로 '거리귀신'을 치르고 그 뒤에 소·돼지를 제물로 삼아 '천제'를 행해 제사를 마친다고 했다.

최남선은 산제의 첫 제인 '백산제'의 백산이 백두산을 가리키는 것이 아니라는 중요한 사실을 깨달았다. 돌이켜보면 신으로 섬기는 그 지방의 산을 '백白'이라 하여 최고의 경의를 표한 것이다. '백의 본어本語인 붉'이 옛말에 최고신을 뜻하는 것이기에 백산이란 명칭이 흔히 있고 또 그런 까닭에 최고 제향을 백산제라 했던 것이다.

7월 27일 풍산 장날을 구경하고 28일, 밤새 오던 비가 그치자 다시 자동차를 타고 혜산진으로 향했다. 한겨울이면 기온이 영하 37~38도까지 내려가 바깥으로 나오면 숨이 그대로 안개가 되어 앞을 못 볼 정도로 춥다는 삼수, 갑산…… 옛날 이곳으로 귀양온 사람들이 이곳에서 겪었을 고통을 생각하니 상상을 뛰어넘었다.

이런저런 생각에 잠겨 있는 사이 자동차는 120리를 달려 국경의 중심지인 혜산진에 다다랐다. 오는 길에 수년 전까지도 백두산 망제각이 있던 마상령에서 구름에 싸인 백두산이 잠시 옷자락을 보여주자 마음에 크게 감격이 일어 공경스러운 예를 드렸다. 조선시대 혜산진은 100호가 채 안 되는 조그만 강촌이었는데 지금은 1000여 호의 대읍이 되어 수비영, 자혜병원, 영림창분사 등 큰 건물이 즐비했다. 그러나 일본인 100여 호의 영업자가 대부분 요리업자, 매춘업자라는 사실에 공연히 심사가 뒤틀렸다.

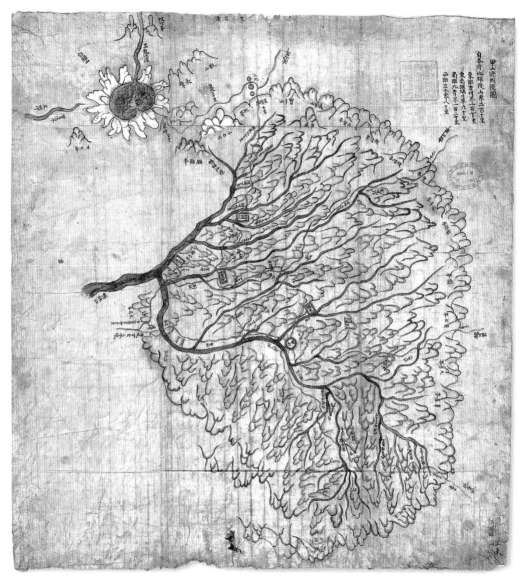

「갑산부형편도甲山府形便圖」, 74.8×69.0cm, 국립중앙도서관. 갑산부는 백두산 남쪽의 넓은 지역을 관할했다. 백두산이 왼쪽 상단에 보이며, 산과 강의 모습이 독특하게 표현되어 있다.

싸우지도 않고 스스로 줄어든
치욕의 땅, 끈장덕

　7월 29일은 장차 수백 리 무인 산길과 일주일 노숙을 지낼 도보
등정의 첫날이었다. 주로 일본인 교직자로 구성된 탐험대원 60명
가운데 건강상의 이유를 들어 불참한 2명을 제한 58명과 신문기
자, 화가, 사진사와 활동사진 촬영반, 실업가들, 5세 남아와 10세
여아에다가 일본군 대위가 인솔하는 일본군 40명에 혜산진 현지
에서 따로 참가한 20여 명까지 합세해 모두 200여 명이 길을 떠났
다. 그리고 50여 필의 말이 이 탐험에 함께했다.
　혜산진에서 백두산으로 향하는 길에서 본 압록강은 상류인 까
닭에 개천보다는 조금 컸다. 국경이라 하여 좀 끔찍했지만 곳곳에
귀리나 좁쌀을 찧는 물레방아가 있어 한적했다. 최남선은 강 건너
집이 즐비한 중국 땅 장백현을 바라보면서 우리 민족의 진역에 있
는 요람지가 남의 손에 버려졌다는 생각에 눈물이 핑그르르 돌기
도 했다.
　얼마 가지 않아 압록강의 명물인 뗏목이 내려오는 것이 눈에 띄
었다. 삿대를 잡은 이 한 명, 치 놀리는 이 한 명, 이렇게 단 두 사
람이 험한 압록강의 물길을 찾아 쏜살같이 앞으로 나아가는 모습
이 마치 스키나 스케이트 선수 같았다. 압록강의 떼타기 재주를
영국 템스 강의 보트 경기나 알프스의 스키 경기처럼 자랑해도 손
색없을 것이라는 부질없는 생각을 하던 중 벌목의 한 요충지인 보
천보에 도착했다. 보천보는 민가 18호에 일본인 상가가 2호이고
나머지는 벌목 노동자의 주머니를 노리는 주막이었다.

7월 30일. 오늘이 중복인데도 물에 손을 담그니 뼈가 아릴 정도로 차가웠다. 8시를 지나 다시 행장을 꾸려 출발했다. 수일 전부터 마적이 나타난다는 소문이 자자해 여기서부터는 일본군이 두 패로 나누어 일행의 앞뒤를 호위했다. 낯선 풍경에 긴장감이 찾아들었다. 그러나 구름 그림자에 높고 낮은 봉우리들이 앞을 다투고 벌레 소리에 산골짜기의 그윽함을 더하는 자연의 용광로 속에 들어서는 즉시 마치 성불이 된 듯하여 긴장감도 사라졌다.

장군봉이 앞에 보이는 통남동과 보태리를 지나 30리 되는 지점에서 한 분지에 이르렀다. 곤장덕이었다. 이곳은 1712년 청 황제 강희가 목극등穆克登을 보내 조선과 백두산 정계를 논의할 때 조선 측 대표로 파견한 접반사 박권朴權과 함경감사 이선부李善溥가 왔던 곳이다. 이들은 이곳에서 나라의 국경을 정하는 그 중요한 일을 일개 역관에게 맡기고 돌아갔다. 최남선은 이 기막히고 어처구니없는 일을 떠올리며 이곳을 나라의 강토가 "싸우지도 않고 스스로 줄어든" '국치기념지國恥紀念地'라 명명했다.

이깔나무로 뒤덮여 어떤 곳은 햇빛조차 들지 못할 정도인 밀림의 끝 즈음에 백두산 길에서 마지막 인가가 자리한 포대산리가 있었다. 혜산진에서 130리 떨어진 포대산리는 민호가 6~7호에 불과한 백두산 아래 첫 동리였다.

압록강의 뗏목.

조선총독부 학무국 소속의 조선체육진흥회 국방훈련부등행단에서 발간한 책자에 실린 백두산 사진, 수원박물관.

고대와의 만남, 첫째 표지
'어허, 국사대천왕지위'

7월 31일. 밤부터 내리기 시작한 비가 아침이 되어도 잦아들 줄 모르고 더 심해졌다. 한 치 앞을 내다보기 힘들 정도였고, 산 전체는 물안개로 뒤덮였다. 길을 재촉해 한참 동안 질퍽질퍽한 산길을 올라가니 다시 평지가 나타났다. 백두산 정맥의 주요한 고지 중 하

53 天池の大觀

撮影 飯山達雄

나인 허항령의 마루턱이었다.

　이곳에서부터는 사람의 손이 닿은 적이 없어 숭고한 자연의 모습을 그대로 간직한 밀림이 이어졌고, 그 원시림을 통과해야 백두산에 오를 수 있었다. 그 길을 향하는 것은 말 그대로 숭고를 향한 것이나 다름없었다. 최남선은 눈앞에 펼쳐진 원시림 속에서 숭고한 자연과 민족의 기원에 대한 신화적 영감이 하나 되는 그런 벅찬 순간들을 맞닥뜨리기 시작했다.

50여 리를 해 동무 비 동무 하며 허항령 한복판 낡은 사당이 있는 곳에 이르렀다. 최남선은 조심스러운 마음으로 사당 문을 열어보다가 눈앞에 있는 신주를 보기가 무섭게 오체투지를 하고 감격스러운 배례를 바쳤다. 그것은 그가 백두 고원에서 본 "현재에 있어서 백두산 중에 들어서서 최초 또 최종, 최고 또 유일의 종교적 건물", 즉 유일의 종교사적이었다.

사당 정면에 모신 목주木主에 '천왕지위'라고 새겨져 있고 그 위 패의 전신인 듯한 한 목주에 '국사대천왕지위國師大天王之位'가 새겨진 것을 보고, 최남선은 "백두산 신이 천왕이시겠지, 그래 '국사대천왕'이시겠지, 그가 국토신이자 산신이자 조상신이자 천신이신 바에 그 호는 마땅히 천왕일 수밖에 없으며, 단군의 원뜻인 천왕일 수밖에 없으며, 환웅천왕의 천왕일 수밖에 없으며, 한우님의 전역轉譯인 천왕일 수밖에 없으며, 산천조山天祖 삼위일체의 인격적 표현인 천왕일 수밖에 없"다라며 흥분했다.

당시 단군 연구에 몰두하고 있었던 그에게 가장 절실했던 것은 단군의 실재성을 증명하는 일이었다. 문헌 사료는 태부족이고 고고학적 자료를 얻는 일도 사실상 불가능한 상황에서 이를 해결할 방법은 민속학과 신화학을 이용해 상징 해석으로 단군론에 접근하는 것이었다. 『삼국유사』에 실려 있는 단군신화의 역사성을 주장하는 것이 아니라, 신화라는 상징 체계 속에 깃들어 있는 역사성을 규명하는 것이었다. 그는 '국사대천왕지위'라는 신주를 통해 자신의 단군론에 중요한 참고가 될 민속학적 근거를 다른 곳이 아닌 백두산에서, 그가 환웅이 하늘에서 내려온 곳이라고 생각했던 장소에서 발견했다는 사실에 놀랄 뿐이었다. '국사대천왕지위'라는 신주는 그의 불함문화론의 핵심 가설인 '천신=성산 숭배'를 뒷받침하는 중요한 증거였다. 또한 '국사'란 용어도 전국 각지에 있는 국사당이나 국사봉의 국사처럼 불교적 색채가 후대에 덧씌워진 불교식 용어일 뿐 본래 국사라는 한자어는 '붉'이나 '슬'의 유의어로 '신神인' '신적神的'이란 의미였다.

이처럼 사당의 신주 앞에 섰을 때 최남선은 신주의 문면文面 속에서, 불교와 유교의 도래 속에서 점차 퇴색되어왔고 지금은 사라질 위기에 처한, 머나먼 고대의 흔적을, 민족사의 기원을 꿰뚫어 보았던 것이다. 그것이 그에게 오체투지를 하게 한 감격의 원천이었다.

조선국의 태생지, 삼지연과 천평

8월 1일, 천왕당에서의 감격을 뒤로하고 삼지연을 둘러싸고 있는 거대한 이깔나무 숲에 접어들면서 최남선은 다시 고대 속으로 빠져들었다. 최남선이 천평에 들어섰을 때 허항령 밖의 세계는 "한漢의 때, 당唐의 구정물, 몽고의 먼지, 왜의 부스럼"으로 더럽혀진 역사와 현실의 땅이고, 이쪽의 땅은 모든 민족 외적인 것으로부터 정화된 땅이었다. 이 원시림 속에서 최남선은 민족의 시원에 대한 환상에 빠졌다.

천평은 그가 1918년에 '환웅천왕의 천강지이자 신시의 무대'로 추정했던 곳이었다. 그리하여 그는 번잡한 역사적 고증을 뒤로 미루고 국가적 민족적 성지를 순연한 그대로, 전설 정신상 존재 그대로 우러러보자고 했다. 그가 발을 딛고 서 있는 땅 전체가 고대사의 신화가 생생하게 살아 있는 성스럽고 신비로운 공간이었기 때문에 더 이상 주관과 객관이 대립할 여지가 없었다. 그것은 절대적 신념 그 자체였다.

숨 가쁜 걸음에 목마름을 숲속에 널린 들죽과 같은 과일로 목을 축이며 반쯤 달음박질로 길을 재촉하여 신무치로 향했다. 60리를 걸어 4시 반에 신무치에 다다랐다. 동서로 조그만 개울이 집개다리처럼 모여드는 곳으로 전에는 이곳에 제당이 있었다지만 지금은 철폐되고 넓은 땅만 펼쳐질 뿐이었다.

최남선은 신산의 영좌領座 되는 백두산에도 '숣神'의 수행처와 그 이름이 존재하거나 혹은 전래할 것이라는 전제 아래 신무치가 바로 그 수행처라고 단언했다. 그 위치나 자연 형세는 물론 지명의 어원에서도 의심할 여지가 없었다. 이곳의 지명 신무神武는 민속학적으로 보면 대개 영산靈山(도장), 곧 접신지인 무당의 신 내리는 곳을 표시한 것이기 때문이다.

8월 2일 동쪽 하늘에 어둠의 장막이 조금씩 걷히면서 '붉'님이 나오시는 소리가 급해졌다. 백두산에서 일출을 볼 수 있는 곳이 한두 군데가 아니지만 가장 장엄하고 웅장한 일출을 볼 수 있는 곳은 신무치가 단연코 으뜸이었다. 오늘 자신의 눈앞에 펼쳐진 진수성찬의 일출 광경 역시 그야말로 종교적 정서를 유발하기에 충분했다.

8시 반에 신무치를 출발하여 40리를 걸어 백두산 정상에 오르는 길의 최종 야영지인 무두봉에 도착했다.

망국의 유민, '눈물의 채찍을 든 어머니'를 만나다

8월 3일, 일순간의 청명을 기원했지만 비는 아는 체하지 않고 사람의 애간장을 태웠다. 원래 새벽 2시에 출발할 예정이었지만 채비가 늦어져 4시 반이 되어서야 길을 떠날 수 있었다. 이깔나무 숲을 뚫고 5리쯤 오르니 나무는 없고 완전한 초목지대로 들어섰다. 앞에는 백두산에서 남으로 뻗어나온 제일봉 즉 연지봉이 우뚝 솟아 있었다.

연지봉을 돌아 얼마를 지나려니 조그만 비석이 눈에 들어왔다. 놀랍게도 수백 년 동안 조선과 중국 사이의 갈등의 주인공인 백두산정계비였다. 이곳이 압록·토문 두 강의 발원지인 분수령이었다. 이때가 7시 반경이었다. 마치 정계비가 자신에게 지난 214년 동안 조선인의 게으름과 부끄러움을 소리소리 지르며 탄핵하는 듯했다. 정계비는 조선과 청나라가 백두산의 소유권을 두고 벌인 싸움의 흔적이었다. 백두산이 왜 중요한가? 최남선은 국경을 정함에 있어 가장 중요한 것은 역사적 전통성과 지리적 발전 방향과 일치된 국민정신(국민성)이고 백두산은 이런 점에서 국민성을 체현하는 대표적 상징이라고 생각했다. 때문에 백두산을 빼앗긴다는 것은 나라를 빼앗기는 것이나 다름없었다.

다시 백두산 분화구를 향해 출발을 서둘렀다. 최남선은 장군봉으로 가는 여정에서 민족사의 발원지라 생각했던 성스러운 땅의 엄청난 기운에 감격하면서도 '망국의 유민'이라는 현실 앞에서 피맺히는 속울음을 삭였다.

장군봉을 향해 천연 계단과 같은 엇비슷한 언덕을 조금 올라가

白頭山

大澤

定界碑

烏喇摠管穆克登與
一員分界此時登白頭山之
界碑櫛木柵爲圍銘而
鴨綠云分界日則癸未

嶺十里

分水嶺

大臙脂峯

小臙脂峯

柒峯

間三峯

虎峯

大南峯

種十

木柵

土門江源

黃峯

堅峯

坪

三池

池

長山嶺

`「백두산정계비도」, 97.6×56.9cm, 연대미상, 규장각한국학연구원.`

자 비바람이 냅다 불어왔다. 혼신의 기력을 기울이지 않으면 한 발짝도 옮길 수 없을 만큼 비는 뭇매질을 하고 바람은 칼부림을 했다. 아무리 생각해도 이것은 그저 비바람이 아니었다. 분명 '너희의 소행을 생각해보라'는 백두산 어머니가 드는 눈물의 채찍이었다. 또 잠깐 비가 그칠 때마다 눈앞에 펼쳐지는 무지개는 '못난 자식을 기꺼이 맞아주는' 자애로운 어머니였다. 최남선은 '물려준 집을 지키지 못한 못난 자식, 문패와 신주에 진탕물이 묻게 하고 또 세간과 살림을 다 빼앗기고도 부끄러운 줄 모르고 분해할 줄도 모르는 한심한 자식'이 된 부끄러움에 "어머니, 잘못했습니다"라는 소리가 절로 나왔다. 이처럼 백두산은 그에게 '눈물의 채찍을 든 어머니' '자애로운 어머니'가 되어 다가왔다.

천지와의 접신, '천지는 신전神典'

분화구까지 얼마나 남았을까 하며 가쁜 다리를 질질 끌자니 앞서 간 이들이 "어서, 어서" 하고 손짓을 했다. 궁금증에 한달음에 올라가자 앞에는 안개인지 구름인지 모를 희뿌연 덩어리의 소용돌이뿐이었다. 비는 그쳤지만 천지는 안개에 싸여 모습을 드러내지 않았다. 최남선은 천지를 보고픈 절실한 마음이 불기둥처럼 일어 "어머니! 저올시다. 괘씸하지마는 잠깐이라도 거룩하신 얼굴을 내보여주시옵소서. 온 것이 늦기는 하였습니다마는 멀기도 합니다. 제발 일 분간이라도요" 하고 연신 빌며, 주위에는 아랑곳없이 행여 천지가 모습을 드러낼까 하여 꼼짝도 않은 채 오로지 앞만 바라보았다.

얼마간 기다린 끝에 천지가 안개 속에서 얼굴을 드러냈다 사라지곤 하는 그 신비로운 모습을 드러내자 최남선은 마치 창세기의 장면을 생생하게 상상하듯 거대한 신화적 담론 속에 빠져들었다.

잠시 예찬을 올리는 동안에도 천지의 신비한 활동은 일각도 정지하는 일이 없다. 한 점의 부연 기운이 수면에 떠오르기 무섭게 웅장 장려한 신천의 광경이 금시 꿈같이 사라지고 한 줄기 환한 기운이 자욱한 속에서 움직이기 무섭게 밤이 가고 낮이 와서, 한 덩이의 혼돈이 문득 영위靈威한 대성용大聖容으로 환변한다. 이렇게 답답하게 잠겼다가 이렇게 환하게 터지기를 되풀이하는 사이, 한 번은 한 번보다 더 우람스러운 느낌을 용솟음하여 낸다. 막히는 것은 천왕이 눈을 감으심이요, 터지는 것은 감으셨던 눈을 뜨심이며, 급작스럽게 막혔다 트였다 함은 눈을 얼핏 깜작거리심인 양하다. 뜨실 때에는 천지가 개벽하고 감으시면 세계가 폐개閉蓋되는 것이 우주의 유위상有僞相과 무상법無常法을 연설하는 셈이다.

이제 최남선에게는 천지의 수면 위로 펼쳐지는 신화의 상상 속에 더 이상 어떤 논리도 들어설 자리가 없게 되었다. 그리하여 그는 천지 수면에 펼쳐지는 거대한 신화적 담론 속에서 '단군신화'에 대해 이렇게 결론지었다.

나는 이것을 신화라고도 아니하고 역사라고도 아니하고 단적으로 일컫되 신전神典이라 한다. 이것이 진실로 신화이기도 하고 역사이기도

『백두산 근참기』의 작가 최남선.

하지마는 그보다도 더 우리의 신성 영귀한 민족 신앙의 경전인 것이요, 우리의 박후고명博厚高明한 인생 이상의 표치標幟인 것이다. (…) 인류는 무슨 빛이 동방東方에서 오기를 기다렸는지 모르거니와 동광東光이란 동명東明이며, 동명이란 조선 신전에 넘쳐나는 '광명이화光明理化 홍익인간弘益人間'의 대정신, 대원행大願行에 불외不外한 것이다. '태백'이란 곧 '단군'이란 것이다. 시방 그 실체를 여기서 보았다.

단군신화는 최남선에게 결코 서사에 머물지 않았다. 그것은 "조선의 최고 유일한 성전이요 조선에 대한 신의 성약을 담은 보첩寶牒이요, 조선 민족을 통하여 현창된 인류 이상의 대봉화요, 조선인의 마음과 조선의 말로써 성립된 것 중 가장 영귀한 다보탑이요, 조선인을 수직군으로 한 인류 사상의 영광의 대보장大寶藏"이었다. 이제 최남선에게 단군신화는 신화도 역사도 아닌 '신전'이 되었다.

최남선이 천지와 하나가 되어 있는 사이 영하 6도의 추위와 세찬 바람에 "어서 내려가자"는 독촉이 성화같이 떨어지지 않는 발길을 돌려야만 했다. 그는 언제 약속이 지켜질지 장담할 수 없지만 "꼭 또 오겠습니다"라며 마음으로 약속했다.

그는 백두산정을 몇 번이나 돌아보며 못내 발길을 돌려 오후 2시에 마지막 야영지인 무두봉에 도착해 하룻밤을 잤다. 8월 4일 오던 길을 따라 본격적인 하산을 시작하여 8월 7일 혜산진에 도착했다. 이렇게 백두산 기행을 아무 탈 없이 건강하게 마칠 수 있었던 것도 오로지 단군천왕의 도움 덕분임을 감사하며 백두산에서의 마지막 밤을 보냈다.

*

최남선은 백두산 기행을 하면서 『동아일보』에 1927년 1월 23일까지 89회에 걸쳐 여행기를 연재하고 그해 7월에 『백두산근참기』라는 책을 출간했다. 그는 백두산 기행에서 '망국의 유민'으로서의 현실을 인식하는 가운데 단군의 실재성을 절대적 신념으로 확인함으로써 자신의 불함문화론를 더욱 확고히 할 수 있었다. 그러나 "조선은 언제든지 동방에 있는 선진자, 우월자였다" "세상에 조선 사람보다 더한 민족적 강인을 가진 이가 없고, 조선 나라보다 더한 역사적 윤택을 가진 곳도 없다"는 절대적 신념에 바탕한 그의 민족주의는 일제의 강점이라는 현실에 대응하기에는 한계가 분명했다. 왜냐하면 그가 목가적인 자유낙원의 풍경으로 예찬했던 백두산 주변 민중─화전민, 압록강의 뗏목군, 함흥·북청·풍천·혜산진 등지의 주민의 삶이 일제강점 아래 결코 목가적일 수 없기 때문이다. 이처럼 최남선의 신념은 일제강점이라는 현실과는 괴리가 있었다.

12장

흥분과 기대가 의분과
비통함이 된 까닭

⊙

일제강점기에 떠난 수학여행

윤소영

　아침 6시에 일어난 '나'는 제일 먼저 날씨를 살폈다. 날씨는 맑다. 세수만 하고 아침밥도 먹지 못한 채 서둘러 종로에 있는 집을 나서니 '씩씩히 모여드는 少年學徒(소년학도)들'이 보인다. 모두 경쾌한 교복에 '변도'를 둘러메고 의기양양하게 남대문을 향해 가벼운 발걸음을 옮기고 있었다.

　그들의 가슴에는 生命(생명)의 피가 뛰며 그들의 발압헤는 希望(희망)의 빗이 비추웟다. 마츰 해가 그들의 가슴에 直射(직사)할게 그들의 얼굴은 더욱 아름다우며 가비어운 바람이 그들의 몸을 시츨게 그들의 手足(수족)은 더욱 敏活(민활)하다. 혹은 電車(전차) 혹은 徒步(도보)로 南大門 驛頭(남대문 역두)에 總集(총집)이 되니 先生(선생)과 學徒(학도)가 82人(인)이다.

　그들은 1박2일 동안 인천으로 수학여행을 갈 참이다. '생명의 피'가 뛰고 '발 앞에는 희망의 빛'이 비출 정도라니, 수학여행에 대한 설레는 마음이 행간에 넘쳐난다. 아마도 전날 밤에는 제대로 잠을 못 이룬 학생이 많지 않았을까?

이들을 태워 인천으로 가는 경인선은 8시 5분에 남대문 역을 출발했다. 용산역에 1분간 정차했다가 다시 기차가 구르기 시작하자 생기 충천한 소년들은 와자지껄 떠들다가 한 동무가 「기차가汽車歌」를 부르자고 제의하자 일제히 손뼉을 치며 합창한다.

들들들 굴러가는 汽車(기차)바퀴는
終日(종일)코록 쉬지 안코 다라나도다.
十里萬里(천리만리) 갈 길이 비록 멀으나
살과 가티 迅速(신속)히 得達(득달)하누나.

「기차가」가 끝나자 이어서 「탐승가」를 부른다.

景槪(경개)조흔 山(산)과 물은, 재가 사랑함이로다.
四面江山(사면강산) 단이다가, 조흔 곳 왓네

주변에 탄 승객은 어느 학교 학생이냐며 다정히 말을 건넨다. 천고마비의 맑은 가을날, 수학여행을 떠나는 한 장면이다. 때는 언제일까? 1921년 10월 12일 아침, 보성학교 학생 82명이 수학여행을 떠나는 모습을 묘사한 것이다.(茄子峯人, 「淸秋의 旅」, 『개벽』 17호, 1921. 11. 1)

일제강점기라는 소위 '암흑의 시대'에 수학여행이 이렇게 설레고 즐거울 수 있을까? 애당초 수학여행은 언제부터 시작된 것일까? 다른 나라에도 수학여행이란 게 있을까? 일제강점기의 수학

「조선팔도철도지도」, 130.0×80.0cm, 일제강점기, 수원박물관. 일제강점기 철도선 및 차도와 항로 등이 그려져 있다. 수학여행을 떠나는 학생들은 기찻길을 이용하곤 했다.

여행은 어떤 모습이었을까? 이런 궁금증을 품고 일제강점기 수학여행 풍경 속으로 들어가보자.

동맹휴학 하고 만주로 일본으로

19세기 후반 철도의 발달과 제국주의의 확장은 새로운 여행 문화를 낳았다. 기획된 여행코스를 안내에 따라 돌아보며 출발점으로 되돌아오는 단체여행, 즉 '투어리즘tourism'이 탄생한 것이다. 투어리즘의 기원은 1841년 영국의 레스터에서 러프버러까지 금주운동의 일환으로 실시한 기차여행이라고 한다. 이 여행을 주도한 토머스 쿡이 1845년 세계 최초의 여행사인 토머스 쿡 앤 선Thomas Cook and Son을 설립하면서 투어리즘 문화가 확산되었다. 특히 당시 세계는 제국주의 국가와 식민지로 양분되어 있었기 때문에 서구에서 시작된 투어리즘은 '문명국 국민'의 기분을 향유하는 식민지 여행의 양상으로 전개되었다.

이 같은 단체여행을 학교 수업의 연장선상으로 들인 것이 수학여행이며 이는 일본의 발명품이었다. 최초의 수학여행은 1886년 도쿄 고등사범학교가 실시한 원거리 소풍이었으며, 수학여행이라는 용어가 처음 보이는 것은 1887년 『대일본교육회잡지』 54호에서다. 당시 수학여행은 현지에서 사물을 조사하고 표본을 얻는 것과 채집, 지리 역사 탐구를 포함한 긴 행군을 의미했다. 일본의 심상소학교 5년생을 대상으로 한 수학여행의 지침은 이러했다.

수학여행은 아동에게 가장 즐겁고 가장 유익한 일로서 보통 1년에 한 번 행하는 것이다. 아동의 일상 학습하는 비용 중에는 그림과 표본을 갖고서도 도저히 이해할 수 없는 것이 적지 않다. 이러한 것은 수학여 행을 통해 쉽게 해결되는 것이 있다는 사실은 말할 것도 없고 일반 교 육상에도 다대한 효과가 있다.(山松鶴吉 편, 『尋常小学校管理教授及訓練 の実際』, 同文館, 1913, 681쪽)

위에서 보듯, 수학여행은 교실에서 이루어진 이론 학습을 현지 에서 체험하여 완성시키는 교육적 효과가 크다고 했다. 중요한 교 육적 효과로는 공동 정신의 함양, 인내심, 붕우 간의 우정과 사제 간 정의 증대, 진취적 기상 함양이 꼽혔다. 그런데 문제는 여행비 용이 많이 든다는 점이었다. 이를 위해 평소에 여행비를 적립하고 부족분은 학교에서 보조하거나, 혹은 부호 유지의 기부금으로 충 당하곤 했다. 러일전쟁 후에는 조선과 만주로의 해외 수학여행도 이루어졌다.

그렇다면 한국의 수학여행은 언제부터 있었던가? 개항 이후 인 천, 부산, 원산 등지의 개항장에는 일본인이 이주해오고 이들 자 녀를 교육하기 위한 학교가 세워졌다. 한국에서의 수학여행은 바 로 이들에 의해 시작된 것으로 보인다. 예를 들면 인천에서 1885년 에 설립된 공립인천심상고등소학교는 1899년 4월 28일에 처음으 로 고등과 남녀 학생들을 데리고 오전 3시 출범하는 배를 이용해 경성여행을 했다. 1900년 9월 14일에는 고등과 생도가 오전 3시 출범하는 경리환慶利丸을 이용해 개성여행을 했다. 이 학교의 일지 에서 수학여행이라는 용어가 처음 보인 것은 '1903년 6월 12일에

조선여행
390

평양 지방 수학여행을 하여 효과를 거두었다'는 내용에서다.

구한말 신문에서 '수학여행'이라는 용어가 처음 쓰인 것은 1901년 7월 26일자 황성신문의 「俄國東洋語學校生(아국동양어학교생) 수학여행」이라는 기사로 추정된다. 러시아 동양어학교 생도들이 수학여행을 왔다는 내용이다. 한국에서 실제로 수학여행이 실시되었다는 기록으로는 1909년 5월 9일자 『황성신문』에 보성학교 학생이 평양 수학여행을 한다는 기사가 보이고, 1911년에 경상북도 문경군 금룡사에서 주지 승려가 학생을 대동하고 부근 사찰로 수학여행을 했다는 기록이 있다.

대체로 한국 내 일본인 학교에서 1910년대쯤 수학여행이 보편적으로 자리잡은 듯하다. 한국은 1910년 전후로 일부 학교에서 수학여행을 갔고 1920년대에 이르러 대부분의 학교가 수학여행을 실시했다. 한편 일본과 만주 수학여행은 1920년대 중반부터 고등보통학교와 전문학교 고학년생을 대상으로 이루어졌다.

수학여행 장소는 학년별로 달랐는데, 저학년은 학교 인근 지역으로, 고학년일수록 원거리인 경성·경주·평양·부여 등지로 여행을 했으며 졸업 학년이 되면 만주나 일본으로 수학여행을 가기도 했다. 지방 학교는 경성 수학여행이 일반적이었다. 군산 메리 물턴 여학교에서는 1926년에 경성 수학여행을 요구해 동맹휴학을 할 정도로 수학여행은 학창 시절의 꽃이었다.

수학여행 방식에 관한 자세한 내용은 『경성사범학교총람』(1929)에서 확인할 수 있다. 수학여행에서 권장된 학습 내용은 구체적으로 다음과 같은 것을 탐구하는 것이었다.

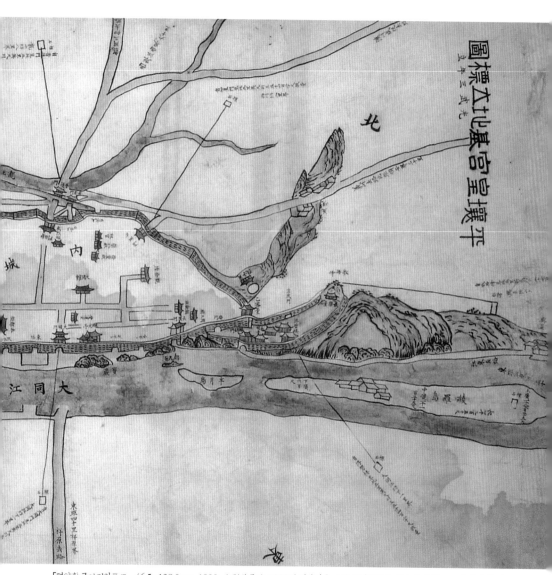

「평양황궁기지입표도」, 46.5×128.0cm, 1899, 수원박물관. 1899년 평양성을 그린 채색지도다. 성으로 통하는 도로 및 보통강, 그리고 내성·외성의 평양성을 자세히 그렸다. 평양은 근대 인기 있는 수학여행지 중 한 곳이었다.

1. 향토의 가정생활(경제, 신앙, 생활 개선, 의식주, 육아, 간호, 양로, 가족 친족, 인정미)

2. 향토의 사회생활(도군면의 행정, 이용조합, 구입조합, 생산조합, 소비조 합 등, 공동 경영, 은행·회사·금융조합 등, 신사·불각佛閣·교회·공자묘· 향교 등 지방 종교, 직업생활[정업·부업], 산업조직, 위생 상태[설비, 향 토 음식물, 지방병의 상태 등] 교통기관, 교통 편리 여부, 통신기관, 배전 配電, 급수법, 방화, 방수설비, 풍속·습관·민풍, 향외鄕外로의 발전 상황, 행상, 외지 돈벌이, 이주)

3. 향토 교화(보통학교 보급, 시설[소학교·보통학교·서당·야학 등], 사회 교육 시설[청년단, 처녀회, 수양단], 졸업생 지도, 학교조합, 사회사업, 농공업시험소, 역사, 전설, 효자, 열부, 사회사업가, 향토 문화, 민요, 동 요, 오락기관, 교변물敎辨物, 명소, 고적, 비석, 향토미)

4. 향토의 자연(동물·식물·광물 분포 종류, 산천 상태, 기상·기온·지질, 물 산류, 자연미)

(『경성사범학교총람』 1929, 90~91쪽)

경성사범학교는 교원양성기관이었던 만큼 여느 학교와 달리 규 정을 상세히 밝혀두었다. 이 학교는 1921년에 개교했기에 그해에 는 연습과와 보통과 1년생에 대한 수학여행만 실시했다가 1924년 에는 보통과 4학년이 처음으로 만주로 수학여행을 떠났다. 그 이 듬해인 1925년에 연습과 생도는 만주로 10일간, 보통과 5년생은 일본으로 13일간 수학여행을 했다.

수학여행지에 따른 일정과 비용은 다음과 같았다.

학년	여행지	시기	일수	비용
보1	근교	10월 하순	1	1원
보2	개성	같음	1	1원
보3	평양	같음	3일	7원
보4	만주	같음	10일	35원
보5	내지	같음	14일	50원
여연女演	같음	같음	같음	50원
남연男演	조선 내	같음	10일	27원

당시 물가를 살펴보면 1918년경, 지게꾼 가장의 일당이 하루 40전, 총독부 판임관 하급 조선인 관리 월봉이 1915년경에 15원, 1918년경 물가 등귀로 인해 쌀 한 섬(신두新斗 10두)이 24원 70전, 1932년경에 쌀 한 섬 가격은 17원이었다. 평양으로 3일간 수학여행시 비용 7원은 총독부 하급 관리 월봉의 절반쯤 되는 액수이며, 나아가 일본 수학여행이라면 3개월 이상의 월봉을, 만주 수학여행은 2개월 이상의 월봉을 요구했다. 그러자 점차 이에 대한 비판으로 다음과 같은 의견도 제기되었다.

다대한 비용과 시간을 허비하여 강제로 하다시피 학생들에게 수업료나 마찬가지로 여행비를 징수하여 개개인의 의사나 요구에서 벗어나 오직 단체라는 명목으로 항례적으로 하는 그 여행이 얼마만한 효과를 가져오는지 퍽 의문이다. 더구나 학생들의 수학여행 때 가지는 태도란 극히 방만적이어서 수학여행을 다녀온 뒤에는 공연히 마음이 들떠서 학업을 태만히 하고 기분이 해이되어 결국 좋지 못한 결과를 버는 학생을 많이 보았다.(「현실에 빗처본 중등교육 개량방침 문제」, 『별건곤』 33호, 1930. 10, 33쪽)

그렇지만 정작 당사자인 학생들에겐 학창 시절의 큰 추억으로 남았다.

수학여행 갈 때처럼 자미잇는 일은 참말 업서요. 그래서 수학려행 중에 보고 드른 것은 오래두고 긔억이 사러지지 안슴니다.(여학생 특집란(제1회 동덕부), 밥고생, 수학여행기 중에서 『별건곤』 7호, 1927. 7)

『경성유람안내도』, 20.3×46.3cm, 1920년대, 서울역사박물관.

수학여행지는 국내에선 경성·경주·평양·개성·금강산 등이 수위를 차지했다. 대부분 사적지였다. 얼핏 한국의 민족정신을 고취할 수 있는 전통문화 유산을 답사한 인상을 받을 수 있다. 그렇지만 공간적 배경은 일제 지배하의 식민지 조선이었다. 여기에는 어떤 식민성이 작동하고 있었을까?

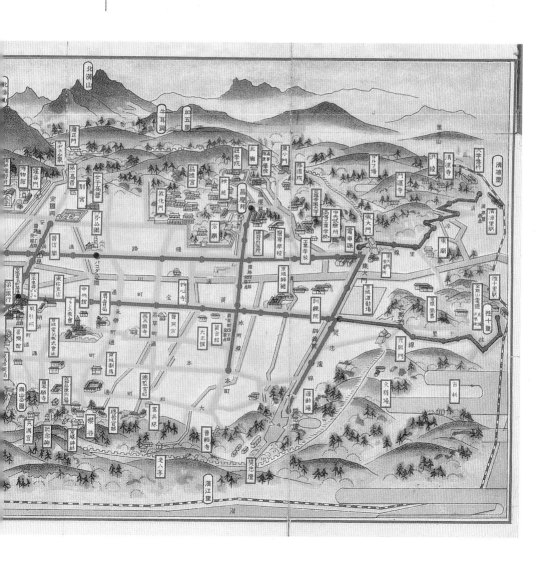

연민의 시선이 포착한 민중의 삶
망국의 현실이 안겨준 착잡함과 동경

1920년 5월 개성으로 2박3일간의 수학여행을 한 보성학교의
황학동黃鶴東은 다음과 같이 여행 일정을 적고 있다.

제1일 5월 22일 이들 108명 학생과 두 명의 인솔교사, 남대문역-개성
역(오전 10시 44분 도착)-철도공원-**만월대**-채하동彩霞洞(도보)-선죽
교-남대문-태화여관(저녁 식사)
제2일 기상 5시-오전 6시 도보로 출발-오전 11시 30분 박연폭포 도
착-점심과 사진 촬영-관세사-대흥산성-선죽교-여관
제3일 경덕궁-인삼제조소-철도공원-개성역(2시 30분 출발)

황학동의 개성 여행기를 눈여겨보자.

때는 첫여름 5월 22일, 오늘은 저의 기쁜 날이다. 책상머리 잔등 밑에
서 각각 이천만의 일의 분자된 의무를 達(달)코저 앉으나 서나 노심초
사하던 우리는 수학여행의 閑暇(한가)를 타서 각각 자기의 벗, 책상을
잠시 동안 여의고 (…) 인자하신 김선생, 용활하신 이선생 이하 108명
의 일단으로 아침 7시 막 찾아 부르짖는 기적 소리에 (…) 돌아보니 황
금같이 누런 보리밭 머리에 우묵히 엇는 농부들은 수확에 **만족**을 자
랑하는 듯, 멀리 보이는 발가벗은 산은 우리의 미개를 원망하는 듯, 건
너편 산록 아침안개 속에 쓰러져가는 움막사리 생활의 계급을 논박하
는 듯 알뜰한 우리 것 안전에 표현하는 것마다 모두 가련하고 애석하

다. 실지과학을 探賞(탐상)고저 임진강 청류를 건너 1천여 년 고도 松京(송경)에 들어가기는 오전 11시 5분 전이 되었나이다. 개성 정거장에서 개성 구경의 제1보로 철도공원을 지나 만월대에 다다라 고려 왕씨 470년 동안 누리던 자리, 황막한 墟址(허지)를 볼 때 우리의 두뇌에는 1천여 년 전 우리의 조상이 이 자리에 출현하시는 듯하더이다. 애달프다. 우리의 교육계, 내가 벌써 7년 동안 塗板下(도판하)에서 전진자의 지도를 받았것마는 어째까지도 실버에 있는 만월대를 짐작하지 못하였나이다. (…) 선죽교를 향하여 (…) 精忠(정충)의 血跡(혈적)은 우리를 경계하는 듯…… (제3일 경덕궁에 가서) 이조 오백 년 역사의 발기점이 아닌가. (…) 인삼제조소에 들어가서 인삼에 대한 설명도 충분히 들었다. 그러나 세계에 능히 자랑할 만한 우리의 인삼실업기관이 참으로 누구의 수중에 용납하는지, 아! 나는 의문이었다. 곧 철도 공원을 도로 거쳐서 오후 2시 30분 차로 남대문을 향하였다. 나는 나의 愚(우)하고 鈍(둔)한 이 뇌를 닦고 닦은 박연폭포에 씻어서 백절불굴하신 정 선생의 정신을 가득이 담아서 우리에 잠긴 역사를 동서양에 나타내기를 결심하였나이다.(1920년 5월 24일)

- 보성학교 학생 황학동 「개성여행의 소감」 『동아일보』, 1920년 6월 4일자

1920년경 식민지 조선에서 고등보통학교 학생 황학동의 눈에 비친 조선의 자화상은 벌거벗은 산, 움막에서 이루어지는 고단한 조선인 민중의 삶, 그에 대한 연민의 시선으로 차 있었다. 그가 이 수학여행에서 무엇을 느꼈는지는 네 가지 정도로 말할 수 있을 것이다. 첫째, 책 속의 지식과 실제 견문의 차이에 대한 경이감이다.

개성인삼 제조장. 일제강점기 학생들의 수학여행 코스 중 하나였다.

이는 애당초 수학여행을 행한 교육적 목적 중 하나라고 했을 때 황학동은 유의미한 학습 효과를 발휘한 셈이다. 둘째, 그의 내면 에는 고려 멸망 후의 폐허인 유적지와 망국의 현실이 겹쳐지고 있 었다. 셋째, 개성 인삼제조소를 방문하고 조선의 대표 산물이 일 본의 손에 장악되어 생산되는 모습에 비분했다. 넷째, 이 수학여 행을 통해 심기일전해 정몽주의 굳은 절개를 이어받고 우리에 갇 힌 역사가 만방에 드러나도록 해야 한다는 결심을 했다.

사실상 수학여행지 자체는 어디까지나 일본의 식민교육 정책과 불가분의 관계를 맺고 있었다. 일제강점기에 역사적 유적지를 발 굴·연구·보존하는 주체는 일제 당국이었다. 인삼처럼 한국의 전 통적 대표 산물을 자본주의 시대에 걸맞도록 상품화한 것도 일본이었다. 미개한 조선을 개발시켜준 것이 일본이라는 것을 인식시키려는 장치가 수학여행지 곳곳에 깔려 있었다. 따라서 여행을 떠난다는 기쁨도 잠시, 식민지 학생으로서의 수학여행은 그저 즐거울 수만은 없었다. 그들은 여행지에서 망국의 현실을 자각해야 했다. 그것은 조선의 땅이건만 그 자신들이 주인이 아닌 현실이었다. 그러면서도 황학동은, 패배감에 침잠하는 것이 아니라 심기일전하여 조선인으로서 분발해야 한다고 결심한다. 망국의 현실을 짊어져야 했던 일제강점기 소년들의 슬픈 자화상이다.

이 글의 첫머리에 소개했듯이 생기발랄한 모습을 띠고 인천으로 수학여행을 간 보성학교 학생들은 정작 과거 외침을 당한 역사의 한복판에 강화도가 있었고 오늘날 식민지적 상황의 직접적인 단서가 강화도에 있음을 떠올리면서 비통함을 금치 못했다.

> 아- 이 강화도 난을 몃번이나 치럿는가. 4000년의 戰史(전사)를 고찰하야 볼 때 누가 강화에 대하야 눈물을 아니 뿌리겟는가. (…) 임진·병자의 참국, 병인 신미의 병화-다-우리로서는 영원히 잇지 못할 것이 야넌가. 더욱이 우리의 금일의 경우를 직접 초래한 것이 江華(강화)에 잇슴을 절실히 記(기)할 때 우리의 가슴이 얼마나 압흐겟는가.(「淸秋의 旅(청추의 여)」, 『개벽』 17호, 1921년 11월 1일)

마니산 제천단을 보면서도 '이 보단寶壇이 영미나 일본에 잇서보라, 그들이 얼마나 힘잇게 보존하얏겟는가'라는 생각이 들어 '단군한아버지의 엄책이 나리는 듯하여' '우리 일행은 다 각기 아모 말업시 침묵리에 後生(후생)의 무능을 자책'하면서도 '장래를 위

「강화부전도」, 종이에 채색, 146.0×102.0cm, 1875~1894, 규장각한국학연구원.

하야 義奮(의분)을 내엇섯다'고 하였다.

1921년 5월 경주로 수학여행을 간 보성학교 학생 신경수는 수학여행의 목적은 '지리로 배운 것을 실지로 보아 넓히기 위함'이고 '지리에 승지, 강산이며 사학에 미술 고적과 인정 풍속을 실탐하야 알고 증명코저 할진대 여행을 놓고는 구하야 얻을 곳이 없다'고 하여 그 필요성을 역설하며 흥분된 마음으로 경주 수학여행에 나섰다. 이들은 인솔교사 2명과 18명의 학생으로 구성되어 1921년 5월 21일 아침 7시 50분에 출발해 대구 달성공원을 돌아보고 하룻밤 잔 다음 22일 아침에 경주로 가는 경편열차를 탄다. 이들이 머문 대구 여관에 대해서는 '대구여관은 어찌 온돌만 놓고 불 넣을 줄 모르는지, 사명당 사처는 명함도 못 드리게 차고, 음식품은 價額(가액)만 받으면 그만이고 여객의 편의는 도시 不知不關(부지부관)'이었고 '다 얼어죽어라 하는 듯한 삼층 냉돌'에서 잠을 잤다고 하여 그 개선을 촉구하기도 했다.(신경수, 「보성고등보통학교 경주수학여행기(1)」 『동아일보』 1920년 6월 19일)

신경수는 경주에서는 경주박물관의 전신인 고물古物 진열관을 견학했다. 가장 인상 깊은 유물은 봉덕사종이었다고 술회한다. 그런데 귀성길에는 토함산에서 울어오는 산새 소리가 고국의 원한을 하소연하는 듯하였고 '우리 졌던 천 년 古花(고화) 다시 피는 그날까지' 잘 있으라는 인사를 남기고 경주역을 떠났다. 그들은 신라의 번영했던 시절과는 달리 현재 조선의 식민지적 상황을 비교하지 않을 수 없었다. 결과적으로 망국의 국민으로서 착잡한 심경을 안겨주는 여행이 된 것이다.

경주는 특히 일제강점기의 대표적 수학여행지였다. 이러한 전

「경주읍내전도」, 종이에 채색, 39.2×22.6cm, 조선시대, 국립문화재연구소. 수학여행지로 가장 많이 꼽혔던 경주 읍내의 모습.

통은 해방 후 수학여행 풍속도에 고스란히 이어지기도 했다. 그런데 왜 하필 경주였을까? 일제 관학자는 한국 강제병합 전부터 경주를 주목했다. 그 이유는 일본이 고대에 한반도를 지배했다는 일본 고대사 인식과 밀접한 관련이 있었기 때문이다. 심지어 석굴암 등 신라의 불교 유적지와 유물은 한국인보다 앞서 야나기 무네요시 등에 의해 예찬되면서 일본인에 의해 그 가치가 인정되고 보호·연구되던 상황이었다. 즉, 경주는 '과거 일본의 지배지'로서 일본의 조선식민화의 역사적 정당성을 확인하는 장소임과 동시에 일본인에 의해 비로소 그 가치가 발견되어 일본 당국의 '선정善政'으로 파괴되지 않고 보존·연구되고 있다는 것을 선전하는 식민통치의 표상 공간이었던 것이다.

지방 학생들이 선호한 수학여행지는 단연 경성이었다. 아산에서 1922년 6월에 경성으로 수학여행 온 강태수姜泰秀는 경성으로 향하는 기차 안에서 이미 경성의 명소가 박힌 인쇄물을 펴들고 휘둘러보며 생전 처음 가는 경성에 대한 설레는 마음을 가누지 못했다.

재래의 古屋(고옥)은 魚鱗(어린)과 같이 처마를 가지런히 하여 땅에 붙었고 옹긋쫑긋한 洋館(양관)은 네 키가 크냐, 네 키가 크다 경쟁을 하는 듯이 구름 사이로 솟아 있고 성냥갑을 발라 채운 듯한 일본식 가옥은 바람만 불면 날아갈 듯하다. 백목을 펴낸 듯한 종횡자재한 길에는 구두 친구, 짚신 친구, 나막신 친구, 버선고 친구들이 벼룩 튀듯 紅塵(홍진)을 일으키고 돛대같이 林立(임립)한 공장에서는 검은 연기를 토하고 동당거리는 마차 소리는 시골 성장인 우리 귀에는 꽤 시끄럽다. 이것은 즉 문명의 소리라. 아직도 부족하다. 더 시끄럽지 아녀하여서는 아니되겠

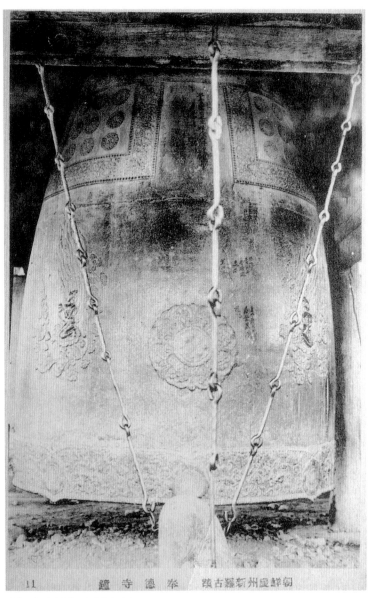

11　　　鐘　寺　德　奉　　朝鮮慶州新羅古蹟

봉덕사종, 일제강점기에 발행된 엽서.

석굴암, 일제강점기에 발행된 엽서.

다.(아산 강태수, 「수학여행기(2)」 『매일신보』 1922년 6월 14일)

이들은 용산역에 하차해 선생님으로부터 가스회사, 인쇄국, 연병장 등에 대해 일일이 설명을 듣고 열심히 받아 적었다. 그리고 전차를 대절해 경성 시내를 돌아보았는데 본정, 명치정(명동), 황금정(을지로) 구경을 하고 조선은행에서는 직원으로부터 직접 안내를 받았다. 파고다 공원, 고등공업학교, 의학전문학교 등도 돌아보았다. 강태수는 여행 중에도 두 번이나 경성 꿈을 꾸었다고 적고 있다. 그러고는 이렇게 적었다.

이번 수학여행은 참으로 얻은 바가 적지 않다. 백문이 불여일견이라더니 과연이로다. (…) 이날 저녁 우리 집에는 경성 이야기에 꽃이 피리로다.(아산 강태수, 「수학여행기(4)」 『매일신보』, 1922년 6월 17일)

월 / 학년	4월	5월	6월	7월	10월	11월
제1학년	봉산鳳山공원 한강신사	청량리	동소문 밖	장충단	창경원	효창원
제2학년	연병장	같음	창경원	조선 전기 안쪽	인천	마포
제3학년	석파정 세검정	같음	홍제원 弘濟院	효창원	수원	신흥사 新興寺
제4학년	삼각산	같음	화계사	한강리	개성	잠도鸞島
제5, 6학년 (1, 2를 격년 실시)	1. 우이동	같음	봉은사	인왕산	평양, 진남포	신촌
	2. 여의도		같음 벽제관	서빙고	대구, 경주	

원족 수학여행지(경성사범부속보통학교)

산촌 지방의 학생들은 경성의 모습을 '문명'이라는 틀 안에서 인식했다. 그들은 경성 안내 리플릿에 따라 '근대화'된 경성의 명소를 돌아봤다. 경성을 동경하는 마음으로 인해 그곳은 꿈에까지 보일 지경이었으며 여행 후 가족들에게 경성 구경 이야기를 들려주면서 여운은 오래도록 곱씹어졌다. 시골 학생의 마음에 새겨진 도시와 '문명'에 대한 동경을 읽어볼 수 있는 대목이다.

당시 경성의 대표적 명소가 어디였는지는 경성 사범학교 부속 보통학교에서 실시한 원족(소풍)과 수학여행지를 통해 살펴볼 수 있다.

당시 경성에는 일본인에 의해 조성된 신사와 공원이 여럿 있었다. 한강신사는 흑석동에 위치했다. 한강 인도교 공사를 맡았던 시키 노부타로志岐信太郎가 지은 것이다. 공원 안에는 경성신사와 스가와라노 미치자네菅原道眞를 받들어 학업 성취와 횡액 예방에 영험이 있다고 하는 천만궁天滿宮이 있었다. 1926년에는 조선신궁이 완공되었다. 1940년대에는 전차가 조선신궁 앞을 지날 때는 승차한 사람이 모두 신궁 쪽으로 깊숙이 숙여 목례를 해야 했다. 그리고 경성의 명소에는 임진왜란 때 일본이 대승을 거둔 장소로 벽제관이, 조선의 중국에 대한 사대외교를 기억하는 장소인 홍제원도 포함되어 있었다. 홍제원은 의주 가로 돈의문 밖에 있었는데 중국 사신이 한성으로 들어올 때 예복을 갈아입었던 곳으로 누각과 공관이 있었다. 경성은 구한말의 서울과는 전혀 다른 식민도시로 변모해 있었다. 그리고 일제에 의해 변형된 방식으로 학생들에게 기억되고 있었다.

1930년대 초반의 남대문 거리의 풍경. 일본 상점 간판이 눈에 많이 띄는데, 근대 초기 지방 학생들의 가장 인기 있는 수학여행지는 단연 경성 시가였다.

만주와 일본으로의 여행
식민지민의 열등의식을 심어줬던 길

1920년대 중반부터 고학년들을 대상으로 일본과 만주 수학여행이 이루어졌지만 이를 해외 수학여행으로 볼 수는 없다. 일본은 '내지內地'로서 본국으로 여겨졌으며, 만주는 '관동주'로서 일본의 관할지였기 때문이다. 일본의 만주 침략은 러일전쟁 후 대련과 뤼순 지역의 조차지를 획득하면서 본격화되었다. 포츠머스 강화조약 제6조에서 러시아 정부는 장춘長春과 여순旅順 간의 철도 및 그 일절의 지선 및 이 지역에 속한 모든 권리, 특허 및 재산, 당해 철

20세기 초 대련의 풍경. 1920년대부터 고학년의 수학여행 코스가 되었다.

도에 속했던 모든 탄광을 보상 없이 청국 정부의 승낙을 받아 일본에게 이전 양도할 것을 약속했다. 이에 따라 1906년 남만주철도주식회사 설립 칙령이 반포되고 철도업, 무순撫順과 연대煙臺의 탄광채굴권, 수산업, 전기, 창고업, 철도부속지에 대한 토목·교육 및 위생에 관한 필요 시설, 그 외 정부의 허가를 얻은 사업을 일본이 장악했다. 따라서 이 지역에 대한 수학여행은 외국여행이라기보다는 사실상 일제 식민지 탐방의 성격을 띠었다. 주요 여행 코스는 신의주까지 철도로 이동해 압록강 철교를 건너 안동-봉천-대련-뤼순-대련으로 이어졌다. 만주로 향할 때는 철도편을, 귀국할 때는 선박을 이용하곤 했다.

일본 수학여행은 1920년대 중반부터 비약적으로 증가했다. 1922년부터 관부연락선을 이용한 조선인 숫자가 12만여 명, 1925년에는 24만여 명으로 두 배쯤 증가한다. 아마도 이 무렵에 일본으로 수학여행 가는 학생들의 숫자가 전국적으로 증가한 것과 관련 있을 것이다.

만주 수학여행은 별도로 학무국의 집회 및 여행 허가를 받아야 했다. 보성전문학교 생도들은 1924년에 처음으로 만주 수학여행을 실시했다. 회고에 따르면 이때 대련한인회의 주선으로 마차 80대에 일행을 태우고, 큰 요정에서 애국가를 부르고 흥겨운 시간을 보냈다고 한다. 1924년에 상주 공립농잠학교 생도들 3학년 일부도 만주로 수학여행을 갔다. 그들은 봉천의 암시장을 보고 인생의 허무함과 만주 사람의 생활상에 환멸감 및 비애를 느꼈고 만주 안동현의 진강산 공원을 둘러보았다고 했다. 안동의 진강산鎭江山은 러일전쟁 당시 격전지였고 이에 대한 표충비와 안동신사, 무사들이 무운을 비는 하치반八幡궁이 있었다.

충남농업학교 학생들은 1931년 1월 27일부터 14일간 만주 수학여행을 했다. 당초에는 북경여행을 갈 참이었으나 1930년 2학기부터 북경 주변의 정황이 불온하다는 보도가 있어 여행지를 만주로 바꾸었다. 이들은 9월 21일 오후 6시 10분 야행열차로 출발해 먼저 평양을 견학했다. 9월 24일에는 압록강 철교를 도보로 건너 안동현 시가를 구경했다. 이날 오전 11시 40분에 봉천행 열차에 탑승한다. 그 후 봉천의 만주의과대학, 동북대학 등을 견학하고 9월 26일에는 일본의 탄광산업으로 유명한 무순에 도착했다. 전차는 특등차와 보통차로 나뉘었는데, 특등차에는 일본인과 조선인, 외국인이 타고 보통차는 중국인 노동자 전용이라고 했다. 무순에는 고려인이 많이 사는데 최근에 조선인이 경작하는 전답의 소작권을 중국인이 사정없이 탈취해 고려인이 생활난을 겪고 있다는 설명을 들었다. 중국인에 대해서는 다음과 같이 평했다.

중국인의 생활 상태와 그네들의 활동과 사회적 지위에 대해 생각해보건대 무엇보다도 국민에게는 교육이 필요함은 多言(다언)을 요치 아니하겠고 그리고 又 경관으로서 자기 주소 성명을 적지 못함 또한 일대 수치일 듯하다.(정낙승鄭樂勝, 「만주까지의 수학여행기(4)」『매일신보』 1931년 1월 30일)

만주 수학여행은 러일전쟁 전적지 답사와 일제에 의해 개발되는 신도시의 위용, 일제의 근대적인 자원개발 현황을 둘러보는 방식으로 이루어졌다. 한인 농부가 중국인으로부터 압박을 받고 있다는 지적은 이들이 중국인에 대한 우월감을 갖는 한편 반감도 품고 있었음을 알게 해주는 대목이다. 1931년 만보산 사건을 접하고 당시 식민지 조선에서 격렬했던 반중국 정서와도 무관해 보이지 않는다. 이어서 이들은 대련에서는 일본인의 온천호텔에 도착해 '오늘 밤은 모든 설비가 충분한 이 '호텔'에서 유쾌히 안면'(정낙승, 「만주까지의 수학여행기(3)」『매일신보』 1931년 1월 29일)했다고 적었다. 만주 수학여행은 식민지민 내면의 모순된 중층의식을 여실히 드러내고 있었다. 조선인은 이등국민으로서 중국인보다는 문명화되었다는 자기 우월의식을 확인했던 것이다.

이와 달리 '내지' 수학여행은 식민지민의 열등의식을 확인하는

학생들의 수학여행지였던 20세기 초반 만주의 거리 풍경.

통로로 기능했다. 춘천 공립 농업학교는 개교(1910) 이래 처음으로 1922년에 일본 수학여행을 실시했다. 『매일신보』에 실린 여행기에는 다음과 같이 큰 기대감이 드러나 있다.

여행의 적립금이 증가함과 같이 그 기일이 다가오는 것을 환희하여 (…) 버지의 수학여행은 개교 이래 우리가 시초요, 특별히 금년은 평화박람회도 있다 하기에 하루를 천추같이 고대한 것이다.(춘천 농교 여행단, 「버지여행기」 『매일신보』 1922년 6월 5일)

이들의 여행 일정은 4월 26일부터 5월 14일까지였다. 총 20여 일의 여행 기간이다. 다른 학교가 일본 여행에 14일쯤의 일정을 잡았던 것과 비교해 일주일쯤 더 많았다. 경로는 다음과 같았다.

춘천-서울-부산-시모노세키-교토-나라桃山-나고야-도쿄(평화박람회 관람)-닛코日光-동경역(대정천황 행렬 구경)-오사카-고베-구레吳-시모노세키-부산

4월 26일 90명의 수학여행단이 노무라野村와 다유이田結 선생의 인솔로 출발하여 오후 5시 반에 경성에 도착해 히노마루日丸여관에 투숙했다. 1일은 경성에서 남대문행 전차를 탔는데 '전차는 처음 탔다. 이와 같이 거대한 것이 여하히 하여 일시간 몇십 리를 달리는가 하는 의문도 起發(기발)하였다'고 적고 있다. 2일째(4월 27일) 아침에 경성역 앞에서 기념촬영 후 부산행 열차에 승차하고, 오후 6시 40분 부산역에 도착, 고려환을 타고 일본으로 향했

1912년 취항을 시작한 관부연락선.

다. 3일째(4월 28일)에 시모노세키 역전에 내려 춘범루 등을 구경, 2시 40분 교토행 열차를 탔다. 조선에 비해 열차 안은 좁은데 승객은 배나 많다고 했다. 미타시리三田尻에서 도시락을 사서 기차 안에서 저녁식사를 했다.

4일째(4월 29일) 오전 8시 반에 교토역에 도착했다. 시마즈島津 제작소에서 전기실험 등을 견학했는데 '기이치 않은 것이 없었다'고 적었다. 그리고 교토 여관의 종업원의 교토 사투리가 이상스러워 웃었다고 적었다. 사투리를 분별할 수 있었으니 일본어에 대한 이해도가 상당 수준에 달했음이 엿보인다. 5일째(4월 30일) 교토에서 오다 노부나가가 죽은 혼노지本能寺, 아시카가足利義滿가 건립한 금각사, 동물원, 박물관을 견학했다. 박물관에는 명치천황과 황후의 장례식에 사용한 영구차 등이 전시되어 있었다고 하는데 글쓴이는 '두 폐하의 현덕을 추모했다'고 적었다. 이어서 동본원사, 서본원사도 견학했다.

6일째(5월 1일) 오전 9시 발로 나라로 향했다. 중간에 교토 근처의 모모야마桃山역에 하차해 명치천황의 능을 참배하고 '천황의 성덕을 생각하니 자연히 고개가 수그러진다'고 적었다. 오후 5시 교토로 되돌아와서 나고야 행 기차를 타고 같은 날 나고야에 도착했다. 7일째(5월 2일) 기후岐埠현 잠업 기사의 안내로 하라原제사장을 견학했다. '700명의 여공이 일제히 操絲(조사)하는 것은 단지 입만 벌릴 뿐이요, 아무 말도 못 하겠다. 우리 사는 땅은 왜 이런 것이 없나?'라고 적었다. 8일째(5월 3일) 나고야 성과 안성농림학교를 견학했다. '(학교)식당에 가서 美味(미미)의 음식으로 공복을 채우고' 도쿄로 출발, 혼고 동경제국대학 정문 앞 쌍엽관雙葉館에 숙박했다.

9일째(5월 4일) 조선총독부 출장소에서 명치대학생 도다戶田를 보내 도쿄 지역 안내를 하게 했다. 이들은 귀족원을 들러 궁성 정문 이중교에서는 궁전을 향해 요배했다. 명치신궁을 구경하고 아자부 도리이자카의 영친왕 이은 전하의 저택에서 설명을 20분간 들었는데 그 내용은 '전하께서는 입경하신 지 벌써 16년이 경과하시고 지금은 건강한 옥체로 육군대학에 통학하시며 이 宮(궁)도 선제폐하가 하사한 것'이라는 것이었다.

10일째(5월 5일) 처음으로 박람회를 보게 되었다. 일행은 조선관의 인삼차와 과자를 맛보고 각자 돌아다니며 '聚芳館(취방관), 대만관, 북해관, 만몽관, 외국관을 보고 기계관에 당도하여 공업 진보에 감탄할 뿐이요, (…) 오찬을 마치고 동양사정 선전 활동사

일본 명치신궁에서 촬영한 수학여행 사진, 일제강점기, 독립기념관.

진을 보았다고 적었다. 1922년 도쿄에서 개최한 평화기념박람회를 견학한 것이다.

13일째(5월 8일)에 도쿠가와 이에야스를 받든 신사가 있는 닛코를 구경하고 다음 날(제14일째) 도쿄역으로 돌아왔다. 마침 역에는 葉山(엽산) 별장에서 환어하는 대정천황 일행을 환영하는 사람으로 인산인해를 이루고 있었다고 한다. '예상 밖의 행사라 환희를 이기지 못하였다'고 적었다. 오후 8시 반에 오사카 행 기차에 승차했다.

5월 11일(제16일째)에 오사카에서 매일신문사, 방적회사, 조폐국, 대판 포병공장, 유리제조소를 견학하고 고베를 거쳐 5월 12일

일본 닛꼬 수학여행, 일제강점기, 독립기념관.

(제17일째) 구레吳 군항에 도착해 군함 제조와 수리하는 모습을 견학했다. 5월 13일(제18일째)에는 군함을 타고 강전도江田島 병학교를 견학했다. 오후 2시 반 시모노세키 행 열차에 승차했다. 이후의 여정에 대해서는 적혀 있지 않지만 5월 13일(제19일째) 밤에 시모노세키에서 부산행 연락선에 탑승했을 것이고 5월 14일(제20일째) 아침에 도착해 경부선을 타고 저녁 때 경성에 도착했을 것이다. 아마도 이날 경성에서 숙박을 하고 5월 15일(제21일째) 아침에 춘천으로 돌아갔을 것이다.

춘천농업학교 여행단의 기록은 어용신문인 『매일신문』에 기고된 것이어서인지 매우 친일적인 내용 일색이다. 특히 명치천황 능과 박물관, 도쿄 메이지신궁 방문, 궁성요배 등 일본 천황에 대한 숭경심을 기행기의 곳곳에 담고 있다. 일본의 근대 공장, 병기 제조소 외에 군함까지 견학하는 모습은 관제성이 짙게 느껴지는 '내지' 수학여행으로 보인다.

*

수학여행 문화는 1929년 세계 대공황 이후 1930년에 들어서면서 축소되어 운영되는 모습을 보였다. 『동광』 1931년 11월호에 실린 「교육계의 삼대문제, 1 수학여행의 가부」 기사를 보면 '조선인의 현실로 보면 우선 경제상 곤란하다. 생도의 대다수가 빈곤한 가정의 자제이므로 1년에 한 번 있는 일이지만 실행에 들어서는 곤란한 점을 많이 보게 된다'(경신학교 장자일張子一)는 의견이 당시의 대세였다. 그러나 비용이 상대적으로 적은 조선 내의 수학여행은 1930년대에도 실시되었던 듯하다. 『동아일보』 1936년 5월 5일자를 보면 개성에는 매일 초중등 학교의 단체가 10여 개씩 방문해 3000명 이상이 개성을 찾고 있다고 했다. 중일전쟁 무렵까지 수학여행이 실시된 듯하다.

수학여행은 예나 지금이나 학생들을 들뜨게 하고 설레게 했다. 그러나 일제강점기 수학여행을 떠나는 학생들은 출발할 때 한껏 부푼 마음을 가눌 길이 없었지만 돌아오는 길은 그다지 편안하지 못했다. 거기에는 망국의 현실, 일본에 의해 관리되고 있는 식민지 조선의 모습에 회한에 휩싸이거나 다른 한편으로 '일본 제국'의 '위용'에 압도된 젊은 학도들의 모습이 있었다. 물론 심기일전해 일제에 대한 저항심을 키우는 소년들도 있었다. 또한 학생들 중에는 '소경의 단청 구경'에 불과한 경우도 없지 않았다. 한편 평소에 여행비를 적립한다고 해도 수학여행 비용은 학부모들에게 큰 부담이었다. 그럼에도 불구하고 학생들은 집단 항의소동을 벌이면서까지 수학여행을 가고 싶어했다. 그리고 학창 시절의 많은 추억담 가운데 수학여행 일화는 가장 소중한 추억으로 남았다. 일제강점기의 식민성과 근대성이 교차하는 공간에 바로 수학여행 풍속도가 자리하고 있었다.

13장

소설가 구보씨의
행복 찾기

⊙

『소설가 구보씨의 일일』에 나타난
1930년대 서울

─────────────

서재길

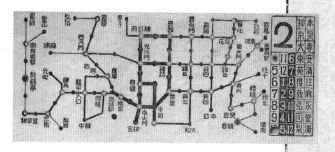

박태원과 『소설가 구보씨의 일일』

　김소월, 이상, 한용운, 윤동주, 이효석, 김유정……. 이름만 들
어도 작품 목록이 금세 떠오르는 한국 근대문학을 대표하는 작가
들이다. 중고등학교 국어교과서가 검인정 체제로 바뀌기 전까지
우리나라 사람들은 같은 교과서를 통해 같은 작품을 배웠다. 세대
가 같다는 것은 똑같은 교과서로 김소월의 「진달래꽃」이나 이효
석의 「메밀꽃 필 무렵」을 읽었다는 것을 의미했다. 그러나 시대가
바뀌어 국어교과서가 검인정으로 되었다고 해도 여전히 가장 많
이 기억되는 이들이 이들 작가라는 점에는 변함이 없다. 위의 작
가들에게는 공통점이 또 하나 있는데, 모두 1945년 해방 이전에
요절했다는 사실이다. 이처럼 해방을 전후로 한 시기에 작가활동
을 하지 않았다는 사실은 이들을 두 가지 논란으로부터 자유롭게
했다. '친일'과 '월북'이 그것이다. 오랫동안 한국문학을 대표하는
작가로 군림해왔던 이광수나 서정주 같은 이들의 작품이 '친일' 논
란에 휩싸여 교과서에 오르는 빈도가 줄어드는 것과는 달리 현재

40대 이상의 세대에게는 이름조차 생소한 월북 문인의 작품의 출현 빈도가 늘어나는 것도 이 때문이다.

"호랑이 없는 동굴에서는 이리가 범 노릇을 한다無虎洞中狸作虎"는 옛 속담이 있다. 정한모 시인이 노태우 정부의 첫 문화공보부 장관으로 발탁돼 문단과 학계의 숙원이던 월북 문인에 대해 해금을 단행한 1988년 이전까지 한국문학의 많은 '호랑이'는 잊혔었고, '이리'가 호랑이 노릇을 대신할 수밖에 없었다. 그 중심에는 소설가 이태준, 이기영, 한설야, 시인 정지용, 김기림, 임화와 더불어 박태원이라는 걸출한 소설가가 있었다. 한국이 일제에 의해 강제병합된 1910년에 태어난 박태원은 경성사범학교부속보통학교와 경성제일고등보통학교를 졸업하고 도일하여 일본의 명문 호세이 대학 예과에서 수학했다. 귀국한 후에는 이태준, 정지용, 이상 등과 '구인회'의 동인으로 활동하면서 이상과 더불어 1930년대를 대표하는 모더니즘 소설가로 이름을 떨쳤다. 1920년대 후반에서 1930년대 초반에 걸쳐 식민지 조선의 문단을 지배했던 계급문학운동이 KAPF(조선프롤레타리아예술동맹)의 해체를 전후로 하여 퇴조하던 시기에 등장한 이들 모더니스트는 문학의 내용보다 그 미학적 완성에 주목했고, 한국문학의 수준을 한 단계 끌어올리는 데 기여했다.

해방 직후 이태준과 정지용을 비롯한 대다수의 '순수문학'을 추구했던 작가들이 범문단적 문학 조직인 조선문학가동맹에 가입해 활동하면서 해방 이전과는 다른 문학적 경향을 보인 것처럼 박태원 역시 조선문학가동맹에 이름을 올리고 작품세계 역시 변모했다. 한국전쟁을 전후로 하여 월북한 그는 북한에서 동학농민혁명

을 그린 『갑오농민전쟁』을 집필했는데, 이 작품은 북한문학사의
대표적인 역사소설로 평가받기도 했다. 또한 해방 이전 그가 번역
한 『삼국지』는 이문열 평역의 『삼국지』가 등장하기 전까지 한국
독자들이 가장 애독하던 것이기도 했다. 청계천 복원을 즈음해서
는 박태원의 문학을 연구하는 학자들의 모임인 '구보학회'가 결성
되어 그의 실험적 문학정신을 되살리는 연구를 활발하게 진행하
고 있다. 또한 그의 작품 중 10여 편이 영어, 일본어, 러시아어, 독
일어, 폴란드어 등으로 번역 출간되기도 했다.

경성 토박이인 박태원은 일본 유학 시절을 제외하고는 줄곧 경
성에서 생활하면서 식민지 수도 경성의 모습을 자신의 소설에 담
았다. 그의 대표적 장편소설인 『천변풍경』은 복개와 복원이 이루
어지기 훨씬 이전인 식민지 시기 청계천변에 살던 장삼이사張三李四
들의 이야기를 그린 것인데, 장편소설로서는 드물게 일본어로 번
역되기까지 했다. 특히 자신의 필명을 제목으로 사용한 중편소설
『소설가 구보씨의 일일』은 최인훈과 주인석이 30여 년이 지난 뒤
에 각각 동명의 소설을 발표할 정도로 작가들에게 영향을 끼친 작
품이기도 하다.

남촌과 북촌, 식민지 수도의 공간 분할

『소설가 구보씨의 일일』은 소설가 구보가 1934년의 어느 여름
날 정오경 집을 나서 청계천변에서 종로와 서울역을 거쳐 다시 종
로로 돌아와 친구를 만난 후 밤늦게 집에 돌아오기까지의 하루 동

안 겪은 일을 작가 특유의 문체와 기법을 통해 서술한 작품이다. 구보의 여정을 정리하면 아래와 같다.

소설가 구보의 하루

(도보 이동 약 10킬로미터, 전차 이동 약 5.7킬로미터)

1. 다옥정 7번지-광교-종로네거리-화신상회

2. 전차 이동(화신-동대문-조선은행)

3. 조선은행-낙랑파라長谷川町

4. 낙랑파라-남대문-경성역

5. 경성역-남대문-조선은행-낙랑파라

6. 낙랑파라-제비다방

7. 제비다방-대창옥

8. 대창옥-황토마루-광화문통光化門通(총독부 앞)

9. 광화문통-황토마루-경성부청-낙랑파라

10. 낙랑파라-엔젤카페

11. 엔젤카페-종로 네거리-다옥정 7번지

열두 시간여 동안 약 10킬로미터의 거리를 걷고 또 5.7킬로미터의 거리를 노면전차를 이용해 이동하면서 도시의 풍속을 그리는 한편 카페나 다방의 풍경을 묘사한 이 작품에서 흥미로운 것은 소설에서 묘사되는 것이 대부분 조선 사람들이라는 점이다. 일본인에 대한 묘사가 없다는 사실은 이 소설에서 주로 그려지고 있는 경성의 모습이 조선인들이 거주하던 청계천 북쪽에 국한되어 있다

名産商會

京城南大門通五丁目（驛より南大門
へ向ひ丁右側）に明治四十三年
創立し朝鮮物産の（裏面明
記の通り）陳列を為し一般の需
に應じ今日近矢の如くに進んで
居ります

京城驛前（取り南大門へ丁右側）

朝鮮物産製造元 名産商會

電話本局圖三八五七
振替口座京城三二〇四

第二工場 京城府南米倉町
第三工場 京城府南大門通五丁目

名産商會

例九
鐵道
電車
河川
名勝賞府其他

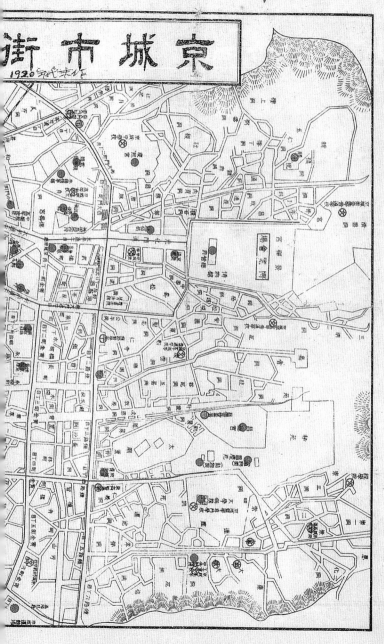

朝鮮ノみやげハ驛

京城市街

1920年代末頃

「경성시가지도」, 27.0 × 39.5cm, 1929, 서울역사박물관. 소설가 구보씨의 일일은 1934년 여름 어느 날 청계천변에서 시작해 종로를 거쳐 서울 북쪽 지역을 거치는 일정으로 이뤄진다. 당시 서울은 근대 도시로서 그 면모가 많이 바뀌어가던 터였다. 이 지도는 서울역 앞에 있는 명산상회에서 선전용으로 제작한 것으로서 주요 거리와 건물 및 전차노선이 표시되어 있다.

는 사실과 관련 있다. 이는 "날자. 날자. 한 번만 더 날자꾸나. 한 번만 더 날아보자꾸나"라는 구절로 끝나는 이상의 소설 「날개」의 마지막 부분이 일본인 상가 밀접 지역에 위치하고 있던 미쓰코시 백화점 옥상을 무대로 하고 있다는 것과는 대조적이다.

1904년 러일전쟁 직후 조선에 거주하기 시작한 일본인은 용산의 주둔지를 중심으로 북쪽(남산 주변)으로 주거지역과 활동 영역을 확장하기 시작한다. 특히 한일강제병합 이후 일본인들이 남산 주변에 집단적으로 거주하면서 일본인 상가가 형성됨으로써 청계천을 사이에 두고 '강남'에는 주로 일본인들이 생활하고 '강북'에는 조선인들이 생활하는 이원적인 도시 공간의 모습을 드러낸다. 통계에 따르면 1936년 현재 경성부의 인구는 외국인을 포함해 총 67만7241명으로, 이 가운데 조선인이 54만1828명, 일본인이 12만6735명을 차지하고 있었다. 경성 인구의 약 5분의 1에 해당되는 일본인들이 주로 거주했던 지역은 본정本町, 명치정明治町, 약초정若草町 등으로 청계천 이남 충무로, 명동 및 용산 일대였다.

이와 관련하여 1927년 연말의 『동아일보』 기사는 세모의 모습을 대조적으로 그리고 있어 무척 흥미롭다. 청계천을 사이에 두고 일본인들이 주로 거주하는 남쪽 지역의 상가들이 몰려드는 손님으로 인산인해를 이루고 있음에 비해 청계천 북쪽 종로 주변의 조선인 상가는 손님이 없어 상대적 박탈감을 느끼고 있다는 기사다.

남산송하南山松下에 더운 김, 북악봉저北岳峰底에 찬바람

- 돈사태의 진고개, 호적胡笛만 부는 종로 일판

- 세모歲暮와 시버 남북의 상매계商買界

명동거리, 14.2×9.1cm, 1920년대, 부산 근대역사관.

북악에 찬바람이 불고 남산에 창송이 울울함과 같이 북촌에는 쌀쌀한 바람이 사람의 가슴으로부터 방 안으로 뜰 안으로 골목으로 큰길거리로 종로거리까지 핑핑 돌고 있으되, 남산 밑 진고개에는 겨울이 봄인 듯이 따뜻한 공기가 가득하여 있다. 돈이 질벅질벅하는 우리 선조까지 있음인가 돈 많은 진고개에도 12월 중순부터는 돈사태가 난 듯이 돈 냄새에 코가 매일 지경이오, 돈더미에 도리어 몸이 추울 지경이다. (…)

진고개 좁은 거리가 넓다는 듯이 세모 대매출이니 경품부 대매출이니 하는 울긋불긋한 깃발이 매달리고 진열대에는 갖은 기교를 다 꾸미어 휘황찬란한 장식이 열을 지어 늘어진다. 이때야말로 진고개의 기분이 가장 농후하게 나타나는 때이니 한 발을 옮겨놓아 경성우편국 모퉁이를 들어서보라. 무슨 백화점, 무슨 옥屋, 무슨 당堂 하는 데에는 땅벌레 떼 모여들듯이 주머니 불룩한 친구들이 모여들어 마치 천군만마에 쫓겨드는 피란민의 소동같이 물건을 서로 빼앗느라고 일대 전쟁이 일어나지 않던가. (…)

발을 돌리어 흰 옷자리가 많이 사는 북촌에 들어서면 (…) 삼현육각의 풍악을 잡히고 깃발도 버게워 만반으로 손님을 끌기에 노력하되 그들의 활동은 과연 어떠한 인과因果이었던고? 16일부터 그믐날까지에 팔아보겠다고 잔뜩 마음을 먹고 준비한 것이 15만 원(포목을 제하고). 그것도 다 팔리지 못하여 삼사만 원이나 남을 모양이라니 삼월이나 평전상점의 사흘 치를 조선인 전부가 협력하여 보름에 못 다 판다는 그 빈약한 참극을 이루고 있지 않은가. (…)

차라리 깃발이나 꽂지 않았다면 양력 세모는 진고개 백성의 것이어니 하고 생각도 안 할 것을 속없이 허풍만 떨어놓으니 속 타는 줄도 모르는고.

(『동아일보』 1927년 12월 30일)

양력 과세를 하는 일본인과는 달리 음력 정월을 쇠는 조선인의 풍속 때문이기도 하지만 남촌과 북촌의 모습이 뚜렷이 그려지고 있음을 위의 글에서 확인할 수 있다. 실제로 남촌과 북촌은 상가의 성쇠라는 경제적 지표로서만이 아니라 다양한 영역에서 뚜렷한 차이를 드러내고 있었다. 남촌의 경우 상하수도 시설과 전기, 가로 경관 등이 근대적인 풍모를 갖추고 정비되어 있었던 데 비해 북촌은 종로 일대를 제외하고는 도시 기반시설이 제대로 갖춰져 있지 않았다. 따라서 경성에 살던 많은 조선인 '모던 보이'와 '모던 걸'들은 '혼마치本町'라 부르던 명동 일대로 원정을 가는 일이 허다했다.

도시의 스펙터클, 백화점과 커피숍

밤늦게까지 소설을 쓰느라 새벽녘에 잠이 든 구보는 정오가 다 된 시간에 일어나서 늦은 아침을 먹고 집을 나선다. 청계천변을 따라 광교를 건넌 후 전차의 선로를 두 번 횡단한 그가 맨 처음 들른 곳은 '화신상회'다. 그곳에서 그는 아이를 데리고 백화점 승강기를 기다리고 있는 젊은 부부를 발견한다.

젊은 내외가, 네댓 살 되어 보이는 아이를 데리고 그곳에 가 승강기를 기다리고 있었다. 이제 그들은 식당으로 가서 그들의 오찬을 즐길 것이다. 흘낏 구보를 본 그들 내외의 눈에는 자기네들의 행복을 자랑하

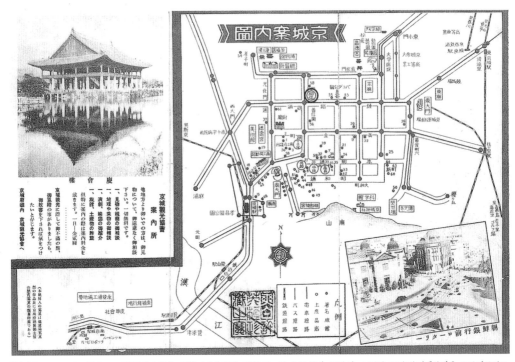

「경성안내도」, 17.8×35.8cm, 1930년대 후반, 서울역사박물관. 위쪽 동그라미 친 부분에 '화신和信'이라 하여 화신백화점을 표시해두었다. 화신백화점의 전신이 바로 화신상회로 1934년 전소되자 백화점으로 신축된 것이다.

고 싶어하는 마음이 엿보였는지도 모른다. 구보는 그들을 업신여겨볼까 하다가, 문득 생각을 고쳐, 그들을 축복하여주려 하였다. (…)

승강기가 내려와 서고, 문이 열려지고, 닫히고, 그리고 젊은 버위는 수남이나 복동이와 더불어 구보의 시야를 벗어났다.

구보는 다시 밖으로 나오며, 자기는 어디 가서 행복을 찾을까 생각한다.

'직업을 갖지 않은' 소설가 구보의 행복 찾기라는 주제로 수렴되는 이 소설에서 주인공이 '행복 찾기'라는 과제를 찾게 되는 공간이 백화점과 백화점 식당이라는 설정은 의미심장하다. 1910년대의 무단통치에 대한 반발로 일어난 3·1 운동을 경험하면서 조선총독부가 이른바 '문화정치'를 표방한 후 1920년대 식민지 수도 경성의 도시문화는 상업주의적 색채로 넘치는데, 그 첨단에 서 있던 것이 일본 자본으로 세워진 백화점이었다. 조지아丁子屋(1921, 구 미도파백화점, 현재의 롯데 영플라자)를 필두로 미나카이三中井(1922), 히라다平田(1926), 미쓰코시三越(1930, 현재의 신세계백화점 본점)가 차례로 백화점을 개장하거나 신축 확장을 했다. 일본 자본이 독식하던 백화점 업계에 평남의 대지주의 아들 박흥식이 '화신상회'를 인수해 엘리베이터가 있는 콘크리트 3층의 근대식 건물로 확장한 것이 1932년인데, 이로써 경성에는 5대 백화점이 성업 중이었다. 1933년 2월의 통계에 따르면 미쓰코시, 화신, 조지아

옛날 미도파백화점인 조지아백화점은 당시 활황세를 탔으며, 박태원은 백화점 식당을 찾아오는 인물을 집중적으로 묘사했다.

세 백화점을 방문한 고객은 합계 34만 명에 이를 정도로 활황세였다. 박태원은 2년 후에 쓴 『천변풍경』에서 화신상회의 '백화점 식당'을 찾아오는 인물을 다음과 같이 묘사하기도 했다.

백화점 식당—그곳은 원래, 그리 불행하다거나, 슬프다거나 그러한 사람들이 오는 곳이 아니다. 하루하루를 평온무사하게 보낼 수 있었던 사람, 얼마간이라도 행복을 스스로 느낄 수 있었던 사람, 그러한 이들이, 더러는 아내를 동반하고, 또는 친구와 모여서, 그리고 대부분의 경우에는 자녀들을 이끌고, 결코 오랜 시간을 유난스럽게 즐기기에는 적당치 않은 이곳을 찾아온다.

화신백화점(화신상회).

백화점을 나온 구보는 갈 곳을 잃고 잠시 방황하다가 움직이기 시작하는 동대문 행 전차에 무턱대고 올라탄다. 그곳에서 그는 한 해 전 자신과 맞선을 봤던 여성을 발견하고 이루어지지 못했던 첫사랑의 기억을 떠올리기도 한다. 풍경과 기억이 교차하는 과정에서 전차는 동대문에서 다시 '한강교'로 목적지를 알리는 표지판을 갈고 경성운동장을 돌아 장곡천정(소공동 주변)을 경유하여 남대문을 향한다.

조선은행 앞 전차에서 내린 구보는 다방에 들러 차를 마시면서 오후의 호젓한 시간을 즐긴다. 그가 들렀던 것으로 그려지는 다방은 한국인이 운영한 최초의 커피다방으로 알려진 '낙랑파라樂浪, parlour'라는 끽다점喫茶店으로, 동경미술학교를 졸업한 화가 이순석이 경영하던 곳이었다. 위층은 아틀리에로 아래층은 다방으로 사용되고 있었는데, 박태원은 이상과 더불어 이곳을 방문하곤 했다. 이곳에서는 문학의 밤이나 전람회 같은 행사가 자주 열렸던 까닭에 문인과 예술가가 많이 방문했다고 한다.

도시 풍속의 기록으로서의 모데르놀로지

다시 다방을 나온 구보는 벗들을 떠올리면서 경성부청 쪽을 향해 걷다가 대한문을 마주하고 서서 "그 빈약한, 너무나 빈약한 옛 궁전은 역시 사람의 마음을 우울하게 하여주는 것임에 틀림없었다"고 탄식한다. 다시 벗이 경영하는 골동품 가게를 찾지만 10여 분 전에 벗이 나갔다는 말을 듣고 가게를 나온다.

동대문에 전차를 타기 위해 몰려든 승객들의 모습. 구보씨는 서울에 도입된 전차에 무턱대고 올라타 옛 기억을 떠올리기도 한다.

구보는 골목을 전찻길로 향하여 걸어 나오며, 그 십 분이라는 시간이 얼마만한 영향을 자기에게 줄 것인가, 생각한다. 한길 위에 사람들은 바쁘게 또 일 있게 오고 갔다. 구보는 포도 위에 서서, 문득 자기도 창작을 위하여 예例하면 서소문정 방면이라도 답사할까 생각한다.

'모데르놀로지'를 게을리 하기 이미 오래다. 그러나 그러한 생각과 함께 구보는 격렬한 두통을 느끼며, 이제 한 걸음도 더 옮길 수 없을 것 같은 피로를 전신에 깨닫는다. 구보는 얼마 동안을 망연히 그곳 한길 위에 서 있었다.

에스페란토어로 'Modernno-logio'로, '현대modern'와 '고고학 archeology'이 결합된 신조어로서 당시 '고현학考現學'이라는 표현으로 알려진 말이다. 고대의 유물이나 유적을 연구하는 고고학과 달리 현대인의 생활 풍속을 조사·기록하는 학문적 방법론을 의미하는 고현학은 1924년 일본의 작가 곤 와지로今和次郎에 의해 주창되었다. 1923년 대지진의 폐허로부터 부흥하는 도쿄의 변화에 주

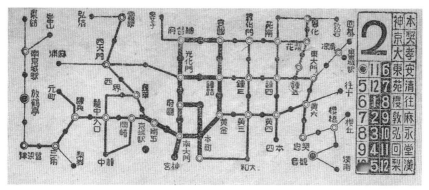

서울전차노선도, 4.5×10.8cm, 일제강점기, 서울시립대박물관.

목해 그 변화를 조사·기록하는 작업에서 시작된 이후 '고현학'은 음식과 패션 등 세태 풍속을 말하는 저널리즘 용어로 일반화되었다. 박태원은 초기 소설에서 이 '고현학'이 지닌 자료 조사학적 측면의 강점을 활용해 소설쓰기의 방법론을 활용하는데, 고현학적 글쓰기의 정점에서 창작된 작품이 바로 『소설가 구보씨의 일일』이라고 할 수 있다. 구보가 길을 나설 때 항상 손에서 놓지 않은 것이 두 가지 있었는데, 하나가 단장短杖이고 다른 하나가 대학 노트였다. 소설 곳곳에서 소품으로 등장하는 단장이 도시의 산책을 위한 필수품이라면 노트는 도시의 풍경을 묘사하기 위한 소설가의 스케치북인 셈이다. 실제로 위의 글에 이어지는 장면에서 구보는 경성역에 들러 그곳에서 벌어지는 일에 대해 관심을 갖고 '모데르놀로지'의 방법을 구사하고 있다.

그에서 두 칸통 떨어진 곳에 있던 아이 업은 젊은 아낙네가 그의 바스켓 속에서 꺼내다 잘못하여 시멘트 바닥에 떨어뜨린 한 개의 복숭아가, 굴러 병자의 발 앞에까지 왔을 때, 여인은 그것을 좇아와 집기를 단념하기조차 하였다.
구보는 이 조그만 사건에 문득 흥미를 느끼고, 그리고 그의 대학 노트를 펴들었다.

어떤 면에서 『소설가 구보씨의 일일』은 이렇게 기록된 '대학 노트'를 저본으로 하여 원고지에 새롭게 쓰인 소설이라고 할 수 있다. 그 노트에는 광교의 약방, 노면전차, 끽다점과 골동품 상회, 경성역, 종로 네거리, 설렁탕집 대창옥, 조선호텔, 북촌의 카페 등의 공간과 이곳을 스쳐가는 사람들에 대한 생생한 기록이 담겨 있다. 그리고 이 기록은 이제 문학연구자들만이 아니라 도시사, 건축사를 전공하는 사람들에게까지 귀중한 연구 자료로 쓰이고 있다. 『소설가 구보씨의 일일』이 단지 한 편의 소설에 그치지 않는 것은 바로 이 '모데르놀로지'의 방법론 덕택이었다.

1925년 준공된 경성역.

❶ 다옥정 7번지
❷ 광교
❸ 종로 네거리
❹ 화신상회
❺ 대창옥
❻ 남대문
❼ 경성역
❽ 조선은행
❾ 엔젤카페
❿ 제비다방
⓫ 동대문

「경성부개설도」, 67.2×449.7cm, 1920
년대, 서울역사박물관. 구보씨가 걸었던
주변 도로 광화문통, 종로네거리, 황금정
통(을지로), 태평통(태평로), 장곡천길(소공
동), 남대문통(남대문로) 등의 지도다.

소설가 구보씨의 행복 찾기

서울역에서 다시 장곡천정으로 돌아온 구보는 신문사 사회부 기자로 일하는 친구를 다방 낙랑파라로 불러낸다. "마땅히 시를 초草하여야 할" 만년필로 "매일같이 살인강도와 방화 범인의 기사를 쓰지 않으면 안 되"는 벗의 처지를 안타까워하는 구보를 향해 벗은 문학에 대한 열정을 쏟아낸다. 특히 그는 최근 발표된 구보의 소설에 대해 비평하면서 작가가 나이보다 겉늙었다는 평가를 내린다. 김기림으로 추정되는 이 시인 겸 신문기자와 나눈 대화에는 문단의 화제인 『율리시즈』의 새로운 문학적 실험에 대한 이야기도 포함되어 있다. 박태원은 자신의 소설쓰기에 제임스 조이스의 영향이 있음을 부정하지 않으면서도 구보의 입을 빌려 "물론 제임스 조이스의 새로운 시험에는 경의를 표하여야 마땅할 게지. 그러나 그것이 새롭다는, 오직 그 점만 가지고 과중 평가를 할 까닭이야 없지"라며 자신과 조이스의 거리를 확인하고 있다.

낙랑파라를 나와서 전차를 타고 집으로 돌아가는 벗을 마중한 뒤 '생활'을 갖지 못한 소설가 구보는 종로 거리를 배회하면서 "황혼과 황혼을 타서 거리로 나온 노는계집"의 걸음걸이가 위태롭다고 생각하면서 종로 네거리에 있는 종로경찰서 앞을 지나 하얗고 납작한 조그만 다료茶寮에 들른다. 이상이 운영했다고 하는 다방 '제비'로 짐작되는 이 찻집에 벗은 외출하고 없고, 구보는 하릴 없이 벗을 기다린다. 음악을 들으면서 구보는 헌책방 골목으로 유명한 도쿄 간다神田의 진보 정神保町의 한 끽다점의 구석진 테이블에서 '임姙'이라는 이름이 적힌 노트를 발견했던 기억을 떠올린다.

그 사이에 벗이 돌아와 두 사람은 함께 다료를 나와 저녁 식사를 하러 설렁탕으로 유명한 대창옥에 들어가지만, 구보의 회억回憶은 멈추지 않고 계속된다. 노트의 주인을 찾아 그녀의 하숙집을 방문한 일, 그녀와 더불어 무사시노 관武蔵野館에 영화를 보러 간 일. 극장 앞에서 영어 교수와 마주치자 진땀을 흘리던 장면과 대창옥 설렁탕을 먹으면서 땀을 쏟는 장면이 겹쳐지는 것은 소위 '의식의 흐름' 수법이 전형적으로 나타난 부분이다. 식사 후에 벗이 다른 약속을 핑계로 사라지는 장면에서 구보는 다시 히비야日比谷 공원에서 '임'이라는 이름을 지닌 여인과 헤어지던 장면을 회상한다.

벗의 다료에 또 들러 반갑지 않은 이들과 인사를 나누다 벗이 들어오자 두 사람은 종로의 밤거리를 향해 나선다. 종각 뒤편의 카페에 들러 두 사람은 카페의 여급들과 술을 마시다 문득 예의 그 '모데르놀로지'의 정신이 발동한다.

구보는 속주머니에서 만년필을 꺼내어 책 위에다 초한다. 작가에게 있어서 관찰은 무엇이든지 필요하였고, 창작의 준비는 비록 카페 안에서라도 하여야 한다. 여급은 온갖 종류의 객을 대함으로써, 온갖 지식을 얻으려 노력하였다―잠깐 펜을 멈추고, 구보는 건너편 탁자를 바라보다가, 또 가만히 만고한 웃음을 웃고, 펜 잡은 손을 놀린다. 벗이 상반신을 일으키어 또 무슨 궁상맞은 짓을 하는 거야―그리고 구보가 쓰는 대로 그것을 소리 내어 읽었다.

두 사람이 카페를 나온 시간은 새벽 두 시. 비 내리는 종로 거리에서 벗과 헤어진 구보는 집으로 향하면서 "이제 나는 생활을 가지리라. 생활을 가지리라. 내게는 한 개의 생활을. 어머니에게는 편안한 잠을"이라고 되뇐다.

박태원, 이상과 더불어 '구인회'의 멤버였던 이태준이 학예부장으로 있던 『조선중앙일보』에 『소설가 구보씨의 일일』이 연재된 것은 1934년 8월 1일부터 9월 19일까지였다. 비슷한 시기에 같은 지면에 소개되었던 이상의 시 「오감도」는 독자들의 빗발치는 비난 때문에 연재 도중에 중단되었다. 소설의 연재가 끝난 다음 달 1934년 10월 27일 박태원은 약국집 딸이자 교사인 김정애와 다옥정 7번지에서 혼례를 올렸다. 눈이 오는 날 낳은 아이라 해서 그들의 첫딸의 이름은 '설영雪英'이었다.

1장   누워서 떠나는 여행의 즐거움

이종묵, 「조선시대 와유문화 연구」, 『진단학보』 98호, 2004

────, 「조선 후기 놀이문화와 한시사의 한 국면」, 『조선후기 문학의

성격』, 서강대출판부, 2010

────, 『누워서 노니는 산수』, 태학사, 2002

────, 『조선의 문화공간』, 휴머니스트, 2006

────, 『글로 세상을 호령하다』, 김영사, 2010

2장   정치적 시험의 장이 된 왕세자의 온천여행

『동의보감東醫寶鑑』

『승정원일기承政院日記』

『온궁사실溫宮事實』

『조선왕조실록朝鮮王朝實錄』

3장   별자리를 좇아서 거닌 옛사람들의 시, 노래, 과학

橋本敬造, 『中國占星術の世界』, 東方書店, 1993

大崎正次, 『中國の星座の歷史』, 雄山閣, 1987

潘鼐, 『中國恒星觀測史』, 學林出版社, 2009

강소연, 『잃어버린 문화유산을 찾아서』, 부엔리브로, 2007

김수길·윤상철 옮김, 『전정판 천문류초』, 대유학당, 2009

안상현, 『우리가 정말 알아야 할 우리 별자리』, 현암사, 2000

『天文: 하늘의 이치, 땅의 이상』, 국립민속박물관, 2004

『步天歌』(한국과학기술사자료대계 제6책), 여강출판사, 1986

『天文類抄』(한국과학기술사자료대계 제6책』), 여강출판사, 1986

『星鏡』(한국과학기술사자료대계 제6책), 여강출판사, 1986

4장   깊은 규방에서 나와 신천지를 마주하다

『경국대전』

『미암일기』, 담양향토문화연구회, 1996

『번암집』(『한국문집총간』235)

『조선왕조실록』(http://sillok.history.go.kr)

김금원, 『湖東西洛記』, 허미자 편, 『조선조여류시문전집』4, 태학사,
1988

김수경, 「『부여노정기』: 최초의 기행 소재 규방가사」, 『규방가사의 작
품세계와 미학』, 역락, 2002

盧泰朝, 『校註 錦行日記』, 正訓出版社, 1992

연안 이씨, 「부여노정기」, 『기행가사자료선집』, 국학자료원, 1996

의유당 남씨, 「東溟日記」, 『의유당관북유람일기』, 신구문화사, 2008

이혜순, 『조선후기 여성지성사』, 이화여대출판부, 2007

허미자, 『허난설헌』, 성신여대출판부, 2007

5장   "목에서 피가 나고 배가 붓던" 여행길

『朝光』, 1937년 3월호 통권 17호

安玫英, 『金玉叢部』

宋晩載, 『觀優戲』

박황, 『판소리二百年史』, 思想研, 1987

송지원 외, 『한국의 예술지원사』, 미메시스, 2009

6장   붓 한 자루 쥐고 거대한 자연과 마주하다

박은순, 『금강산도 연구』, 일지사, 1997

———, 『금강산 일만이천봉』, 보림출판사, 2002

『아름다운 금강산』, 국립중앙박물관, 1999
『우리 땅, 우리의 진경』, 국립춘천박물관, 2002

7장　서른네 살, 12년의 고행 끝에 본 가문의 영광

강명관, 『조선의 뒷골목 풍경』, 푸른역사, 2003
문숙자, 『68년의 나날들, 조선의 일상사: 무관 노상추의 일기와 조선후기의 삶』, 너머북스, 2009

8장　착잡한 고통과 짜릿한 쾌락이 엇갈린 길

고석규 외, 『암행어사란 무엇인가』, 박이정, 1999
오수창, 『조선후기 평안도 사회발전 연구』, 일조각, 2002
―――, 「암행어사길: 1822년 평안남도 암행어사 박내겸의 고뇌」, 『역사, 길을 품다』, 글항아리, 2007
* 이 글은 『역사, 길을 품다』(글항아리, 2007)에 실린 글을 바탕으로 다시 작성한 것입니다.

9장　감시 속에서 즐긴 유배인의 여행길

이문건, 『묵재일기墨齋日記』, 한국사료총서, 국사편찬위원회, 1998
김경숙, 「조선시대 유배형의 집행과 그 사례」, 『사학연구』 55·56, 1998
―――, 「17세기 후반 유생 이필익의 유배생활」, 『한국문화』 38, 2006
김현영, 「16세기 한 양반의 일상과 재지사족」, 『조선시대사학보』 18, 2001
심재우, 「조선전기 유배형과 유배생활」, 『국사관논총』 92, 2000
―――, 『네 죄를 고하여라: 법률과 형벌로 읽는 조선』, 산처럼, 2011
이성임, 「16세기 이문건가의 수입과 경제생활」, 『국사관논총』 97, 2001
정연식, 『일상으로 본 조선시대 이야기』 1·2, 청년사, 2001

10장 돌고 돌았던 순회상인의 길 위에 펼쳐진 삶

김주영, 『객주』 1~9, 창작과비평사, 1981~1984

朴元善, 『負褓商』, 韓國研究院, 1965

황석영, 「장돌림—그 신세 부평초와 같도다」, 『뿌리깊은나무』 6, 1976년 8월호

沈羲基, 「朝鮮時代의 殺獄에 關한 研究(I)」, 『法學研究』 25(1), 1982

유진룡, 『"장돌뱅이 돈이 왜 구린지 알어?"』, 뿌리깊은나무, 1984

조영준, 「19-20세기 보부상 조직에 대한 재평가」, 『경제사학』 47, 2009

———, 「『賦役實摠』의 雜稅 통계에 대한 비판적 고찰」, 『한국문화』 54, 2011

조재곤, 『보부상—근대 격변기의 상인』, 서울대출판부, 2003

11장 머리에 천지를 이고 몸에 천하를 두르다

김지남 외, 『조선시대 선비들의 백두산 답사기』, 혜안, 1998

민태원 외, 『잃어버린 풍경 2-백두산을 찾아서』, 호미, 2005

서영채, 「기원의 신화를 향해 가는 길: 최남선의 『백두산 근참기』」, 『한국근대문학연구』 제6권 제2호, 2005

손혜리, 「조선 후기 문인들의 백두산 유람과 기록에 대하여」, 『민족문학사연구』 38, 2008

송용덕, 「고려-조선전기의 백두산인식」, 『역사와 현실』 64, 2007

조법종, 「한국 고중세 백두산신앙과 만주명칭의 기원」, 『한국사연구』 147, 2009

최남선, 『白頭山謹參記』, 한성도서주식회사, 1927

12장 흥분과 기대가 의분과 비통함이 된 까닭

『동아일보』, 『매일신보』, 『개벽』, 『별건곤』, 『동광』

荻森茂, 『京城と仁川』, 대륙정보사, 1929

山根倬三, 『지나 만주 조선 안내亞東指南』, 동양협회, 1925

경성교육회 편, 『경성안내』, 1926

조선총독부 편, 『조선철도여행편람』, 1923

『경성사범학교총람』, 1929

『상주대학교 80년사(1921~2001)』, 2001

『고려대학교 경영대학 100년사 1905~2005』, 고려대 경영대학, 2006

국사편찬위원회 편, 『여행과 관광으로 본 근대』, 두산동아, 2008

권보드래, 『1910년대, 풍문의 시대를 읽다』, 동국대출판부, 2008

박찬승 엮음, 『여행의 발견, 타자의 표상』, 민속원, 2010

윤소영, 「일본어잡지 '조선급만주에 나타난 1910년대 경성」, 『지방사와 지방문화』 9권1호, 2006

──, 「식민통치 표상공간 경주와 투어리즘」, 『동양학』 45집, 2010

조성운 외 지음, 『시선의 탄생, 식민지 조선의 근대관광』, 선인, 2011

13장   소설가 구보씨의 행복 찾기

강상희, 『한국 모더니즘 소설론』, 문예출판사, 1999

김백영, 『지배와 공간』, 문학과지성사, 2009

민족문학사연구소, 『춘향이 살던 집에서, 구보씨 걷던 길까지』, 창비, 2005

박태원·조이담, 『구보씨와 더불어 경성을 가다』, 바람구두, 2009

서울특별시사편찬위원회, 『사진으로 보는 서울 2: 일제 침략 아래서의 서울』, 2002

서준섭, 『한국 모더니즘 문학 연구』, 일지사, 1988

이경훈, 『오빠의 탄생』, 문학과지성사, 2003

최혜실, 『한국 모더니즘 소설 연구』, 민지사, 1992

지은이

김경숙 _____ 조선대 사학과 교수. 저서 『조선의 묘지 소송』, 공저 『조선시대
생활사 2』, 『고문서에게 물은 조선시대 사람들의 삶』, 논문
「조선시대 유배형의 집행과 그 사례」 외 다수.

김 호 _____ 경인교대 사회교육과 교수. 저서 『허준의 동의보감 연구』 『조
선과학인물열전』, 논문 「조선시대의 '學': 자연과 인간의 총섭
總攝」 외 다수.

박은순 _____ 덕성여대 미술사학과 교수. 저서 『공재 윤두서, 조선 후기 선
비 그림의 선구자』 『금강산도 연구』 『이렇게 아름다운 우리 그
림』, 공저 『조선후반기 미술의 대외교섭』 외 다수.

서재길 _____ 국민대 국문과 교수. 공저 『식민의 공공성, 실체와 은유의 거
리』 『제국의 지리학, 만주라는 경계』, 역서 『라디오 체조의
탄생』, 편저 『허준 전집』 외 다수.

송지원 _____ 서울대 규장각한국학연구원 책임연구원. 저서 『정조의 음악
정책』 『마음은 입을 잊고 입은 소리를 잊고』 『장악원, 우주의
선율을 담다』, 공역 『다산의 경학세계』 『역주 시경강의』 (1-5)
외 다수.

오수창 _____ 서울대 국사학과 교수. 저서 『조선시대 정치, 틀과 사람들』 『조
선중기 정치와 정책』 『조선후기 평안도 사회발전 연구』, 공저
『조선중기 정치와 정책』 『역사, 길을 품다』 외 다수.

윤대원 _____ 서울대 규장각한국학연구원 HK연구교수. 저서 『상해시기 대한민국임시정부 연구』 『21세기 한·중·일 역사전쟁』, 논문 「임시정부법통론의 역사적 연원과 의미」 「1910년 병합 칙유의 문서상의 결함과 불법성」 외 다수.

윤소영 _____ 독립기념관 한국독립운동사연구소 연구원. 공저 『화혼양재와 한국근대』 『여행의 발견, 타자의 표상』, 역서 『일본신문 한국독립운동기사집−3·1운동편』, 논문 「1900년대 초 일본측 조선어업 조사자료에 보이는 독도」 외 다수.

이숙인 _____ 서울대 규장각한국학연구원 책임연구원. 저서 『동아시아 고대의 여성사상』, 역서 『여사서』 『열녀전』, 논문 「소문과 권력: 16세기 한 사족 부인의 *淫行* 소문 재구성」 외 다수.

이종묵 _____ 서울대 국문과 교수. 저서 『우리 한시를 읽다』 『조선의 문화공간』 『부부』, 역서 『사의당지−우리 집을 말한다』 『양화소록−선비 꽃과 나무를 벗하다』 『글로 세상을 호령하다』 외 다수.

전용훈 _____ 서울대 규장각한국학연구원 HK교수. 저서 『천문대 가는 길』, 공저 『하늘, 시간, 땅에 대한 전통적 사색』 『한국과학기술 인물 12인』, 역서 『밀교점성술과 수요경』, 논문 「Mathematics in Context」 「19세기 조선 지식인의 서양과학 읽기」 외 다수.

정호훈 _____ 서울대 규장각한국학연구원 HK교수. 저서 『조선후기 정치사상 연구』, 공역 『朱書百選』 『朱子封事』, 논문 「16·7세기 《소학집주》의 성립과 간행」 외 다수.

조영준 _____ 서울대 규장각한국학연구원 HK연구교수. 공저 『조선후기 재정과 시장』, 논문 「조선후기 여객주인 및 여객주인권 재론」 「조선후기 왕실의 조달절차와 소통체계」 외 다수.

조선 사람의 조선여행

ⓒ 규장각한국학연구원 2012

1판 1쇄	2012년 7월 30일
1판 3쇄	2014년 4월 16일

엮은이	규장각한국학연구원
펴낸이	강성민
기획	전용훈 정긍식 권기석
편집	이은혜 박민수 이두루
편집보조	유지영 곽우정
독자 모니터링	황치영
마케팅	이연실 정현민 지문희
온라인 마케팅	김희숙 김상만 한수진 이천희

펴낸곳	(주)글항아리	출판등록 2009년 1월 19일 제406-2009-000002호

주소	413-120 경기도 파주시 회동길 210
전자우편	bookpot@hanmail.net
전화번호	031-955-8891(마케팅) 031-955-1934(편집부)
팩스	031-955-2557

ISBN	978-89-6735-004-8 03900

글항아리는 (주)문학동네의 계열사입니다.

이 도서의 국립중앙도서관 출판시도서목록(CIP)은 e-CIP홈페이지(http://www.nl.go.kr/ecip)와
국가자료공동목록시스템(http://www.nl.go.kr/kolisnet)에서 이용하실 수 있습니다.
(CIP제어번호 : CIP2012003109)

＊ 도판 자료 게재를 허락해주신 분들께 감사드립니다. 이 책에 실린 도판 중 저작권 협의를 거치지
못한 것이 있습니다. 연락이 닿는 대로 게재 허락 절차를 밟고 사용료를 지불하겠습니다.

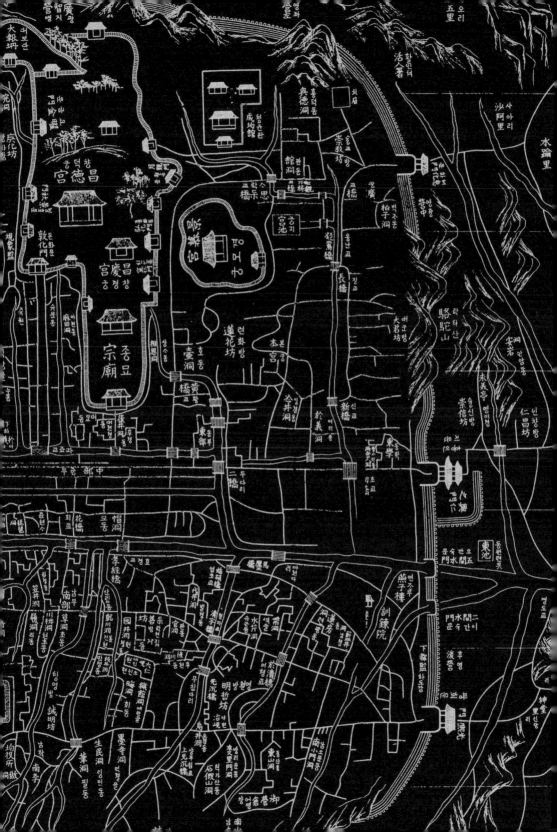